기독교문서선교회 (Christian Literature Center: 약칭 CLC)는 1941년 영국 콜체스터에서 켄 아담스에 의해 시작되었으며 국제 본부는 미국 필라델피아에 있습니다.
국제 CLC는 59개 나라에서 180개의 본부를 두고, 약 650여 명의 선교사들이 이동도서차량 40대를 이용하여 문서 보급에 힘쓰고 있으며 이메일 주문을 통해 130여 국으로 책을 공급하고 있습니다. 한국 CLC는 청교도적 복음주의 신학과 신앙서적을 출판하는 문서선교기관으로서, 한 영혼이라도 구원되길 소망하면서 주님이 오시는 그날까지 최선을 다할 것입니다.

## 추천사

서 정 운 박사
장로회신학대학교 명예총장

2001년 9월 11일, 뉴욕의 세계무역센터(WTC)가 이슬람 원리주의자들의 공격으로 붕괴한 일은 21세기가 어떤 세상으로 변할지를 명시한 사건이었습니다. 인종, 문화, 종교로 인한 갈등은 늘 있었습니다. 특히 기독교와 이슬람의 갈등은 더욱 심각했습니다. 둘 다가 선교적이기 때문에 그렇습니다. 하지만 많은 기독교인들이 그것을 제대로 실감하지 못했는데, 그 이유는 그 같은 적대현상이 지금까지는 대부분 지역적이고 부분적으로만 일어났기 때문입니다.

21세기는 전 세계에서 언제든 이런 충돌이 가능한 시대입니다. 이미 뉴욕, 파리, 런던 등에서 발생한 테러뿐만 아니라 군사, 정치, 경제, 사회 및 종교 분야에서 여러 가지 형태의 분쟁들이 계속 일어나고 있습니다. 이런 모든 갈등 요소는 미래의 인류 역사를 어둡게 만드는 데 지대한 영향을 끼칩니다.

이러한 시대에 무슬림의 영적 변화를 추구하는 이슬람 선교는 아주 중요하지만, 많은 헌신과 노력에도 불구하고 이슬람 선교가 매우 미진한 몇 가지 이유가 있습니다.

**첫째**, 유대교와 유사한 그들의 신앙 교리 때문입니다.

**둘째**, 비극적인 역사 때문입니다. 십자군 전쟁과 여러 지역의 잔혹한 박해로 인해 양자 간의 역사적 경험이 적대적이고, 상흔의 기억으로 인해 불신과 혐오감이 강합니다.

**셋째**, 기독교와 달리 이슬람의 지속적인 인구 증가와 정치, 경제, 사회적 영향력의 증대입니다.

**넷째**, 가장 중요한 이유는 우리들 자신에게 있다고 말할 수 있습니다. 기독교는 빠르게 비선교적인 집단으로 변질되고 있습니다.

현대 교회는 하나님의 선교(*Missio Dei*)보다 우리의 선교(*Missio Ecclesiae*)에 더 열심인 경우가 많습니다. 하나님의 선교에 동참하는 것보다 우리가 하려는 것에 더 관심이 많습니다. 선교의 본질보단 외형적 수치나 과시적인 결과가 눈으로 보이는 선교에 치우치고 있습니다.

이슬람 선교는 십자가 사랑과 복음의 열정에 기초한 자기 희생과 인내를 필요로 합니다. 우리의 선교는 복음의 진정성과 활력(열정)을 회복해야 합니다. 잃어버린 영혼을 향한 하나님의 열정이 하나님 선교의 시작입니다. 후일의 역사에 지금의 한국교회가 영혼에 대한 구령의 열정과 사랑을 잃어버리고 개교회 중심, 교파주의, 부패와 부도덕, 분쟁으로 몰락했다고 기록되지 않도록 대오각성해야 합니다.

지금과 같이 심각한 위기 국면에 본서가 출간되는 것은 의미심장한 일이라고 생각합니다. 왜냐하면 본서는 우리가 어떻게 이슬람을 이해하며 어떻게 복음적인 자세로 무슬림에게 복음을 나눌 수 있는지를 잘 가르치고 있기 때문입니다. 이슬람권에서 선교했을 뿐 아니라 더들리 우드베리 박사를 잘 알고 깊이 연구한 김일권 박사가 본서를 출간하게 됨을 기뻐하고 감사합니다.

◇ ◆ ◇

**박 은 조 목사**
은혜샘물교회 담임, 한국오엠국제선교회 이사장

무슬림도 우리의 이웃인가?
무슬림도 "네 이웃을 네 몸처럼 사랑하라"는 명령을 받은 이웃에 포함되는가?
안타깝게도 많은 그리스도인들이 무슬림을 이웃이라기보다 대적 혹은 원수로만 보는 것 같습니다. 우드베리 박사는 존중하는 이해와 우호적인 태도로 기독교가 무슬림에게 나가는 선교 방법을 평생 연구한 기독교 이슬람 선교학자입니다.
로잔세계선교위원회는 대결 구도로 이어져 왔던 이슬람 선교에 새로운 변화의 필요성을 느꼈습니다. 우드베리는 로잔세계선교위원회 요청으로 새로운 이슬람 선교 방법의 청사진을 제공한 학자입니다. 중동에서 이슬람권 선교사로 사역했던 김일권 박사가 차제에 우드베리 박사의 이슬람 선교신학을 연구해 박사학위를 받은 귀한 논문을 책으로 출간하게 되어 너무 감사합니다.
본서는 우리 한국교회가 이슬람을 제대로 알고, 그들을 바르게 사랑하며, 우리 시대의 과제를 감당하는 데 큰 도움이 될 것이라 기대합니다.

**이 상 명 박사**
미주장로회신학대학교 총장

21세기 들어 국제사회는 종교와 문화의 다원화 상황에 맞춰 급속히 재편되고 있습니다. 전 세계 16억 무슬림이 지구촌 이웃으로 살아가는데 우리 크리스천들은 그들의 종교와 문화에 대해 거의 무지합니다. 이 시대의 크리스천이라면 이슬람을 모르고서는 세계정세와 선교를 논할 수 없을 만큼 이슬람은 모든 이슈의 한 가운데 있습니다. 이러한 때 이슬람학과 이슬람 선교의 세계적인 권위자이자 풀러신학교 선교대학원 명예학장을 역임한 우드베리 박사를 사사한 김일권 박사가 그의 학문적 업적과 유산을 조명하는 책을 출간하게 되어 크게 기뻐하지 않을 수 없습니다.

우드베리 박사는 지미 카터 전 미국 대통령의 중동문제 컨설턴트로, 전 세계 이슬람 지역과 이슬람 선교 관련 컨퍼런스 등을 통해 가장 영향력 있는 학자로 평가받고 있지만 한국에는 널리 소개되지 않아 늘 아쉬웠습니다. 본서는 이슬람 선교 연구가 아직은 척박한 한국 교계와 신학계에 우드베리 박사의 학문적 유산을 소개함으로써 이슬람 선교 연구를 한 단계 격상시켜 줄 것입니다. 이슬람 지역을 섬기고 있는 선교사, 이슬람의 문화와 종교에 관심 있는 성도, 이슬람학에 입문하려는 학생에게 더 없이 좋은 안내서로서 본서를 추천합니다.

◇ ◆ ◇

**권 준 목사**
시애틀형제교회 담임, 미주한인오엠국제선교회 이사장

이슬람 선교는 어렵습니다. '수년간 이슬람 국가에 살면서 그들에게 복음을 전하려 하였으나 한 영혼 얻기가 하늘에 별을 따는 것보다 어렵다'는 선교사들의 고백을 수없이 들었습니다. 무슬림에게 복음을 전하는 데는 너무나 많은 제약이 있기 때문입니다. 하지만 지금 미국의 무슬림 인구는 오히려 증가하고 있습니다. 2040년에는 유대인을 추월할 것이며, 2050년에는 현재의 2배로 늘어날 것이라고 예측합니다. 미국의 무슬림 인구가 현재는 전체 인구의 1% 정도밖에 되지 않지만 그 수는 빠른 속도로 증가하고 있습니다. 9/11 테러를 지켜본 많은 미국인은 무슬림 인구성장을 우려합니다.

하지만 문제점을 아는 것보다 중요한 것은 하나님의 지혜를 듣고 배우는 것입니다. 지금 우리는 그들과 이웃으로 살고 있고, 우리 아이들은 그들의 자녀들과 같은 학교 친구로 지내고, 할로윈데이에는 같이 어울려 다니며 캔디를 얻어갑니다. 미국에서 우리 같은 이민자로 살고 있는 무슬림들에게 쉽게 다가갈 수 있는 사람은 한인 디아스포라입니다. 그것을 위해 하나님께서는 우리를 이곳에 부르셨는지도 모릅니다. 많은 사람이 이슬람을 공포의 대상으로 생각하며 그들을 멀리하려 합니다. 하지만 하나님의 교회는 그러한 불편에도 불구하고 복음의 진보를 위해 무슬림에게 하나님의 사랑을 전하고 표현해야 합니다.

중동에서 17년을 살았고 또 지난 25년을 선교사로 사역했던 김일권 박사가, 우리 곁에 다가온 무슬림에게 '존중하는 마음'과 '우호적인 자세'로 복음을 전하는 방법에 대해 연구한 논문을 이번에 책으로 출간하게 되었습니다. 본서를 통해 한인 디아스포라 교인들이 무슬림을 더욱 잘 이해하고, 복음의 열정과 사랑으로 그들에게 다가갈 수 있는 지혜를 얻기를 바랍니다.

◇ ◆ ◇

**김 창 환 박사**
**풀러신학교 선교대학원 부학장, 풀러신학교 코리안센터 원장**

이슬람에 대한 학문과 선교신학을 정립한 대표적인 학자는, 풀러신학교에서 오랫동안 교수로 지낸 우드베리 박사라고 할 수 있습니다. 본서는, 오엠선교회를 통해 그동안 이슬람 선교를 풍부하게 경험한 저자가 학문적인 통찰과 선교 경험을 바탕으로 우드베리 박사의 이슬람에 대한 이해와 그의 선교신학을 비평적이고 체계적으로 정리한 매우 중요한 자료로서 한국교회와 선교에 크게 기여하리라 봅니다.

본서는 우드베리 박사의 학문의 세계를 한눈에 파악할 수 있게 하며, 우드베리 박사가 강조하던 바와 같이 이슬람에 대한 깊은 이해를 가지고 이슬람의 다양한 믿음의 형태에 대해 고찰하게 하며, 복음주의에 근거하여 이슬람 선교신학을 깊이 있게 다루고 있습니다. 그러므로 우드베리 박사의 학문을 폭 넓게 이해하게 하는 안내서로뿐만 아니라 한국교회의 이슬람 선교에 있어서 더할 나위 없이 중요한 필독서로 본서를 적극 권합니다.

임 윤 택 박사
윌리엄 캐리 국제대학교 GLC 원장

2001년 9월 11일, 참혹한 사건이 일어났습니다. 9/11 테러는 미국 역사를 바꾼 사건이었습니다. 여러 대의 항공기가 납치되었고, 동시다발적으로 항공기 자살 테러가 일어났습니다. 미국의 상징, 뉴욕의 110층짜리 건물 세계무역센터(WTC) 쌍둥이 빌딩이 무너졌습니다. 버지니아주에 위치한 미국 국방부 건물 펜타곤도 공격을 받았습니다. 약 2,996명의 사람이 사망하고, 6,000명 이상의 부상자가 발생했습니다. 미국은 충격에 빠졌습니다.
'이슬람 근본주의자들을 어떻게 다룰 것인가?'
미국 TV에 여러 자문위원들이 나왔습니다. 그 가운데 가장 탁월한 학자 우드베리 박사가 있었습니다. 미국 정부는 하버드대학교에서 이슬람 근본주의에 관하여 연구한 선교학자, 우드베리 박사의 지성과 지혜를 상당 부분 수용했습니다.
금번에 우드베리 박사의 제자 김일권 박사가 우드베리 박사의 선교학적 유산을 잘 정리하여 출판한 본서는 한국 학계에 우드베리 박사의 지식과 지혜를 나눌 탁월한 학문적 성취입니다. 독자는 본서를 통해 이슬람의 도전을 바라보는 새로운 안목을 갖게 될 것입니다.

• 알라

'알라'는 이슬람이 사용하는 용어이기 때문에 기독교의 하나님과 다르다고 주장하는 사람들이 많다. 알라는 고대 중동의 달 신을 이슬람이 자기들 종교의 신으로 사용한 것이기 때문에 반드시 기독교의 하나님과 구분해야 한다는 주장이다. 필자는 '하나님'과 '알라' 두 단어를 사용함에 있어서 가능하면 '알라'와 '하나님'을 이슬람과 기독교 용어로 구분해 다루었다. 그것은 독자들의 편의를 위한 것이다. 하지만 문맥상 그렇게 할 수 없는 경우는 용어에 상관없이 혼용해 사용하였음을 미리 알려둔다. 알라의 호칭 사용에 대한 더 구체적인 내용은 본서 제6장 "이슬람 이전에 '알라'는 누구였나?"를 참조하기 바란다. 필자는 서론에서 밝히는 바와 같이 연구 범위를 설정하고 그 안에서 연구 자료를 다루었기에 그 이상의 연구는 이곳에서 다루지 않는다.

•• 이슬람 선교

본서에 사용한 '이슬람 선교'란 용어는 무슬림 전도를 위한 기독교 선교를 의미한다. 필자의 논문에서는 '기독교 이슬람 선교'란 용어를 사용하였지만 본서에서는 독자의 편의를 위해 되도록 '이슬람 선교'로 축약 편집해 표기하였다.

# 우드베리의 이슬람 선교신학
21세기 한국교회 이슬람 선교를 위한 선교학적 함의

우드베리의 이슬람 선교신학
The Legacy of J. Dudley Woodberry's Missiology

2018년 11월 30일 초판 발행

| 지은이 | 김일권 |

| 편집 | 정재원 |
| 디자인 | 서민정, 신봉규 |
| 펴낸곳 | (사)기독교문서선교회 |
| 등록 | 제16-25호(1980.1.18) |
| 주소 | 서울특별시 서초구 방배로 68 |
| 전화 | 02-586-8761~3(본사) 031-942-8761(영업부) |
| 팩스 | 02-523-0131(본사) 031-942-8763(영업부) |
| 이메일 | clckor@gmail.com |
| 홈페이지 | www.clcbook.com |

ISBN 978-89-341-1899-2 (93230)

이 도서의 국립중앙도서관 출판시 도서목록(CIP)은
서지정보유통지원시스템 홈페이지(http://seoji.nl.go.kr)와 국가자료공동목록시스템
(http://www.nl.go.kr/kolisnet)에서 이용하실 수 있습니다. (CIP제어번호: CIP2018035142)
이 책의 저작권은 저자와 (사)기독교문서선교회가 소유합니다.
신저작권법에 의하여 한국 내에서 보호받는 저작물이므로 무단 전재와 무단 복제를 금합니다.

이슬람 연구 시리즈 27
신학박사 논문 시리즈 47

The Legacy of J. Dudley Woodberry's Missiology

# 우드베리의 이슬람 선교신학

**21세기 한국교회**
이슬람 선교를 위한 선교학적 함의

CLC

## 차례

추천사 _서 정 운 박사(장로회신학대학교 명예총장)
　　　　박 은 조 목사(은혜샘물교회 담임)
　　　　이 상 명 박사(미주장로회신학대학교 총장)
　　　　권　 준 목사(시애틀형제교회 담임)
　　　　김 창 환 박사(풀러신학대학원 부학장)
　　　　임 윤 택 박사(윌리엄 캐리 국제대학교 GLC 원장)

저자 서문 | 12

제1장 서론 | 14
제2장 더들리 우드베리의 삶과 사역 | 42
제3장 우드베리의 이슬람 개론 이해 | 91
제4장 우드베리의 이슬람 선교학 | 149
제5장 우드베리의 이슬람 선교 연구 | 211
제6장 우드베리의 선교적 유산과 공헌 | 261
제7장 결론 | 321

참고문헌 | 335
ABSTRACT | 344

# 우드베리의 이슬람 선교신학

21세기 한국교회
이슬람 선교를 위한 선교학적 함의

## 저자 서문

　하나님을 알지 못하던 철부지 어린 시절, 주님께서 어린 소자에게 은혜를 베풀어 주셨다. 하나님을 만나 영적인 눈이 열렸고 세상에 대한 안목이 바뀌며 새 생명을 간직하고 사는 삶의 기쁨이 필자의 삶에 변화를 가져왔다. 소년의 삶에 그리스도의 사랑으로 불을 지핀 성령의 열정은 그로 하여금 열방을 품게 하였다. 어린 소년이 설레는 마음으로 아버지 손에 이끌려 여행을 떠나듯 필자는 호기심과 두려운 마음으로, 필자보다 더 선교 열정이 가득했던 아내와 함께 어린 두 아이를 데리고 선교사의 삶을 시작했다.

　이슬람 세계를 제대로 알지 못하고 이슬람 선교를 하느라 많은 시행착오를 겪었다. 필자가 연구한 이런 내용을 진작 알았더라면 그렇게 많은 시행착오를 하지 않았을 것 같다. 감사한 것은 심장마비로 죽을 고비를 넘겼던 필자가 이 연구를 마칠 수 있도록 하나님께서는 필자의 생명을 거두어 가지 않으셨다. 새로운 생의 시작과 함께 우드베리의 이슬람 연구를 마칠 수 있게 되었다. 이것은 이슬람 선교를 위해 무엇인가 공헌하고 싶었던 필자의 마음과 소원을 아시는 하나님께서 필자에게 주신 두 번째 기회란 생각이 들었다.

　먼저 스승이자 선배 선교사며 또 동료 사역자로 이슬람 선교를 위해 너무나 귀한 선교 유산을 남겨주신 더들리 우드베리 박사께 깊은 존경과 고마움을 표한다. 본 연구를 위한 핵심 자료를 제공해주시고 제자의 논문을 위해 적극 지원해 주신 우드베리 박사의 격려와 도움이 이 논문 완성에 가장 큰 도움이 되었다. 또한 이 귀한 논문 주제 선택에는 임윤택 교수의 학자적 영감과 예지력이 큰 공헌을 했다. 임윤택 교수의 멘토와 지도로 본 논문을 연구하는 내내 기쁨과 열정으로 작업을 할 수 있었다.

오엠선교회는 이슬람 선교를 전혀 몰랐던 필자에게 이슬람 선교에 대한 비전과 구체적 훈련을 제공해주었다. 더 많은 실수를 하지 않고 이슬람 선교를 할 수 있도록 도와주었다. 지금도 함께 선교 동반자가 되어 하나님 나라 도래를 위해 사역하는 오엠국제선교회와 모든 동료 선교사에게 고마움을 표한다. 우리 가정을 위해 지금껏 물질과 기도, 사랑으로 후원해 주신 한국교회의 후원이 없었다면 불가능한 일이었을 것이다. 한 명의 선교 전문가를 세우기 위해 끝까지 지원해 주신 모든 후원교회와 후원자께 고마움을 표한다. 그리고 본서를 "이슬람 연구 시리즈" 제27권으로 출판을 해주신 기독교문서선교회(CLC) 대표 박영호 목사와 임직원들에게도 감사를 드린다.

마지막으로 사랑하는 아내와 가족에게 고마움을 전한다. 아내는 지기지우(知己之友)이고 늘 든든한 내 인생의 동반자요 선교 동역자이다. 특별히 수술 후 긴 간병에도 불구하고 본 논문을 잘 마칠 수 있도록 애써준 아내의 사랑과 수고가 없었다면 이 연구를 마칠 수 없었을 것이다. 어릴 때 선교지에서 함께 자라고 또 선교지에서 출생한 세 자녀가 이제는 든든한 선교 동반자로 자라주어서 참 고맙다. 끝으로 본 논문의 영어 자료와 도표 정리에 도움을 준 장남 아람과 유나, 그리고 최윤혜 간사에게 고마움을 전한다.

# 제1장

# 서론

 본서는 21세기 한국교회의 이슬람 선교를 위한 선교신학적 함의를 찾기 위한 연구다. 본 장에서는 본서의 연구 배경, 목적, 목표, 중요성, 핵심 연구 과제, 핵심 연구 질문, 연구의 범위와 방법, 연구 개관을 기술한다.

 2001년 9월 11일, 미국 뉴욕에서 이슬람주의자들에 의해 '9/11 테러'가 일어났다. 이 사건 이후 전 세계는 이슬람[1]의 발생지 중동을 오일(Oil) 산유국에서 테러 온상지로 더 많이 주목한다. 제2차 세계대전 이

---

1 한국이슬람연구회, 『이슬람이란 무엇인가?』 (고양: 이소북, 2003). 이슬람(al-islām)은 아랍어로 평화, 청결, 복종이라는 뜻을 의미한다. 종교적 의미에서의 이슬람은 인간이 진정한 평화를 실현하고 청결을 지속시킬 수 있기 위해서 알라의 뜻과 법에 순종하고 복종해야 한다는 의미다. 이슬람은 창시자 무함마드를 가장 위대한 선지자 혹은 알라의 마지막 예언자로 보며 "알라"를 유일신으로 섬기는 종교이다. 이슬람에 관련된 용어와 신학적 내용은 나중에 뒷 장에서 다시 더 구체적으로 다룬다. 『이슬람이란 무엇인가?』는 이슬람을 외국인에게 알기 쉽도록 소개하기 위해 미국에 있는 사우디아라비아 대사관에서 출판한 이슬람 홍보용 책자다. 무슬림으로서 이슬람 학자였다가 기독교로 개종한 마크 A. 가브리엘은 아랍어가 아닌 영어나 다른 외국어로 번역된 대부분 이슬람 책자들은 이슬람을 좋게 보이게 할 의도로 씌어진 것처럼 보인다고 지적했다. 자료의 객관적 인용을 위해 번역물이라고 해도 가능한 한 아랍어 원문에 근접한 자료를 병행했다.

후 서구 열강의 식민지배로부터 독립하기 시작한 중동 아랍 이슬람 국가들은, 그것이 어떤 형태의 정부이건 거의 큰 분쟁 없이 나름 자국의 독립 정부를 유지할 수 있었다. 하지만 9/11 테러 이후 중동 이슬람 국가들에 조금씩 정치적 지각 변동이 일어났다. 그 시작은 미국 주도의 연합군이 세계의 '악의 축'이라 일컫던 이라크에 대한 공격을 감행하면서이다.

미국과 연합군의 이라크 공격으로 1979년부터 2003년까지 약 20년간 이라크를 집권했던 사담 후세인(Saddam Hussein) 정권이 중동에서 제일 먼저 붕괴되었다. 그 이후 독재정권 몰락을 바라보던 중동이 조금씩 요동치기 시작했고 2010년 튀니지에서 제일 먼저 반정부 시민혁명이 일어났다. 튀니지 혁명은 24년 동안 튀니지를 통치한 독재 권력자 벤 알리(Ben Ali) 대통령을 권좌에서 몰아냈다. 사람들은 이 반정부 시민혁명을 달콤한 꽃향기가 나는 튀니지 국화 재스민(Jasmin)에 빗대어 "재스민 혁명"(Jasmin Revolution)이라 불렀다.

독재 정권에 맞서 일어난 튀니지 반정부 시민혁명은 도화선에 옮겨 붙은 불꽃처럼 삽시간에 이집트, 리비아 등 주변 아랍 국가로 번졌다. 오랫동안 자유와 민주주의에 목말라하던 중동 사람에게 독재 정권의 몰락은 사막에서 마시는 한 잔의 생수 같았다. 자유와 민주주의에 대한 중동 아랍인의 열망이 희망의 봄바람이 되어 중동 전역으로 퍼졌다.

아랍의 봄바람 시민혁명은 30년 이상 철권정치로 장기집권을 누리던 이집트 무바라크(Hosni Mubarak) 대통령을 하야토록 했다. 뒤이어 이슬람주의자로 절대 권력을 자랑하며 전혀 무너질 것 같지 않던 리비아의 최장기 집권자 카다피(Muammar Gaddafi)마저 42년 장기집권의 막을 내리도록 이끌었다.

세계는 아랍 사회주의 국가 독재 정권이 줄지어 몰락하는 모습을 똑

똑히 지켜보았다. 아랍 사회주의 국가가 무너진 그 빈 자리를 서구 자유민주주의가 대신 채울 수 있다는 순진한 생각을 가졌다. "아랍의 봄"이라 불리던 중동 반정부 시민혁명은 많은 사람의 희망처럼 중동에 자유와 민주주의의 새바람을 일으킬 것처럼 보였다. 하지만 재스민 혁명은 시리아로 옮겨간 후 사람들이 전혀 생각지 못했던 새로운 국면의 정치적 지각 변동을 일으켰다. 시민혁명이 일어난 레바논, 이라크, 시리아의 '레반트 지역'[2] 일부를 장악하며 '이슬람 국가' 혹은 'ISIS'[3]로 불리는 이슬람 무장단체가 등장했기 때문이다.

IS는 독재정권이 무너진 공백을 틈타 이슬람주의를 기치로 새로운 이슬람 국가 건립을 천명하며 등장했다. 그들은 이슬람 원리주의를 명분으로 극악무도한 테러를 자행했다. 이슬람에 반대하는 개인이나 국가, 심지어 이슬람으로 개종하지 않는 자에게 온갖 종류의 잔악무도한 폭행과 학살을 서슴지 않았다. '지하드'[4]라는 성전 선포를 통해 극단적 테러를 벌였다.

테러는 중동에만 국한되지 않았다. IS는 전 세계 이슬람 조직망을 통해 전략적이고 조직적으로 추종자를 동원해 자기들 이념에 반대하는 모든 국가와 집단을 대상으로 테러를 전개했다. 그 결과 서구와 기독교

---

2 레반트(Levant)의 원래 의미는 '해가 뜨다'라는 뜻의 프랑스어 'lever'에서 유래한 것으로 동쪽을 의미한다. 역사적으로는 유럽인이 보통 지중해 근동의 팔레스타인(고대의 가나안)과 시리아, 요르단, 레바논과 같이 유럽의 동쪽 지역을 일컫는 의미로 많이 사용됐다.

3 이슬람 국가(Islamic State of Iraq and the Levant or Syria, ISIS or IS)는 이라크 및 시리아 일부 지역을 점령하고 스스로를 '이슬람 국가'라 호칭하며 나타난 이슬람 무장세력이 사용한 용어다.

4 지하드의 원래 아랍어 의미는 '투쟁'이다. 이슬람에서는 일반적으로 신앙을 방해하는 모든 욕망의 절제, 혹은 옳은 일을 하기 위한 투쟁의 의미로 해석한다. 종교적으로는 이슬람을 적대하는 자들과의 전쟁을 의미한다.

는 IS가 지하드 전사를 무장시켜 극단적 테러를 일삼는 태도를 보며 '이슬람포비아'[5](Islamophobia, 이슬라모포비아)에 휩싸여 있다.

이슬람포비아 현상은 상당수 '무슬림'[6] 이민자로 구성된 유럽과 또 온갖 종류의 테러 위협에 직면해 있는 미국만의 상황이 아니다. 전 세계에서 일어나고 있는 공통된 현상이다. 세계는 현재 중동 내전을 피해 유럽과 세계로 몰려오는 중동 난민자 문제로 골머리를 썩이고 있다. 대한민국이라고 예외일 수는 없다. 한국 정부는 경제정책 일환인 할랄(halal)[7]식품단지 조성 계획과 한국에 유입될 대규모 무슬림 근로자의 한국 진출에 반대하는 세력과 갈등을 빚고 있다.

2011년 대한민국의 모 일간지에 실린 다음 기사 내용은 이슬람의 국내 유입을 두려워하는 한국교회에 시사하는 바가 크다.

> 미국 싱크탱크 퓨리서치센터의 연구프로젝트인 퓨(PEW)포럼은 지난 1월 "세계 무슬림 인구의 미래" 보고서에서 2010년 현재 전 세계 무슬림이 16억 1931만 명이라고 밝혔다. 세계 인구(69억 명)의 23%다. 2030년이면 무슬림이 세계 인구의 4분의 1 이상(26.4%)을 차지할 것으로 퓨포럼은 예측했다…주요 종교 가운데 성장세가 가장 가파르다. 무슬림 인구가 많은 나라는 인도네시아(2억 484만 명), 파키스탄(1억 7810만 명), 인도(1억 7729만 명), 방글라데시(1억 4860만 명) 순이다. 지

---

5 이슬람포비아(Islamophobia)라는 용어는 '이슬람' + '포보스'(Phobos: 공포)를 합성해 만든 용어로 '이슬람 공포증' 혹은 '이슬람 혐오증'으로 번역할 수 있다. 즉, 이슬람 국가와 무슬림, 혹은 이슬람 자체에 공포를 느끼거나 혐오감을 나타내는 행동을 통틀어 일컫는 말이다.
6 무슬림이라는 용어는 아랍어 의미로 '복종의 행위를 취하는 사람'을 뜻한다. 종교적으로는 '알라에게 복종하는 자'라는 뜻이다.
7 할랄(halal). 이슬람 율법에 의해 무슬림이 먹고 쓸 수 있도록 허용된 제품을 총칭하는 용어.

정학적으로 한국은 거대 무슬림 국가들의 이웃이다.[8]

  신문 기사처럼 대한민국은 지정학적으로 거대 이슬람 국가의 이웃이다. 더욱이 한류 열풍으로 인해 무슬림 인구의 국내 유입은 현실적으로 점점 더 증가할 수밖에 없는 상황이다.[9] 한국을 포함한 전 세계는 이슬람을 공포의 대상으로 여겨 아무리 무슬림을 멀리하고 싶어도 거대한 지구촌 이웃, 무슬림과 공존하며 살 수밖에 없는 상황이 시대적 현실이다.
  1978년 우드베리(J. Dudley Woodberry)는 무슬림 전도를 위한 북미주 컨퍼런스 성찬식 설교 가운데 다음과 같은 내용을 나누었다.

            사우디아라비아의 메카 쪽으로 향하는 고속도로에는 다음과 같은 내용이 적힌 표지판의 차단벽이 도로를 가로질러 설치되어 있습니다. "이 지점부터 비무슬림은 출입을 제한합니다…십자가에 달린 하나님의 어린양 예수의 희생 안에서 모든 차단벽은 걷어졌습니다. 우리는 속죄함을 받았고 주님의 식탁은 모든 사람을 환영하고 있습니다."[10]

  기독교는 이슬람포비아에 휩싸여 우리에게 다가오는 지구촌 무슬림 이웃을 더이상 두려움과 경계의 대상으로만 삼아서는 안 된다. 그들을

---

8 「한겨레」, "지구촌 무슬림 16억 명." Accessed Feb. 16, 2016. http://www.hani.co.kr/arti/society/society_general/478230.html.
9 이슬람연구소, 『이슬람의 이상과 현실』 (서울: 예영커뮤니케이션, 1996), 144-50. 우드베리는 여기서 이슬람 세계에 일어나고 다양한 변화를 "하나님의 손"이라는 제목의 글을 통해 5가지 현상으로 나누어 설명했다.
10 Evelyne A. Reisacher, *Toward Respectful Understanding & Witness among Muslims : Essays in Honor of J. Dudley Woodberry* (Pasadena, CA: William Carey Library, 2012), 1.

멀리하거나 무작정 바라보기만 해서도 안 된다. 왜냐하면 이들 역시 어린양 예수의 십자가 희생을 통해 하나님의 식탁에 초대받은 사람들이기 때문이다.

이슬람으로 인해 가장 큰 고통과 어려움을 당하고 있는 피해자는 사실 무슬림 자신들이다. 무슬림은 선택이 아닌 운명에 의해 이슬람 국가에 태어났다. 자신의 의지와 상관없이 자국 이슬람 문화와 전통을 받아들이고 그 사회 속에서 살아야만 하는 사람들이다. 무슬림의 삶에 대해 아랍 무슬림이자 또 이슬람 학자였던 마크 A. 가브리엘(Mark A. Gabriel)은 다음과 같이 말했다.

> 필자는 서구인들로 하여금 무슬림들을 싫어하거나 두려워하거나 경멸하게 하고 싶지 않다. 그 대신 이슬람의 가르침 자체를 증오하기 바란다. 이 둘 사이의 차이를 구별하는 것은 매우 중요하다. 이슬람은 종교다. 모든 나쁜 태도와 문제를 야기하는 것은 이슬람인 것이다. 무슬림은 이슬람을 믿는 사람이다. 무슬림 역시 이슬람의 피해자다. 전 세계를 통틀어 이슬람 때문에 가장 큰 고통을 겪는 사람들은 바로 무슬림 자신이다. 그들은 평생 알라를 기쁘게 하려고 애쓰지만 정말 그 일에 성공했는지 여부는 알지 못한다. 천국으로 가게 될 거라는 희망으로 알라를 위해 싸우다 목숨을 잃기도 한다. 이슬람 때문에 그들은 다른 사람들은 물론 자기 자신을 용서하지 못한다.[11]

이슬람과 기독교는 모두 다 선교적인 종교다. 이들 두 종교는 경전의

---

11 Mark A. Gabriel, 『이슬람과 유대인 그 끝나지 않은 전쟁』, 중근동연구소 역 (서울: 글마당, 2011), 10.

가르침을 따라 원심적 선교를 지향한다. 하지만 기독교 선교는 이슬람과 다르다.

> (기독교에서) 선교란 하나님의 백성들이 의도적으로 교회로부터 교회가 없는 곳으로, 신앙이 있는 곳에서 신앙이 없는 곳으로 장벽을 넘어가, 사람들로 하여금 하나님과 및 자기 자신과, 사람들 서로 간에, 그리고 세상과 화해하도록 하는 하나님의 선교에 교회가 참여함으로써, 예수 그리스도 안에서 하나님의 나라의 도래를 말과 행동으로 선포하는 것이며, 성령의 역사를 통해 사람들이 회개하고 예수 그리스도를 믿음으로 말미암아 교회에 모이도록 하여 예수 그리스도 안에서 하나님의 나라가 도래하는 표식으로 세상의 변화를 도모하는 것이다.[12]

하나님 나라의 도래를 소망하는 모든 하나님의 교회는 선교적 사명을 가지고 있다. 그들은 그리스도의 정신으로 충만해 모든 민족에게 나아가기를 원한다. 선교를 중요한 사명으로 생각하는 기독교는 이슬람과 충돌하며 갈등과 대결 구도를 가지게 된다. 하지만 기독교는 대결 구도의 선교 방법을 선택해서는 안 된다. 기독교 선교는 적대적 관계에 있는 자와도 평화와 공존을 통해 하나님 나라의 도래를 말과 행동으로 선포해야 하기 때문이다. 기독교는 교회의 선교적 사명을 수행하기 위해 이슬람과 평화적으로 공존하며 그들에게 복음을 전할 수 있는 선교 방법을 찾아야 한다.

한국 기독교도 몰려오는 무슬림 이민자를 두려운 존재로 생각하는 경우가 많다. '이슬람포비아 시대'를 직면한 21세기 한국교회는 우리 곁

---

12　Charles E. Van Engen, *Biblical Foundation of Mission* (Pasadena: Fuller, 2010), 25.

에 다가오는 무슬림과 해외 이슬람 선교를 어떻게 해야 할지 진지하게 고민하고 연구해야 한다. 이 시점에 우드베리의 삶과 그의 이슬람 선교학을 연구하는 것은 한국 기독교의 이슬람 선교를 위해 선교학적으로 중요한 의미가 있다. 그는 로잔세계선교위원회가 기독교의 이슬람 선교 방향과 정책을 고민하고 있을 때 가장 중요한 도움과 자문을 제공했던 기독교 이슬람 학자이기 때문이다.

1974년 세계 복음화 과업을 위한 제1차 세계선교대회가 스위스 로잔에서 열렸다. 그 이후 피터 와그너(Peter Wagner)는 북미주선교위원회에 무슬림 전도를 위한 북미주 컨퍼런스 개최를 제안했다.[13] 1978년 기독교 이슬람 선교에 있어 세계 역사를 바꿀 만한 이슬람 선교 컨퍼런스가 열렸다.[14] 컨퍼런스가 끝난 다음 세계 최초로 기독교 이슬람 선교에 실제적 도움을 줄 수 있는 방대한 분량의 이슬람 개요서(Compendium)가 탄생했다.[15] 1978년 북미주이슬람선교컨퍼런스는 기독교가 무슬림 전도를 위해 이제까지 해온 이슬람 선교 사역 가운데 가장 혁명적 사건이었다.[16]

선교위원회는 1978년 북미주이슬람선교컨퍼런스를 통해 무슬림 전도에 필요한 전문적인 연구와 훈련이 기독교에 시급함을 절감했다. 컨퍼런스가 끝난 다음 선교위원회 지원으로 돈 맥커리(Don M. MacCurry)의 주도하에 컨퍼런스에서 다룬 주제와 내용을 기초로 무슬림 전도를 위한 훈련과 연구를 위해 중추적 역할을 할 수 있는 연구기관을 설립

---

13 Don M. McCurry et al., *The Gospel and Islam* (Monrovia: MARC, 1978), 5.
14 Ibid., 7.
15 Don M. MacCurry, *The Gospel and Islam: a 1978 Compendium* (Monrovia: MARC). 이 책은 1978년 글렌 아이리에서 열린 북미주이슬람컨퍼런스에서 발표한 40편의 이슬람 선교 자료를 묶어 편집한 이슬람 개요서(compendium)다.
16 Dudley Woodberry, interview by Ilkwon Kim, Jan. 13, 2016.

했다. 이렇게 탄생한 연구소가 '사무엘 즈웨머 연구소'(Samuel Zwemer Institute)다. 이 일을 계기로 이슬람 선교에 대한 본격적인 관심과 연구가 세계선교위원회를 통해 시작되었다.[17]

사우디아라비아 선교사로 이 컨퍼런스에 참석했던 우드베리는 이 컨퍼런스가 자신의 이슬람 연구에 가장 결정적 영향을 끼쳤다고 말했다.[18] 나중에 우드베리는 무슬림 전도를 위한 기독교적 관점의 이슬람 개론 과정을 구성했다. 그는 이것을 '사무엘 즈웨머 연구소', '윌리엄 캐리 국제대학교', 풀러신학교 선교대학원(이하 풀러선교대학원)에서 강의했다.

우드베리는 풀러선교대학원으로 사역지를 옮긴 후, 이슬람 선교를 위해 새로운 관점으로 이슬람을 연구하는 (기독교) 이슬람 선교학을 개발했고 복음주의 기독교 진영 가운데 가장 큰 규모의 기독교 이슬람 선교학 과정을 개설했다. 우드베리가 개발한 이슬람 선교학은 기독교가 무슬림을 존중하고 이해하는 자세로 복음을 전할 수 있게 도와준다. 그의 이슬람 선교학은 무슬림에게 복음의 비밀을 더욱 분명하고 단호하게 증거할 수 있도록 우리를 이끈다.

우드베리는 무슬림 전도를 위해 이슬람을 연구한 학자다. 그는 무슬림과 평화적으로 공존하며 그리스도의 사랑을 가지고 먼저 손을 내밀며 무슬림에게 다가갔다. 무슬림을 이해하고 존중하는 태도로 그들에게 복음의 비밀을 전하고자 애써 온 선교사였다. 우드베리는 무슬림에게 복음을 전하기 위해 (기독교) 이슬람 선교학을 개발한 서구 최고의 이슬람 학자다.

---

17  McCurry et al., 6.
18  Woodberry, interview.

## 1. 연구 배경

　본서의 연구 배경은 필자의 사역 경험에서 기인하였다. 필자는 한국에서 파송받은 1993년부터 2017년까지 국제 선교 단체 소속 선교사로 사역을 하고 있다. 필자는 이슬람권 선교사로 약 17년을 중동에서 살았다. 하지만 필자가 처음 해외 선교사로 지원했던 선교지는 중동 이슬람 국가가 아닌 동구 유럽의 루마니아였다. 필자는 선교회 형편과 선교지 사정 때문에 그곳에 갈 수가 없었다. 기도하는 가운데 다른 선교지를 선택했지만, 그마저도 뜻대로 되지 않았다. 그래서 우리 가족은 결국 전혀 생각지도 않았던 영국에 머무를 수밖에 없었다. 그곳이 우리를 받아 준 유일한 선교 지부였기 때문이다.
　영국에서 선교 사역을 시작한 필자는 매주 한 차례 웨일즈 지역에 있던 대학교를 정기적으로 방문해 무슬림 유학생을 대상으로 '우정 전도'를 했다(우리 팀은 무슬림을 대상으로 사역하는 팀이었다). 하지만 필자는 이슬람과 무슬림을 전혀 몰랐고 무슬림을 개인적으로 만나본 경험이 단 한 번도 없었다. 심지어 단 한 번도 이슬람 선교를 생각해 본 적이 없었다. 영국에서 이슬람 사역을 하는 동안 생애 처음으로 무슬림을 개인적으로 직접 만나서 그들과 교제하는 경험을 가졌다.
　몇 개월의 시간이 지난 후 그동안 우정 전도를 통해 만난 무슬림 친구들을 초청했다. 우리 부부는 온갖 맛난 음식을 정성껏 요리해 파티를 준비했다. 하지만 그날 우리가 준비한 파티와 노력은 안타깝게도 수포가 되었다. 파티에 참석한 무슬림 친구들이 우리가 준비한 음식을 먹지 않았기 때문이다. 그들은 김밥과 잡채에 들어간 햄과 소시지 같은 식재료 때문에 서로 눈치를 보며 음식을 먹을 수가 없었다. 우리 부부는 음식을 맛있게 만들겠다는 생각에만 집착했지 정작 음식 먹을 당사자인 무슬림의 음식문화 '할랄'[19]에 관한 내용은 깜박 잊고 있었던 것이다.

1년 후 우리 가족은 이슬람의 본고장 중동으로 선교지를 옮겼다. 그곳에서 우리는 훈련 프로그램을 통해 이슬람 선교를 배웠다. 이슬람 문화와 무슬림 전도에 필요한 기초 이해를 본격적으로 준비할 수 있었다. 훈련을 통해 무슬림 이웃과 좋은 친구 관계를 만든 다음, 어느 날 무슬림에게 복음을 나눌 수 있는 절호의 기회를 얻었다. 하지만 그렇게 소중한 기회는 또다시 무산되었다. 손님을 호의적으로 대하는 우리식 문화가 무슬림 친구에게 전혀 다른 의미로 전달되었기 때문이다. 필자에게 익숙한 문화적 행동 양식이 집으로 초청한 무슬림 친구를 떠나 보내게 만들었다.

선교지에서 약 10년을 보낸 후 영육이 탈진한 상태에 있던 우리 부부는 안식년을 가졌다. 하나님의 은혜와 도우심으로 필자는 안식년 기간 풀러선교대학원에 입학해 지나온 선교 사역을 평가하고 다음 사역을 준비할 수 있는 큰 특권을 누렸다. 풀러선교대학원의 거의 모든 프로그램을 수강했지만, 기회가 되지 않아 우드베리 박사가 강의하는 이슬람 연구 과정은 본의 아니게 수강할 수 없었다. 필자는 풀러선교대학원에서 선교학 석사과정을 마친 후 다시 선교지로 돌아갔고 우드베리와의 인연은 그것이 전부였다.

2011년 1월, 필자는 예기치 않게 필자가 몸담은 선교회 미국 본부로 사역지를 옮기게 되었다. 필자가 미국에서 주로 하는 일은 선교 동원과 훈련인데, 이를 위해 컨퍼런스와 세미나에서 많은 강연을 한다. 선교회 대표로 사역하며 미주지역 한인 기독교 지도자 양성을 위한 목적으

---

[19] '할랄'은 아랍어로 '허용된'이라는 의미가 있다. 이슬람법에 따라 모든 무슬림은 특별히 이슬람 도축 방식에 의해 도축된 가금류만을 섭취하게 되어 있다. 그들은 특히 햄이나 소시지같이 돼지고기를 주재료로 사용하는 음식 섭취는 금기한다.

로 신학대학원 객원교수로 선교학과 이슬람도 강의한다. 이러한 사역적 특성상 필자는 더 많은 학문 개발을 위해 학문의 끈을 놓지 않으려고 '윌리암 캐리 국제대학교' 박사과정에 등록했다.

박사과정 연구를 시작하면서 필자는 논문 주제를 두고 고민했다. 몇 가지 관심 주제가 있었기 때문이다. 그때 임윤택 박사가 서구 최고의 이슬람 학자 우드베리 박사에 대한 연구를 추천했다. 사역으로 인해 몸은 비록 미주지역에 있지만 늘 선교 현장을 그리워하던 차에 이슬람 연구라는 도전은 또다시 필자의 가슴을 요동치게 했다. 이슬람 선교는 주님의 지상명령을 완수하기 위해 선교 전략적으로도 여전히 가장 중요한 마지막 선교적 과업이기 때문이다. 필자는 기쁜 마음으로 우드베리 연구를 논문 주제로 선택했다.

논문 준비를 위해 우드베리 박사의 일대기와 그분의 학문적 배경을 조금씩 조사하면서 흥미로운 사실을 발견했다. '이슬람 선교의 사도'라 불리는 사무엘 즈웨머(Samuel Zwemer), 영국 최고의 이슬람 학자 중 한 분인 케네스 크래그(Kenneth Cragg), 미국 최고의 이슬람 학자였던 하 기브 경(Sir H.A.R. Gibb) 같은 이슬람 최고의 학자들이 모두 다 우드베리와 연관이 있었기 때문이다. 필자는 이들이 우드베리와 그렇게 깊이 연결되어 있다는 것을 전혀 몰랐다. 그런데 우드베리의 이슬람 선교학에 가장 큰 영향을 끼친 학자들이 바로 이분들이었다.

우드베리는 당대 세계 최고의 이슬람 학자에게 이슬람을 사사하고 이슬람 최고의 학문과 지식을 모두 갖춘 학자였다. 그뿐만 아니라 그는 사우디아라비아, 레바논, 파키스탄, 아프가니스탄 같은 이슬람의 중심지에서 선교사로 거주하며, 자신이 배운 최고의 학문을 삶으로 실천했던 선교 실천가였다. 선교지를 떠나 미국으로 돌아온 우드베리는 자신이 배운 학문과 경험을 토대로, 복음주의 신학교 가운데 가장 큰 규모의 이슬람 연구 과정을 개발해 학위 과정을 개설했다.[20] 이 모든 것이 필자에게 우드베리의 이슬람 선교학을 연구하기에 충분한 이유와 동기가 되었다.

세계 최고의 이슬람 학자요, 동료 선교사며, 스승인 우드베리 박사를 만나기 위해 필자는 약속 시간을 잡고 풀러선교대학원 도서관에서 그를 기다렸다. 연세 든 노학자가 들기에는 조금 버거워 보이는 큼직한 가방을 어깨에 메고 그가 약속 장소에 나타났다. 둘만이 담소할 수 있는 조용한 장소로 자리를 옮긴 다음 우드베리 박사는 곧바로 가방을 열고 몇 권의 책자와 서류를 끄집어내셨다. 그리곤 그것을 하나씩 설명하며 건네주셨다. 우리는 그렇게 몇 시간을 만난 후 헤어졌다.

집으로 돌아와 우드베리 박사의 설명을 떠올리며 건네받은 자료들을 하나씩 살펴보았다. 그 자료들은 우드베리 박사가 기독교 이슬람 선교를 위해 지난 50여 년 동안 연구한 연구 자료들이었다. 이슬람 선교를 위해 자신이 평생 개발한 연구의 핵심 자료를 정리해 필자에게 모두 건네준 것이다. 필자는 이슬람 선교에 있어 반드시 알아야 할 주옥같은 선교적 유산이 대학자의 손을 거쳐 필자의 손에 쥐어졌다는 사실을 그때야 비로소 실감했다. 그것은 필자에게 있어서 엄청난 축복과 행운이었다. 이 놀라운 사실을 깨닫는 순간 필자는 이 연구가 하나님께서 필자에게 맡겨주신 선교적 과제요 사명이라는 사실을 분명히 확인할 수 있었다.

얼마 후 우리 부부는 우드베리 박사 내외, 임윤택 교수와 함께 다시 약속을 정해 만남의 시간을 가졌다. 그 자리에서 우드베리 박사는 필자의 손을 꼭 쥔 다음 필자가 하려는 연구를 위해 진심으로 축복하며 기

---

20  Reisacher, 7.

도해주셨다. 엘리야가 승천할 때 남긴 겉옷을 그의 제자 엘리사가 고이 받아들였던 것처럼, 필자는 이 만남을 통해 연구에 대한 분명한 목적과 사명을 다시 한번 확인할 수 있었다. 필자가 우드베리의 이슬람 선교학을 연구 주제로 삼은 것은 우연이 아니라 21세기 한국교회 이슬람 선교를 위해 하나님께서 허락하신 귀중한 선물이라는 생각이 들었다.

한국에서 이슬람을 교수하는 이정순 박사는 한국교회 이슬람 선교 현황을 다음과 같이 분석했다.

> 현재 이슬람에 대한 우리의 이해가 매우 편식되어 있다. 한국 선교단체 간의 이슬람에 대한 인식이 다르고, 이슬람에 대하여 강의하는 강사들끼리도 의견이 다르다. 그동안 이슬람에 대한 인식은 '포용론'과 '경계론'으로 양분화되어 있었다. 이로 말미암아 이슬람에 대하여 잘 모르는 성도들만 혼란이 가중되고 있다. 또한 선교 현장에서 사역하는 선교사들에게도 혼란을 주고 있다. 이슬람에 대한 더욱 올바른 이해와 무슬림을 향한 사역에 전략적인 관심이 모아져야 할 때이다.[21]

무슬림은 하나님을 필요로 하지만 한국교회는 이슬람에 대한 오해와 편견으로 그들에게 접근하기를 두려워한다. 필자는 서구 최고의 이슬람 학자요, 기독교 이슬람 선교사며, 이슬람 선교를 위해 평생 기독교 이슬람 선교학을 개발한 우드베리에게서 그 해답을 얻고자 한다.

우드베리는 어떻게 한결같이 무슬림을 겸손과 사랑 그리고 존중하는 자세로 대하며 그들에게 복음을 전할 수 있었을까?

그 결과는 어떻게 나타났을까?

---

21  이정순, 『21세기 한국 이슬람의 어제와 오늘』 (서울: 대서, 2012), 8.

어떻게 그것이 가능할까?

더들리 우드베리의 삶과 그의 사역을 통해 남긴 선교적 유산과 교훈을 배우고 싶다. 이것이 필자가 더들리 우드베리의 삶과 그의 이슬람 선교학을 연구하게 된 배경이다.

## 2. 연구 목적

본서의 연구 목적은 이슬람 선교를 위해 평생 헌신한 우드베리의 삶과 사역을 통해 그가 남긴 선교적 유산을 연구함으로 21세기 한국교회 이슬람 선교에 필요한 선교신학적 함의를 찾는 데 있다.

## 3. 연구 목표

본서는 기독교 이슬람 선교를 위해 더들리 우드베리가 남긴 선교적 유산이 21세기 한국교회 지도자와 이슬람권 사역자에게 기독교 이슬람 선교를 위한 선교학 정립과 선교 모델을 제시할 수 있다고 보고, 다음과 같은 연구 목표를 가진다.

**첫째**, 기독교 이슬람 선교학자였던 우드베리의 삶을 선교학적 관점으로 연구해 살펴본다.

**둘째**, 우드베리가 기독교 지도자와 이슬람권 선교사 훈련을 목적으로 '사무엘 즈웨머 연구소', '윌리암 캐리 국제대학교', 풀러선교대학원에서 교수한 이슬람 개론의 교과 과정을 연구 분석한다.

**셋째**, 우드베리가 무슬림 전도를 위해 개발한 기독교 이슬람 선교학의 형성 과정과 내용을 연구 분석한다.

**넷째**, 우드베리가 개발한 기독교 이슬람 선교학의 실제를 알아보기 위해 그 과정과 내용을 연구 조사한다.

**다섯째**, 더들리 우드베리의 선교적 유산과 공헌을 연구 조사하고 그것이 한국교회 이슬람 선교에 시사하는 선교학적 함의를 찾는다.

## 4. 핵심 연구 주제

본서의 핵심 연구 주제는 이슬람 선교를 위해 헌신한 우드베리의 삶, 무슬림 전도를 위해 그가 개발한 (기독교) 이슬람 선교학, 풀러선교대학원을 통해 이슬람 선교에 이바지한 그의 선교적 유산과 공헌이다.

## 5. 연구의 중요성

본서는 다음과 같은 3가지 중요성을 염두에 둔다.

**첫째**, 이슬람 선교를 위해 한국교회 기독교 지도자와 이슬람권 사역자가 선행적으로 준비하고 습득해야 할 이슬람 개론의 주제와 내용 제시다.

**둘째**, 21세기 한국교회 이슬람 선교를 위해 교회 지도자와 기독교 이슬람 선교 전문가들이 앞으로 다루어야 할 이슬람 연구 주제와 방법에 관한 이슬람 선교학 정립이다.

셋째, 더들리 우드베리의 삶과 그가 개발한 이슬람 선교학을 통해 남긴 선교적 유산과 공헌이 이슬람 선교에 함의하는 선교 모델의 제시다.

## 6. 핵심 연구 질문들

본서는 다음 5가지 핵심 연구 질문을 중심으로 전개한다.

**첫째**, 우드베리의 삶에 나타난 선교신학적 함의는 무엇인가?
**둘째**, 우드베리의 이슬람 개론의 핵심 주제와 내용은 무엇인가?
**셋째**, 우드베리가 개발한 이슬람 선교학은 무엇인가?
**넷째**, 우드베리의 이슬람 선교학의 실제는 어떤가?
**다섯째**, 우드베리가 남긴 선교적 유산과 공헌은 무엇인가?

## 7. 연구 범위

본서의 연구 범위는 다음과 같이 설정한다.

**첫째**, 필자의 요청으로 우드베리가 본인에게 직접 전달한 문헌 자료, 풀러선교대학원 이슬람 연구 과정 프로그램에 사용된 자료, 이들 자료가 다루는 주제와 내용에 관련된 자료에 한정한다. 필자는 우드베리가 전달한 다음 자료를 연구했다.

① 『복음과 선교』(The Gospel and Islam)
② 『엠마오 도상의 무슬림과 기독교인』(Muslims & Christians on The Emmaus Road)
③ 『씨앗에서 열매로』(From Seed to Fruit)
④ 『이슬람 개론』(Introduction to Isalm: MR 550/650)
⑤ 『존중하는 이해를 통한 무슬림 전도』(Toward Respectful Understanding & Witness among Muslims)

여기에 수록된 주제와 내용 범위 안에서 이슬람을 다룬다.

**둘째**, 우드베리 일대기에 관련된 연구는 이슬람 사역과 직간접적으로 상관이 있는 내용을 연구 범위로 정한다.

**셋째**, 본 논문은 기독교 이슬람 선교를 위한 우드베리의 선교적 유산을 다루는 것이기에 본 연구와 상관이 없는 내용은 다루지 않는다. 우드베리가 개발한 기독교 이슬람 선교학과 그의 삶을 통해 선교적 유산과 공헌이 될 만한 내용만 다룬다. 이 외의 신학적, 선교학적, 이슬람에 대한 다른 연구 주제는 다음 연구 과제로 남겨둔다.

## 8. 연구 방법

본서는 자료 수집과 분석에 있어 질적 연구 방법을 사용한다. 질적 연구는 필자가 직관과 통찰을 통해 아직 구체적이지 않은 연구 내용을 조금씩 이해하며, 자기 나름대로 독자적 해석을 부여함으로, 본 연구가 얻고자 하는 연구 질문에 답할 수 있기 때문이다. 질적 연구의 궁극적 바람과 목적은 세계를 해석하는 틀이라 말할 수 있는 패러다임을 사용

해 전통적 패러다임으로부터 대안적 방식으로 세상을 이해하고 해석하는 시도다.[22]

선교학적 연구 디자인에 있어 특히 질적 연구 방법을 사용할 때 가장 큰 걸림돌이 되는 것 중 하나는 해석의 타당성 여부를 검증받는 것이다. 그렇기 때문에 질적 연구를 할 때 가장 중요한 2가지 핵심 쟁점은 자료 수집과 분석이다. 타당도와 신뢰도는 연구 방법론에서 너무나 중요한 부분이다.

특별히 타당도는 측정 도구를 사용해 얼마나 실제에 가깝게 측정하고 있는가를 나타내며, 신뢰도는 목표와 실제 평가 결과 사이에 관련성이 얼마나 높은가에 주목한다. 『선교학적 연구 디자인 개론』(Introduction to Missiological Research Design)의 저자 엘리스턴(Edgar J. Elliston)은 검사 도구의 타당도가 입증되었다면 신뢰도가 고려되어야 하고 신뢰도는 타당도를 확보하기 위한 기본 조건이라고 했다.[23] 본 연구는 앞에서 언급힌 내용에 기준한 연구 방법론을 사용한다.

질적 연구 방법은 "연구의 전체 청사진을 하나의 도면에 담고자 시도하는 디자인 방식을 거부한다는 것을 의미"하는 것처럼 보일 수 있다.[24] 그럼에도 불구하고 수집한 자료와 조사방법을 일관되게 결합해 연구 문제에 대한 해답을 얻기 위한 디자인과 전략을 세우는 것은 질적 연구에 있어 중요한 요소다.

---

22  고미영, 『질적사례연구』(서울: 청목, 2009), 11-18. 본 연구에 사용한 질적 연구의 장단점에 대한 더 구체적이고 자세한 내용은 여기를 보라.

23  Edgar J. Elliston, *Introduction to Missiological Research Design* (Pasadena, Calif.: William Carey Library, 2011), 55-66. 본 연구는 엘리스턴이 이곳에서 말하는 기준에 근거해 자료를 수집하고 분석하는 방법을 사용하였다.

24  Jennifer Mason, 『질적 연구 방법론』, 김두섭 역 (파주: 나남, 2010), 49.

## 1) 근거이론 방법론

본서는 우드베리가 전달한 자료를 1차 자료로 사용해 문헌적으로 연구하는 근거이론 방법론을 사용한다. 필자는 우드베리에게 본 연구의 목적과 취지를 설명했고, 이를 전달받은 우드베리는 자신의 삶과 사역을 가장 정확하게 정의할 수 있는 핵심적 문헌 자료를 필자에게 직접 건네주었다. 필자가 사용하는 근거이론 방법론은 본인이 연구하는 대상자의 표현 속에서 대상자가 의미 있게 받아들이고 있는 주요 사건이나 문제점을 대상자의 관점에서 파악하려는 연구 방법론이다.[25]

## 2) 문헌연구 방법론

본서는 우드베리가 개발한 기독교 이슬람 연구에 관련된 자료를 기초로 문헌적 연구 방법을 사용한다. 문헌적 연구 방법은 핵심 연구 주제와 연구 질문을 중심으로 연구 주제에 적합한 문헌을 선택하고 전개해야 하는 연구 과정이기 때문에 논문을 작성하는 초기 단계에 결정적 역할을 한다.[26] 문헌연구 방법은 연구 주제와 관련된 중심 단어를 검색어로 활용해 자료를 탐색하고 열람하여 참고 자료로 사용한다.[27] 이와 더불어 논문 주제와 관련된 기존 연구 또는 선행 연구 검토를 위해 관련 문헌을 찾아 사용한다.[28]

---

25　김구,『사회과학 연구조사 방법론의 이해』(서울: 비앤엠북스, 2011), 361.
26　Elliston, 41.
27　송인섭 외,『(실제 논문작성을 위한) 연구 방법론』(파주: 교육과학사, 2008), 69.
28　김태영, 김정수, 조임곤,『사회과학 논문 작성과 통계자료 분석』(서울: 대영문화사, 2003), 62.

본서에 사용된 문헌은 우드베리가 필자에게 전달한 다음 자료를 1차 자료로 사용한다(논문 포함).

① 『복음과 선교』(The Gospel and Islam)
② 『엠마오 도상의 무슬림과 기독교인』(Muslims & Christians on The Emmaus Road)
③ 『씨앗에서 열매로』(From Seed to Fruit)
④ 『이슬람 개론』(Introduction to Isalm: MR 550/650)
⑤ 『존중하는 이해를 통한 무슬림 전도』(Toward Respectful Understanding & Witness among Muslims)
⑥ "개장(改裝)한 의자에서 본 관점"(The View from a Refurbished Chair)
⑦ "SWM/SIS의 국제적·개인적 영향"(The Impact of SWM/SIS Globally and on Me)
⑧ "나의 선교 순례"(My Pilgrimage in Mission)

우드베리의 이슬람 선교학과 관련된 내용과 주제에 필요한 문헌연구는 1차 자료와 더불어 원자료에서 다룬 주제 내용과 연관된 학자의 자료, 풀러선교대학원 이슬람 연구 과정 프로그램에서 사용한 자료, 풀러선교대학원 도서관, '윌리엄 캐리 국제대학교' 도서관, 한국 국회도서관, 국립중앙도서관, 그리고 한국교육학술정보원 웹사이트(www.riss.kr) 등에 소장된 자료를 사용한다. 그 외 필요한 사항은 하버드대학교 이슬람센터, 옥스포드대학교 이슬람센터, 보스턴대학교 도서관, 국회도서관과 인터넷 웹사이트 상의 자료를 검색해 사용한다.

## 3) 인터뷰 방법론

본서는 인터뷰 방법론을 사용한다. 질적 연구에서 가장 광범하게 사용되는 방법 중 하나는 인터뷰 방법이다.[29] 통상적으로 인터뷰 방법은 심층적이고 반구조화되거나 느슨하게 구조화된 형태의 면접을 지칭하는 용어다. 가끔 '비구조화된 면접'(unstructured interview)이라는 표현을 사용하지만, 면접에서 어떤 형태든 구조를 완전히 배제할 수는 없다. 형태와 발전 과정에 광범위한 다양성이 존재하지만 질적 혹은 반구조화된 인터뷰 방법은 연구에 있어서 고유한 특성을 가진다.[30]

필자는 여러 사람과의 인터뷰를 가진다. 연구 주제 당사자인 더들리 우드베리, 그의 가족, 오랫동안 그와 함께 사역하며 직간접적으로 교류해 왔던 동료 교수와 사역자, 그에게 가르침을 받았던 제자들 가운데 본 연구에 도움을 줄 수 있는 사람과의 인터뷰를 통해 자료를 수집한다.

## 4) 참여 관찰법

본서는 질적 자료 수집을 위해 관찰과 참여를 통한 참여 관찰법을 사용한다. 필자가 사용하는 '참여 관찰'이라는 용어는 연구 대상의 주변 상황에 중점을 두고 내부적인 현장, 상호작용, 관계, 행위, 사건 등의 측면을 필자가 체계적으로 관찰하여 자료를 창출해 내는 방법을 말한다. 참여 관찰 대상은 공간적 측면뿐만 아니라 경험적, 감정적, 신체적 측면을 모두 포함한다.[31]

---

29  Mason, 97.
30  Ibid.
31  Ibid., 127.

필자는 이슬람 선교를 위해 중동에서 약 17년간 선교사로 지냈다. 현재는 선교회 본부 사역을 하며, 약 25년 동안 국제선교단체를 통해 선교사로 사역하고 있다. 그래서 다양한 이슬람 선교 사역을 경험하고 관찰할 기회가 많았다. 본인은 풀러선교대학원 재학시절 학생 신분으로, 나중에는 이슬람 사역을 위한 동료 선배요 사역자로 우드베리를 관찰할 기회가 있었다.

본 연구는 필자가 직접 경험하고 관찰하며 배웠던 다양한 경험과 내용을 토대로 한, 현장연구 방법으로서의 참여 관찰법을 사용한다.

### 5) J. 로버트 클린턴의 리더십 이론

본서는 우드베리의 삶을 연구하기 위해 J. 로버트 클린턴(J. Robert Clinton)이 개발한 '리더십 평생 개발 이론'을 사용한다.[32] 클린턴은 기독교 리더십 학자로 정평이 나있고 그의 이론은 우드베리 일대기를 선교학적으로 연구 분석하는 데 적절한 연구 방법론을 제공한다. 우드베리는 세계적인 이슬람학자인 동시에 성육신적 사역의 모범이 된 기독교 지도자다. 그의 일대기가 형성되는 과정에는 하나님의 선택과, 선택된 지도자를 영적 지도자로 만드시는 하나님의 훈련 과정이 나타난다.

> 선택은 하나님의 전략이다. 하나님이 사람을 선택하신다. 하나님이 노아를 선택하시어 홍수 심판에서 살아남게 하셨고, 노아의 자손이 중동 지방 전역에 퍼져 살게 하셨다. 시간이 조금 더 흐른 후 하나님

---

32  Robert Clinton, 『지도자 평생 개발론』, 장남혁, 황의정 역 (서울: 하늘기획, 2011). 본 연구에 사용된 지도자 평생 개발론에 관한 내용과 이론에 대한 지침서이다. 이곳에서 다루는 자료는 본 자료를 사용한다.

이 아브라함을 선택하셨고, 그를 온 세상에 믿음과 축복을 전하는 통로로 사용하셨다.[33]

클린턴은 "지도자는 계획적인 훈련과 경험을 통하여 등장하게 된다."[34]라고 말했다. 하나님은 선택하신 하나님의 사람을 영적 지도자로 만드시기 위해 그의 "생애 전반을 통하여 지도력을 개발하신다."[35] 우드베리의 삶을 클린턴 이론으로 연구하면 이슬람권 선교를 위해 하나님께서 인도하신 그의 삶과 사역 개발 과정을 찾을 수 있다. 그의 삶과 사역 개발 과정에 나타나는 조감도는 이슬람권 선교를 위해 사역하는 모든 하나님의 사람에게 아주 중요한 선교적 모델을 제공한다.

본 연구는 J. 로버트 클린턴의 지도자 평생 개발 이론 가운데 "영적 지도자에 대한 이해," "지도자 개발론," "삶의 조감도를 통한 시간선" 이론을 가지고 더들리 우드베리의 삶과 사역을 다룬다. 이것을 위해 클린턴의 저작물 『영적 지도자 만들기』[36], 『당신의 은사를 개발하라』[37], 『지도자 평생 개발론』[38]에 나오는 연구 방법론을 사용해 우드베리의 삶과 사역 개발 과정을 연구 분석한다.

---

33　임윤택, 『(랄프 윈터의) 기독교 문명 운동사』 (고양: 예수전도단, 2013), 59.
34　Clinton, 5.
35　Robert Clinton, 『영적 지도자 만들기』, 이순정 역 (서울: 베다니출판사, 2004), 22.
36　Robert Clinton, 『영적 지도자 만들기』, 이순정 역 (서울: 베다니출판사, 1998).
37　Robert Clinton, 『당신의 은사를 개발하라』, 황의정 역 (서울: 베다니, 2005).
38　Clinton, 『지도자 평생 개발론』.

## 6) 랄프 윈터의 기독교 문명 운동사 방법론

본서는 우드베리가 남긴 선교적 유산을 연구하기 위해 랄프 윈터(Ralph D. Winter)의 기독교 문명 운동사 방법론을 사용한다.[39] 윈터의 기독교 문명 운동사 이론은 개인의 일대기를 연구하는 데 훌륭한 방법론을 제공한다. 그가 개발한 성경적 관점의 역사 연구는 하나님의 의도와 목적이 한 개인이나 특정한 집단을 통해 더욱 분명하게 드러나는 것을 관찰할 수 있도록 한다.

대부분의 역사 연구는 선택적 관점으로 이루어지기 때문에 성경적 관점으로 역사를 연구하게 되면 그것을 통해 한 개인의 정체성을 이해하고 확립하게 만들어 준다.[40] 더들리 우드베리의 일대기와 사역을 랄프 윈터 박사가 개발한 기독교 문명 운동사 이론을 통해 연구하면 이슬람권 선교를 향한 하나님의 구속사적 전략을 발견할 수 있다. 하나님 나라의 역사 가운데 이스마엘 자손을 향한 하나님의 관심과 사랑은 하나님께서 선택하신 하나님의 사람을 통해 여전히 중단되지 않고 있는, 현재진행형 사역이다. 무슬림을 향한 하나님의 사랑이 어떻게 하나님이 선택하신 수많은 하나님의 사람을 통해 그들에게 전달되는지 하나님의 분명한 의도와 계획을 찾을 수 있다.

랄프 윈터의 기독교 문명 운동사 이론은 이슬람 선교를 위해 평생 헌신한 더들리 우드베리의 일대기를 선교학적 관점으로 연구하는 방법이다. 이것은 우드베리의 일대기를 통해 하나님의 구속 전략과 선교적 선택을 연구하기 위한 방법론이다. 이것을 통해 하나님이 이슬람

---

39 임윤택. 이곳에서 다루는 내용은 본 자료를 사용한다.
40 Paul Everett Pierson,『(선교학적 관점에서 본) 기독교 선교운동사』, 임윤택 역 (서울: 기독교문서선교회, 2009), 32.

선교를 위해 그를 부르시고 선택하신 의도와 선교적 전략을 찾는 것이다.

본 연구는 선교학적 관점으로 더들리 우드베리의 삶과 사역을 연구하기 위해 『(랄프 윈터의) 기독교 문명 운동사』[41]에 나오는 내용과 이론을 연구 방법으로 사용한다.

## 9. 연구 개관

본서는 총 7장으로 구성한다.

제1장은 서론으로 "우드베리의 이슬람 선교신학: 21세기 한국교회 이슬람 선교를 위한 선교학적 함의"를 찾고자 하는 본 연구의 배경, 목적, 목표, 중요성, 핵심 연구 과제, 핵심 연구 질문, 연구의 범위와 방법, 연구 개관을 기술한다.

제2장은 우드베리의 삶과 사역에 관련된 일대기를 선교학 관점으로 다룬다. 본 연구는 랄프 윈터의 기독교 문명사 이론, 로버트 클린턴의 평생 지도자 개발 이론을 통해 우드베리의 삶과 사역 개발 과정을 연구 분석해 내러티브 방법으로 기술한다.

제3장은 이슬람 선교를 위해 우드베리가 구성한 이슬람 개론을 다룬다. 본 연구는 우드베리가 무슬림 전도를 위해 기독교 지도자와 선교사

---

41 임윤택.

를 대상으로 '사무엘 즈웨머 연구소', '윌리암 캐리 국제대학교', 풀러선교대학원에서 가르친 이슬람 개론의 교과 과정을 연구 분석해 주제별로 요약 정리해 기술한다.

제4장은 더들리 우드베리의 이슬람 선교신학의 형성 과정과 핵심 이론을 다룬다. 그가 개발한 기독교 이슬람 연구 방법은 우드베리의 이슬람 선교학의 핵심 요소다. 필자는 다음 3가지 내용을 중점적으로 다룬다.

**첫째**, 우드베리 이전까지 기독교가 해왔던 이슬람 선교 방법이다.
**둘째**, 우드베리의 이슬람 연구의 학문적 기반과 배경이다.
**셋째**, 우드베리의 이슬람 연구의 개발 배경, 형성 과정, 연구 방법론이다.

제5장은 우드베리 이슬람 선교학의 실제를 다룬다. 우드베리가 개발한 이슬람 선교학이 실행되는 과정과 내용 그리고 결과를 연구 조사해 기술한다. 본 연구는 그가 발행한 두 개의 저작물,『엠마오 도상의 무슬림과 기독교인』(*Muslims & Christians on the Emmaus Road*)과『씨앗에서 열매로』(*From Seed to Fruit*)의 내용을 연구 분석해 다룬다.

제6장은 약 반세기 동안 이슬람 연구와 사역에 헌신한 우드베리의 선교적 유산과 공헌을 다룬다. 본 연구는 그의 이슬람 사역 희년을 기념하는 헌정 도서『존중하는 이해를 통한 무슬림 전도』(*Toward Respectful Understanding & Witness Among Muslims*)," 풀러선교대학원 프로그램, 후학 양성을 통해 그가 지도하고 배출한 이슬람 연구 전문가들의 사역과 활동 내용을 기초로 한다

제7장은 본 논문의 결론으로 세 부분으로 나누어 기술한다.

**첫째**, 각 장에서 다룬 주제와 내용을 간략히 정리해 기술한 요약이다.

**둘째**, 본 논문의 연구 목적과 연구 목표 그리고 연구 질문을 통해 필자가 얻고자 했던 해답과 내용을 다룬 결론이다.

**셋째**, 본 연구를 통해 도출한 결론에 기초해 필자가 한국교회에 도전하는 제언이다.

제2장

# 더들리 우드베리의 삶과 사역

　현대는 점점 더 다원화·전문화의 사회로 변하고 있다. 현대는 과거보다 더 많은 전문인 지도자가 필요한 시대다. 그래서 과거보다 더 많은 전문인 지도자가 존재하는 시대다. 각 분야의 전문가는 모두가 성공적인 지도자가 되기를 희망하고 또 실제로 성공적인 지도자가 되기도 한다. 하지만 성공적인 지도자로 불린다고 해서 모두가 성숙한 지도자가 되는 것은 아니다. 그렇기 때문에 성숙한 영적 지도자들의 삶을 연구하는 것은 어떤 모양으로든지 우리에게 도전과 성장의 기회를 제공한다. 왜냐하면 그들의 일대기에는 하나님이 선택해서 쓰시고자 하는 하나님의 사람에 대한, 하나님의 간섭과 역사가 깃들어 있기 때문이다.

　모든 기독교인의 삶에는 하나님께서 하나님의 백성을 다루시는 역동적 성장 과정이 분명히 있다. 특별히 성숙한 영적 지도자의 삶에는 그러한 모습이 더욱 뚜렷이 드러난다. 세계적인 선교학자 랄프 윈터(Ralph D. Winter)에 의하면 선택은 하나님의 중요한 선교 전략이다.[1] 하나님은

---

1　Ibid., 59.

하나님의 부르심에 순종하는 하나님의 사람을 선택하시고자 그들의 삶에 간섭하신다. 하나님은 사람을 선택하신 다음, 그의 삶이 하나님의 부르신 목적에 부합할 수 있는 한 명의 성숙한 영적 지도자로 잘 성장할 수 있도록, 그의 삶 가운데 적극적으로 개입하신다.

우드베리 일대기를 선교학적 관점으로 연구하면 그의 영적 지도력을 '성공과 성숙'이라는 2가지 기준에 따라 질적으로 검증할 수 있다. 그의 삶과 사역을 통해 성공하고 성숙한 영적 지도자로 성장하는 과정의 핵심 내용을 질적으로 검증하기 때문이다. 이러한 검증 과정을 통해 드러난 우드베리의 삶과 사역은 기독교 이슬람 선교를 위한 귀중한 선교적 유산이 될 수 있다. 왜냐하면 이것은 후대 기독교 이슬람 사역자에게 성공하고 성숙한 영적 지도자의 개발 과정을 보여주는 중요한 모델이 될 수 있기 때문이다.

본 장에서 다루는 우드베리의 사역 개발 과정 연구는 우드베리의 일대기를 단순히 연대기적 순서로 정리하는 기존의 연구 방법을 사용하지 않는다. 그 대신 지도자의 삶을 평가하고 분석함에 탁월한 선교학적 관점을 제공하는 랄프 윈터의 '기독교 문명 운동사 이론'과 J. 로버트 클린턴의 '지도자 개발 이론'을 사용한다. 2가지 연구 방법을 사용해 우드베리의 삶과 사역 개발 과정을 연구 분석한 다음, 내러티브 방법으로 기술한다.[2]

> 인간을 다루시는 하나님의 스토리는 여전히 진행 중에 있다. 하나님의 세상 가운데 이루어지고 있는 하나님의 선교에 동참하는 하나님 백성들의 내러티브도 계속되고 있다. 보다 본질적인 면에서 보면, 세

---

2 Elliston, 113-14. 저자는 여기서 선교의 성서신학 연구 방법에 있어서 중점을 두고 있는 질적 가치에 대해 자세하게 설명하고 있다.

상을 구원하기 위한 선교 안에서 성령의 활동도 계속되고 있다. 이런 선교적 내러티브는 예수님께서 재림하시는 그날까지 계속될 것이다.[3]

## 1. 기독교 문명 운동사 방법론 이해

랄프 윈터의 기독교 문명 운동사 이론은 역사를 기독교 문명사적 관점으로 해석한 이론이다. 기독교적 관점으로 역사 해석을 처음 시도한 학자는 케네스 라투레트(Kenneth Scott Latourette) 교수다.[4] 그와 함께 기독교적 관점에서 역사를 해석한 또 다른 학자는 하버드대학교에서 역사학을 마치고 프린스턴대학교, 스탠포드대학교, UCLA대학교에서 역사를 가르쳤던 유럽 중세사 교수 린 화이트(Lynn Townsend White, Jr.)다.[5] 그는 유럽 중세사에 나타나는 과학 기술을 기독교 문명사적 관점으로 해석했다. 기독교적 관점으로 역사를 해석하고자 했던 이들 이론은 다시 세계적인 선교학자 랄프 윈터 박사에 의해 기독교 문명 운동사 이론으로 완성되었다.

창세기 12장에 나오는 다음 내용은 랄프 윈터 박사가 말하는 기독교 문명사적 관점으로 성경과 역사를 이해하고 해석함에 있어서 가장 중

---

3 Charles Van Engen, *Mission on the Way* (Michigan: Baker Book House, 1996), 68.
4 「기독일보」, "기독교 편향적인 역사관 부끄러워 하지 않았던 역사가 라투레트," (April 5, 2016), http://kr.christianitydaily.com/articles/82805/20150415/기독교-편향적인-역사관-부끄러워-하지-않았던-역사가-라투레트.htm. 케네스 스코트 라투레트(Kenneth Scott Latourette, 1884-1968)는 기독교의 전 역사를 '확장'(expansion)이라는 맥락에서 본 유명한 예일대학교 역사가로, 64세이던 1948년에 미국에서 가장 오래되고, 가장 크고, 가장 권위 있는 역사가들의 모임인 미국역사협회(American Historical Association, AHA) 회장으로 선출됐던 인물이다.
5 린 화이트(Lynn Townsend White, Jr.) 역시 미국역사협회장을 역임했던 역사학계의 대학자다.

요한 성경구절 가운데 하나다.

> 여호와께서 아브람에게 이르시되 너는 너의 고향과 친척과 아버지의 집을 떠나 내가 네게 보여 줄 땅으로 가라 내가 너로 큰 민족을 이루고 네게 복을 주어 네 이름을 창대하게 하리니 너는 복이 될지라 너를 축복하는 자에게는 내가 복을 내리고 너를 저주하는 자에게는 내가 저주하리니 땅의 모든 족속이 너로 말미암아 복을 얻을 것이라 하신지라(창 12:1-3).

세계적인 구약 성서학자 월터 카이저(Walter C. Kaiser, Jr.)가 창세기 12장의 이 말씀으로 하나님이 아브라함을 선택하신 목적과 이유를 성경적으로 해석한 내용은 이미 널리 알려져 있다.[6]

랄프 윈터의 기독교 문명사적 관점에 의하면 하나님께서는 사람을 선택하시는데 이러한 선택은 하나님의 구속 전략이다. 하나님이 사람을 선택하시어 하나님의 선민으로 삼으시고 그들에게 특권을 주시는 이유는 그들에게 배타적인 선민사상을 심어 주기 위하심이 아니다. 하나님께서 사람을 선택하신 이유는 하나님의 사람을 통해 모든 나라에 그분의 믿음과 복을 전하기 위한 선교적 선택이 내포된다.[7]

하나님은 노아를 선택하셔서 홍수 심판에서 살아남게 하셨고, 온 세상에 믿음과 축복을 전하는 통로로 사용하시고자 아브라함을 선택하셨다. 이렇게 이스마엘 대신 이삭을, 에서 대신 야곱을 선택하시는 하나님

---

[6] Walter C. Kaiser, Jr., 『구약성경과 선교』, 임윤택 역 (서울: 기독교문서선교회, 2005), 25-30. 월터 카이저가 창 12:1-3에 나오는 성경구절을 해석하는 내용에 대하여 더 자세하게 알기 원하면 이곳을 보라.

[7] 임윤택, 59.

의 선택 역사는 신구약성경 전체를 통해 지속적으로 드러난다. 하나님의 선택은 성경 역사뿐만이 아니라 오늘날 우리가 사는 현시대에도 여전히 지속되는 하나님의 구속 전략이다.[8]

하나님께서 아브라함을 처음 부르신 다음 맺으신 언약 가운데 하나가 '복'에 대한 약속이다. 현시대에 사는 우리가 창세기에 나오는 이 복에 대한 개념을 바르게 이해하는 것은 성경적으로 아주 중요하다. 창세기에서 나오는 복의 원래 의미는 "내가 물려받아야 할 유산을 너에게 양도해 주겠다"라는 뜻이다.[9] 다시 설명하면 "에서가 받아야 할 유산을 야곱이 받은 것," 즉 에서의 복이 야곱에게로 양도된 것을 의미하며, 이 복은 단순히 물질적인 선물이나 부동산 같은 것이 아니라 오히려 책무, '영원한 책임'을 뜻하는 것이다.[10]

이러한 복의 개념에 대해 폴 피어슨(Paul Everett Pierson) 박사는 다음과 같이 말한다.

> 히브리어로 '복'은 영어보다 훨씬 더 심원한 뜻을 담고 있다. 히브리적 '복'의 개념은 관계적이고 가족의 일원으로 포함되는 것을 의미하였다. 그런 의미에서 야곱은 복을 받았고 에서는 복을 받지 못했다. '복'은 권위, 책임, 화해, 그리고 사탄적인 어두움과 악한 세력에 대한 저항을 의미했다. 성경에 나타난 축복은 사람을 하나님과 하나 되게 연결하고 서로를 연결하여 영원한 친교를 맺게 하는 것이다.[11]

---

8  Ibid., 59-61.
9  Kaiser, 38.
10  Ibid.
11  Pierson, 51.

선교적 관점에서 역사를 보면 성경과 인류 역사는 분명하고도 일관된 하나의 주제를 가지고 펼쳐지는 한 편의 대하드라마와 같다. 이 드라마에는 영광스럽고 '좋았던' 태초의 '창조'와 사탄의 인격을 가진 반역적이고 파괴적이며 초인적인 악의 등장, 그리고 그 반역에 휩쓸려 사탄의 악한 권세 아래 놓이게 된 인간의 내용이 묘사된다.

창세기 12:1 이하에서 하나님은 아브라함을 선택하신다. 하나님께서는 그렇게 선택한 수많은 하나님의 사람을 사용해 원수가 점령하고 있는 나라의 영역 속으로 하나님 나라의 반격을 가하신다. 하나님은 하나님께서 선택하신 하나님의 사람을 통해 열방이 하나님과 다시금 연결되어 영원한 친교를 맺을 수 있는 복을 받을 수 있도록 역사한다.[12]

랄프 윈터의 기독교 문명사적 관점을 가지고 성경과 역사를 연구하면, 하나님의 나라와 살아계신 하나님의 권능 그리고 그 영광이 하나님의 분명한 목적에 따라 마치 한편의 거대한 드라마처럼 일관된 모습으로 전개되는 것을 발견할 수 있다.[13] 랄프 윈터의 방법론을 가지고 기독교 문명사적 관점으로 우드베리의 일대기를 연구하는 이유는 무슬림을 향한 하나님의 구속 전략을 살펴보기 위해서다. 또한 이슬람 선교를 위해 우드베리를 선택하신 하나님의 선교적 선택을 발견하기 위함이다.

---

12 Ralph D. Winter et al., 『퍼스펙티브스』, 정옥배 외 역 (고양: 예수전도단, 2010), 464.

13 Ibid.

## 2. 지도자 평생 개발론 이해

지도자 평생 개발론을 정립한 J. 로버트 클린턴은 그의 리더십 이론을 다음과 같은 전제로 시작한다.

"사역은 존재로부터 흘러나온다. 하나님은 우리를 만드셨고, 우리를 독특하게 그리고 하나님의 목적에 기여하도록 만들고 계신다."[14]

그러기에 모든 선택 받은 하나님의 사람은 어떤 형태로든지 하나님의 목적에 기여하도록 사역에 참여하게 된다. 하지만 모든 사람이 동일하게 하나님의 부르심에 지속적으로 순종하는 것은 아니다. 어떤 사람은 임시적으로 지도력을 행사하는 반면 어떤 사람은 지속적으로 지도력을 행사한다. 그러한 지도력의 주된 차이점은 '지도자가 비전이 있는가, 또 그 비전을 성취하고자 하는 책임감을 가지고 있는가' 하는 것에 달려있다.[15] 그렇기 때문에 여기서 사용하는 지도자라는 용어는 '지속적으로 사람들에게 영향력을 미치는' 사람으로 정의한다.

클린턴의 이론에 의하면 지속적으로 지도력을 행사하는 수많은 지도자 가운데 오직 극소수의 지도자만이 유종의 미를 거둔다.[16] 더욱이 사역적으로 유종의 미를 거둔 지도자라고 해서 모두가 성숙한 지도자로 사람들에게 평가를 받는 것도 아니다.

"성숙한 사역은 성숙한 인격에서 흘러나온다."[17]

그렇기 때문에 단순히 성공적인 지도자가 된다는 것과 성공적이면

---

14　Clinton, 93.
15　Ibid., 26.
16　George Barna, 『리더십을 갖춘 지도자』, 최기운 역 (서울: 베다니출판사, 1999), 211.
17　Clinton, 『영적 지도자 만들기』, 165.

서 동시에 성숙한 지도자가 된다는 것 사이에는 커다란 질적 차이가 있다.[18] '훌륭한 지도자'는 자신의 삶과 사역을 통해 성공적이면서도 성숙하게 자신에게 맡겨진 사역을 끝까지 잘 마쳐서 유종의 미를 거둔 지도자를 일컫는 용어다.

### 1). 영적 지도자

영적 지도자는 '영적인 영향력을 행사하는 지도자'다. 모든 사람은 자기가 원하는 것을 이루고 성취하기 위해 어떠한 것에 도전하고자 할 때 분명한 이유가 있다. 그러기에 지도자가 어떤 것에 도전할 때는 그것에 대한 철학을 가지고 특정한 집단에 영향력을 행사한다. 개리 윌스가 이야기하는 것처럼 리더십을 사용하는 이유는 다른 사람을 움직여 지도자와 추종자가 함께 공유하고 있는 하나의 목표를 향해 앞으로 나아갈 수 있도록 하기 위함이다.

클린턴은 영적 지도자의 특성을 다음과 같이 설명한다.

> 영적 지도자에게 있어서 도전의 핵심은 자신이 원하는 것에 대한 도전이 아니다. 그들은 하나님의 인도하심을 먼저 의식한다. 그들은 하나님께서 역사하시는 일에 하나의 통로가 된다는 것을 발견하면서 시작되는 기쁨과 하나님이 제시하시는 것에 대한 순종을 가장 중요한 사역 철학으로 삼는다.[19]

---

18 Ibid. 클린턴은 성숙한 지도자의 인격과 사역의 상관 관계가 어떻게 깊이 있는 사역으로 발전하는지 이 장에서 잘 다루고 있다.

19 Ibid., 91.

이러한 도전은 그리스도를 향한 사랑의 열정과 하나님이 제시하시는 것에 대한 전적인 순종의 자세에서 기인한다.

"그리스도를 위한 열정은 그리스도인 지도자들뿐 아니라 모든 그리스도인들이 가져야 할 가장 고상한 열심이다."[20]

영적 지도자의 사역 철학은 그것이 영성 형성(인격 형성)에 관련된 것이든 아니면 사역 형성(사역 기술)에 관련된 것이든 그리스도를 향한 사랑의 열정을 통해 하나님께 순종함으로 배우고 얻은 경험에서 나온 것이어야 한다. 클린턴은 이러한 영적 지도자의 성경적 지도력에 대한 연구 결과를 통해 영적 지도자의 특성을 다음과 같이 정의한다.

① (지도자란) 하나님께서 주신 역량으로
② 영향력을 행사하기 위해 하나님께서 부여하신 책임을 가지고
③ 특정한 그룹의 하나님의 백성들에게
④ 하나님의 목적을 향해 영향을 끼치는 사람이다.[21]

2) 지도자 개발론

클린턴이 말하는 지도자 개발론의 내용은 다음과 같다.[22] 지도력의 본질은 '영향을 끼치는 일'이다. 그러기 때문에 하나님은 영적 지도자가 영적 권위를 가지고 그리스도의 영향을 끼치는 사역을 하기 원하신다.

---

20 Wesley L. Duewel, 『열정적인 지도자』, 정중은 역 (서울: 생명의말씀사, 1995), 122.
21 J. Robert Clinton, 『영적 지도자 만들기』, 이영규, 이순정 역 (서울: 베다니, 2014), 282.
22 여기서 다루는 지도자 개발론은 클린턴의 저서 『영적 지도자 만들기』에서 다루는 내용 가운데 핵심적인 부분을 인용해 다룬다. 용어 정의는 최신개정판 내용을 사용했다.

하나님은 지도자를 선택하신 다음 그들 삶에 간섭하셔서 하나님의 역량을 부여하고 증가시키는 일을 행하신다.[23] 영적 지도자는 생애 전체 동안 계획적인 훈련과 경험 과정을 거쳐 형성된다. 클린턴은 지도자의 형성 단계를 "지도자 개발" 이론을 사용해 설명한다.

> 지도력은 생애 전체를 통한 학습이다. 그것은 몇 개월이나 몇 년의 교과 과정으로 끝내거나 통신강좌식 학습으로 되는 것이 아니다. 유명한 영적 지도자들이 어떻게 살았고 어떻게 죽었는가를 주목하고 생각할 때 교훈들을 추려내고 배울 수 있다. 그들과 관련된 자료를 모아 시간선(time line)이라는 도구를 사용하여 정리하는 과정을 거치다 보면, 지난날 하나님께서 지도자를 개발하고 강하게 하는 데 사용하셨던 방법들을 지적해낼 수 있고 거기서 나타나는 여러 가지 표본들을 보게 될 것이다.[24]

지도자 개발론은 지도자의 전 생애를 통해 개인의 삶에 나타나는 발전 특성이나 방법에 근거해 발전 단위를 파악한다. 그것을 한 시기의 단위로 분류해 발전 단계라 명명한다. 그렇게 분류된 발전 단계를 시간선이라는 도구를 사용해 삶의 조감도로 표시한다. 그렇게 함으로써 지도자의 발전 단계를 도식화해 분석하는 것이 지도자 개발론 방법이다.[25]

클린턴은 지도자 개발론을 통해 한 개인의 생애를 분석하고 이해하는 데 '유형, 과정, 원리'라는 용어를 사용한다.

---

23 Clinton, 『영적 지도자 만들기』, 55.
24 Ibid., 40.
25 Ibid., 44.

**첫째**, 유형은 한 생애의 전체 윤곽 또는 큰 그림을 말한다. 유형을 연구할 때 시간선 분류 도표는 장기적인 관찰을 하기에 유용하다.

**둘째**, 과정이란 용어는 전반적인 유형을 따라 지도자를 인도함에 하나님께서 사용하시는 섭리적인 사건을 분류하는 도구다. 모든 과정에는 하나님께서 원하시는 사역 수준까지 지도자를 성장시키고자 하나님이 개입한 특별한 사건, 환경, 하나님의 가르침과 교훈 같은 것이 포함된다.

**셋째**, 원리란 지도자에게 넓게 적용되어 온 과정과 유형 가운데 기본적 진리를 파악하는 것이다.[26]

### 3) 삶의 조감도를 통한 시간선

로버트 클린턴이 말하는 삶이 조감도를 통한 시간선의 내용은 다음과 같다. 클린턴은 시간선 분류 도표를 사용해 성경과 역사 그리고 현존하는 수많은 지도자를 연구했다. 그는 연구 결과를 가지고 지도자의 삶에 나타나는 이상적 표본을 산출하는 방식으로 지도자의 발전 단계를 발견했고 그것을 시간선 이론으로 정립했다.

> 하나님께서는 지도자를 개발하기 위해 섭리적 사건, 사람들, 그리고 환경들을 사용하신다. 삶 전체는 우리를 하나님의 사람으로 만들어가는 데 사용되는 반면, 삶의 어떤 과정들은 지도자의 발전에 더욱 직접적으로 연관된 것들이 있다. 필자는 이 다양한 과정들을 기초 과정, 인성 개발 과정, 사역 과정, 성숙 과정, 수렴 과정, 인도 과정 등 6가지의 일반적

---

26　Ibid., 42, 43.

인 범주로 묶어보았다. 지도자의 삶의 단계에 따라 다른 형태의 과정이 나타난다. 인도 과정은 모든 단계를 통하여 나타난다. 가끔 단계의 변동 과정에서 인도 과정이 중요한 작용을 하기도 한다.[27]

그는 지도자의 발전 단계를 아래의 도표에 나와 있는 6단계로 분류한다.

| 1단계 | 2단계 | 3단계 | 4단계 | 5단계 | 6단계 |
|---|---|---|---|---|---|
| 주권적 기초 단계 | 내적인 삶의 성장 단계 | 사역의 성숙 단계 | 삶의 성숙 단계 | 수렴 단계 | 회상(축제) 단계 |

〈그림 1〉 리더십 개발의 일반적 6단계(Robert Clinton 2014:66)

**제1단계**는 '주권적 기초 단계'(Sovereign Foundation) 혹은 정지 단계다. 이 단계는 출생과 함께 시작되며 하나님께서 지도자의 생애에 기초를 놓아주시는 주권적 작업이 이루어지는 단계다. 하나님의 전적인 주권과 섭리에 의존하며, 지도자의 삶을 형성하는 기초 단계가 이루어진다. 하나님께서는 가정, 환경, 또는 역사적 사건을 통해 주권적으로 역사하신다. 주권적 기초 단계, 즉 정지 단계에는 특별한 의미의 영적 개입이 보이지 않아도 하나님께서 주권적 섭리로 지도자의 생애를 인도하시는 것을 발견할 수 있다.[28]

**제2단계**는 하나님과의 관계를 통한 '내적인 삶의 성장 단계'(Inner-life Growth)다. 지도자는 하나님과의 영적 친밀감을 경험하게 되고 어떤

---

27 Ibid., 49.
28 Clinton, 『영적 지도자 만들기』, 29, 45.

형태로든 하나님을 섬기는 사역을 시작하게 된다. 그러한 과정 가운데 경험하게 되는 여러 가지 시험을 통해 하나님께서는 지도자의 성품을 개발시키신다. 그러기에 이 단계는 다음 단계로 가는 결정적 경험의 기간이다. 이 단계에서 지도력의 잠재성이 판명되며 지도자의 성품이 개발되고 또 영적 지도자로서의 경건과 인성 개발이 이루어진다.[29]

**제3단계**는 지도자가 본격적으로 사역에 촛점을 맞추어 자신의 삶을 헌신하는 단계이기 때문에 '사역의 성숙 단계'(Ministry Maturing)라 불린다. 이 시기에 지도자의 주안점은 사역이다. 지도자는 자신도 모르는 사이에 성령의 은사를 따라 사역에 동참하며 보다 효과적인 사역을 위해 훈련을 받기도 한다. 이 시기에 하나님께서는 2가지 방법, 즉 사역을 통한 자신의 은사와 기술을 파악하는 것과 관계를 통한 그리스도의 몸에 대한 이해로 지도자를 개발시키신다. 하나님께서는 이 시기에 지도자의 관심인 사역의 풍성한 열매보다 지도자의 잠재성을 평가하시기 위해 그의 인격을 다루는 일에 더욱 많이 역사하신다.[30]

**제4단계**는 지도자가 자신의 은사가 어떤 사역에 가장 효과적인지를 파악하고 그 은사들을 사용할 줄 아는 '삶의 성숙 단계'(Life Maturing)다. 지도자는 자신의 은사를 가장 효과적으로 사용할 수 있도록 우선 순위와 중요성을 선택할 줄 안다. 이 시기에 지도자는 성숙한 사역을 위해 '사역은 인품의 산물'이라는 새로운 사역의 원리로 인해 갈등하게 된다.

그러면서 지도자의 성품이 녹아지고 성숙해지는 사건들로 인해 사역에 대한 이해가 더욱 깊어진다. 이 단계는 사역을 효과적이고 지속적으로 지탱하는 근거가 하나님과의 교통이라는 것을 알고 그것을 사역

---

29  Ibid., 30, 45.
30  Ibid., 30, 46.

의 성공보다 더 중요하게 여기는 법을 배우며 성숙하고 풍성한 열매를 맺는 시기다.[31]

**제5단계**는 하나님께서 지도자를 은사에 적합하고 사역 경험에 맞는 역할로 인도하여 그의 사역을 극대화 시키는 '수렴 단계'(Convergence)다. 지도자는 자신이 가진 최선의 것을 사역에 활용하며 재질에 적합하지 않은 사역은 내려놓기도 한다. 이 시기는 지도자에게 있어서 인격적인 성숙과 사역의 성장이 함께 만나 자신의 역량을 최대한 드러낼 수 있는 직책과 역할을 통해 사역의 절정을 이루는 황금기라고 할 수 있다. 상당수의 지도자가 이 단계를 경험하지 못하는 경우가 많다.[32]

**제6단계**는 아주 적은 수의 지도자만이 다다를 수 있는 축제 단계로 '회상 단계'(Afterglow)라 불린다. 전 생애를 통한 사역의 열매와 성장이 하나로 아우러져 사람들로부터 인정을 받게 되며 자신의 삶과 사역을 통해 발전을 허락하신 하나님의 성실함에 감사와 영광을 돌리는 단계다. 회상 단계의 지도자들에게는 전 생애를 통해 많은 관계가 형성되어 있기 때문에 이러한 관계를 통해 간접적인 영향력을 발휘할 수 있게 된다.

특히 이러한 지도자의 삶과 사역은 많은 사람에게 그들의 인생을 본받을 수 있는 훌륭한 모델을 제공한다. 그들이 생애 전반에 걸쳐 지도력을 행사하며 얻은 지혜의 보고는 다음 세대의 많은 사람들에게 유익과 축복으로 물려질 것이다.[33]

시간선에서 지도자의 발전 단계가 바뀔 때에는 적어도 3가지 다른 특성이 나타날 수 있다. 각 단계가 바뀔 때마다 그 과정이 달라지며, 각

---

31 Ibid., 31, 47.
32 Ibid.
33 Ibid., 48.

기 다른 단계들은 그 단계들이 마무리되는 구체적인 사건과 함께 끝이 난다. 이렇게 발전 단계가 바뀔 때마다 그 영향력을 행사하는 범위(영향권)도 달라지게 된다.

## 3. 우드베리의 삶과 사역 개발 과정

우드베리 일대기는 클린턴의 지도자 개발 이론에서 다루는 삶의 조감도, 시간선에 나타나는 6단계가 너무나 명확하고 뚜렷이 드러난다. 그의 삶과 사역은 그러한 단계를 거쳐 형성되었다.

본 연구는 우드베리의 삶과 사역 개발 과정을 클린턴의 지도자 개발 이론의 시간선 이론을 사용해 연구한다. 본 연구는 6단계를 모두 다루는 대신 가족 배경, 소명과 비전, 학문적 배경, 사역적 배경에 직접 관련된 내용만을 중점적으로 연구해 기술한다.

### 1) 주권적 토대 단계

주권적 토대(Sovereign Foundation) 혹은 정지 단계는 시간선 제1단계에 해당하는 내용이다. 제1단계에 속하는 정지 단계는 주권적 토대의 시기로 우드베리의 출생과 함께 시작되며 하나님께서 우드베리라고 하는 한 지도자의 생애에 기초를 놓아주시는 주권적 작업이 이루어지는 단계다. 이 단계는 그가 하나님의 전적인 주권과 섭리에 의존하게 되고 지도자의 삶을 형성하는 기초 단계다. 하나님께서는 그의 가정, 환경, 또는 역사적인 사건을 통해서 주권적으로 역사하시는데, 여기에서 필자는 그의 가족사 안에 담겨 있는 하나님의 주권적 섭리와 토대를 연구

해서 다룬다.³⁴

(1) 선교사 1세대

1세대는 우드베리의 조부모에 관한 내용이다. 우드베리 가문은 할아버지와 아버지 그리고 자신까지 삼 대째 선교사로 헌신한 집안이다. 그의 조부모였던 존과 키티 벤더월프(John and Kitty Vanderwerp) 부부는 미국으로 이주한 네덜란드계 이민자였다.³⁵ 그들은 19세기 초 네덜란드계 이민자가 많이 이주해 살았던 미시간주의 무스케건(Muskegon)에서 세 개의 철물 가맹점을 운영하고 있던 성공한 사업가였다.

우드베리의 조부, 존 우드베리는 사십 대에 중국 선교를 위한 하나님의 부르심을 받았다. 남편으로부터 선교에 대한 소명을 처음 전해 들은 그의 조모 키티 여사는 '중국만 아니면 어디든 좋다'며 남편의 결정에 기꺼이 동조했다. 하지만 유머 감각이 넘치시는 하나님은 그녀가 중국만 아니길 바라는 마음으로 선교지를 위해 기도할 때마다 '중국'이란 단어가 계속 깜박이는 환상을 그녀에게 보여주셨고, 그녀는 결국 하나님의 부르심에 순종했다.³⁶

우드베리 조부모는 절대 적지 않은 나이였음에도 불구하고 중국이라는 땅을 축복하고자 자신을 부르신 하나님의 음성에 순종했다. 하나님의 부르심에는 그들을 통해 중국을 축복하고자 하는 하나님의 뜻과

---

34　Ibid., 45.
35　더들리 우드베리 조부의 원래 성은 벤더월프(Vanderwerp)였다. 하지만 나중에 그의 성을 우드베리(Woodberry)로 개명했다. 혹시 그 이유가 신앙과 관련이 있는지 그 이유를 더들리 우드베리에게 질문했으나 본인도 정확한 이유는 모른다고 대답했다.
36　Roberta Woodberry, interview by Ilkwon Kim, March 4, 2016. 더들리 우드베리의 부인 로베르타 여사가 선교지 결정에 관련된 에피소드의 자세한 정보를 제공해 주었다.

계획이 담겨있었기 때문이다. 그들 부부는 선택하고 싶지 않았던 나라였음에도 불구하고 하나님의 부르심에 온전히 순종했다. 존 우드베리 부부는 하나님이 역사하는 일에 자신들이 통로가 된다는 것을 발견하면서 시작되는 기쁨과 하나님이 제시하는 것에 대한 전적인 순종의 자세, 그리스도를 향한 사랑의 열정을 가졌던 하나님의 사람이었다.[37]

1896년 우드베리의 조부모는 어린 자녀들을 데리고 CMA(Christian and Missionary Alliance)선교회를 통해 중국 상하이에서 처음 선교 사역을 했다. 선교지에 도착한 첫해 하나님께서는 존 우드베리에게 물으셨다.

"나와 함께 이 골짜기를 통과할 수 있겠니?"[38]

그는 이 질문의 의미를 알면서도 "예"라고 대답했다. 그는 중국에 도착한 첫해 본인과 아들이 천연두에 걸리게 되었고 결국 그 사건으로 인해 아들 로이(Roy)를 먼저 하나님 나라로 보내는 아픔을 겪어야만 했다.

그들은 부름받은 땅에서 시작된 수많은 시련과 고난에 대한 대가 지불의 단계를 선교 사역 첫해에 검증받았다. 존 우드베리 부부는 이 시련을 통해 역경의 삶이 결코 그들을 하나님의 부르심으로부터 물러서게 할 수 없다는 것에 대한 진실성 검증에 통과했다.[39] 그들 가족은 그러한 대가 지불 속에서도 자신들을 부르신 하나님의 부름에 대한 흔들리지 않는 내적 확신과 올바른 영적 대응 자세를 통해 결국 부름받은 땅

---

37 Clinton, 『영적 지도자 만들기』, 91. 이와 같은 사역 도전을 클린턴은 영적 지도자 사역 도전의 핵심이라고 설명하고 있다.
38 Lilias Fraser, "Through the Valley," accessed April 22, 2016. https://www.cmalliance.org/alife/through-the-valley/.
39 Clinton, 『영적 지도자 만들기』, 60. 로버트 클린턴은 이러한 진실성 검증이 내적 확신에 대한 지속성에 대한 도전, 이 도전에 대한 바른 대응 자세, 그리고 그 결과로 오는 사역의 확대가 이 단계에서 이루어진다고 말한다.

에 복음의 문을 여는 축복의 통로로 쓰임받았다.⁴⁰

하나님께서는 중국 땅을 축복하시기 위해 존 우드베리 부부를 선택하셨다. 그들의 선교 사역을 통해 중국 상해 땅에 최초의 여학교가 세워졌다. 복음의 불모지였던 그 땅에 남학교와 교회가 세워졌다(그때 건축한 최초의 건물은 아직도 상해에 원래의 모습을 간직하고 있다). 하나님께서 선택하신 존 우드베리 부부를 통해 중국이라고 하는 열방이 하나님과 다시금 연결되어 영원한 친교를 맺는 복을 받을 수 있도록 역사하셨던 것이다. 존 우드베리 부부는 자신들이 하나님으로부터 받은 복, 즉 중국 땅을 향한 영원한 책임에 대한 하나님의 축복을 그들 자녀에게 유산으로 양도했다.⁴¹

(2) 선교사 2세대

2세대는 우드베리의 부모에 관한 내용이다. 우드베리 아버지 어얼 존 우드베리(Earle John Woodberry)는 1892년에 출생했다. 그는 중국 선교사였던 부모를 따라 중국으로 건너가 그곳에서 어린 시절 대부분을 보내며 자랐다. 그는 중국어와 중국문화에 아주 능숙했다. 어린 시절 처음 밟은 낯선 이방 땅에서 천연두에 걸려 생을 마감할 뻔한 죽음의 고비를 맞았지만, 하나님께서는 기적적으로 그를 살려주셨다. 거기에는 중국인을 향한 하나님의 섭리적 선택과 전략이 있었기 때문이다.

우드베리의 어머니 아다 피얼스 우드베리(Ada Pierce Woodberry)는

---

40 선교지에 도착한 첫 해 아들을 먼저 천국에 보내고 자신도 천연두에 걸렸다가 기적적으로 살아난 내용과 그러한 과정을 통해 어떻게 복음의 문이 열리게 되었는지는 이곳을 보라. Fraser, Lilias. "Through the Valley." Last modified Accessed April 22, 2016. https://www.cmalliance.org/alife/through-the-valley/.

41 이러한 축복에 대한 성경적 해석은 랄프 윈터의 기독교 문명사 방법론 이해를 통해 앞에서 이미 설명하였다.

독립적이고 재주가 뛰어난 여인으로 CMA선교회 설립자 A. B. 심슨 (A. B. Simpson)의 피아노 반주자였다. 선교의 열정을 품었던 이들 두 젊은 연인은 중국에서 만나 결혼한 다음, 그들 부모처럼 중국 선교사로 자신들의 삶을 헌신했다. 그들은 중국 산둥지역을 주요 선교 거점으로 삼고 어얼 우드베리는 전도를, 아다 여사는 교육에 역점을 둔 선교 사역을 했다.[42]

제2차 세계대전이 발발한 다음 이들 가족은 일본군 포로가 되었다. 우드베리 가족은 중국에 더이상 머물지 못하고 양국 민간인 포로 교환을 통해 미국으로 송환되었다. 하지만 중국에 두고 온 잃어버린 영혼들을 향한 어얼 우드베리의 불타는 구령 열정은 그를 그렇게 미국 땅에 가만히 머물러 있지 못하게 했다. 미국으로 송환된 그는 다시 중국 땅으로 돌아갈 길을 모색했고 민간인 군목에 지원해 전쟁 중이던 중국 땅으로 결국 돌아갔다. 그렇게 하나님이 자신에게 맡겨 주신 사명, 즉 중국인을 자신의 생명보다 더 소중히 여기고 사랑하며 섬기고자 했던 하나님의 사람이 어얼 우드베리였다.

전쟁이 끝난 후 어얼 우드베리는 다시 미국으로 돌아왔다. 몇 년 후 한국에는 6.25전쟁이라 불리는 한국전쟁이 발발했다. 한국전쟁 당시 거제도 포로수용소에는 2만여 명의 중공군 포로가 조선인민군과 함께 전쟁포로로 잡혀 있었다.[43] 전쟁이 끝나고 본국에서 새로운 선교지 파송

---

42 Reisacher, 15-16.
43 거제포로수용소(Keoje Prisoner of War Camp)는 한국전쟁 당시 사로잡은 조선인민군 포로 약 15만 명과 중공군 포로 약 2만 명을 수용하기 위해 1951년 2월 거제도 일대에 설치되어 1953년 7월까지 운영된 국제연합군 측 최대 규모의 포로수용소였다. 당시 이곳에서 반공 포로와 공산 포로 사이에 대립이 있었고 이러한 대립과 분열 등의 이유로 포로수용소 내에서 일련의 소요사건이 발생했는데 이것을 '거제 폭동사건'이라 부른다.

을 기다리던 어얼 우드베리는 이 소식을 듣고 다시 한번 중국인에게 복음을 나눌 수 있는 절호의 기회가 왔다고 생각했다. 그는 또다시 미군에 지원해 민간인 군목 자격을 얻은 다음, 전쟁으로 아수라장이 된 한국 땅을 처음 밟았다. 대구를 거쳐 거제포로수용소에 도착한 그는 수많은 중공군 포로에게 복음을 전했다.[44]

중국을 향한 하나님의 사랑은 하나님께서 쓰시고자 선택해 부르신 우드베리 가문의 사람 어얼 우드베리의 열정과 헌신을 통해 수백 명의 중공군 포로를 하나님의 가족으로 인도하는 놀라운 축복의 결과를 낳았다. 그는 전도의 차원을 넘어 포로수용소 안에서 일어난 소요와 폭동 사건을 멈추는 데도 큰 역할을 했다. 그뿐만 아니라 중공군 포로가 귀환을 앞두고 중국과 대만 중 한 곳을 선택해야 하는 귀화 결정에도 아주 중요한 역할을 했다. 그의 헌신과 섬김의 역할은 세상 정부도 그 공로를 인정할 정도였다. 미국에서는 아이젠하워 대통령이 그에게 평화훈장을 수여했고 대만에서도 이와 비슷한 훈장을 어얼 존 우드베리에게 수여했다.[45] 그는 세상 정부에서도 인정한 위대한 영적 지도자였다.

(3) 선교사 3세대

3세대는 더들리 우드베리에 관한 내용이다. 우드베리는 1934년 선교사 어얼 우드베리의 다섯 자녀 가운데 막내아들로 중국 산둥 지방에서 태어났다. 그가 출생한 몇 년 후 우드베리 가족은 안식년을 갖고자 미국을 잠시 방문했다. 그때 우드베리는 펜실베니아 주에 있는 파인브루크

---

44 한병혁,『새벽종: 신종 한병혁 목사 일대기』(Los Angeles, USA: 한성은, 2014), 81-89. 어얼 우드베리는 중국 신학교에서 수학한 한국인 한병혁 목사와 함께 사역을 했다. 그때 당시의 자세한 사역 내용은 이곳을 보라.

45 Reisacher, 16.

기독교 수양관 수련회에 참석했고, 세 살이라는 어린 나이에 그리스도를 영접했다.⁴⁶

안식년을 끝낸 1939년 추운 겨울, 중국으로 돌아오던 우드베리 가족은 다섯 살짜리 막내아들 우드베리가 중국 옌타이(Yantai) 항구의 차가운 얼음물에 빠지는 사건을 겪게 되었다. 우드베리의 아버지는 어린 시절 본인이 천연두에 걸려 사경을 헤매고 있을 때 자기 형제 로이가 얼음물에 빠져 목숨을 잃었던 아픈 기억을 가지고 있었다. 우드베리는 목숨을 건졌지만 이 사건으로 인해 결국 폐렴에 걸리고 말았다. 그 당시 폐렴은 회생할 수 없는 죽음의 질병이었다.

어린아이였던 우드베리는 폐렴에 걸렸음에도 불구하고 죽음의 질병에서 회복해 다시 살아났다. 비록 다섯 살밖에 되지 않았던 어린 소년의 믿음이었지만 그는 자신의 회생이 하나님의 특별한 신적 개입에 의한 하나님의 은혜였다는 것을 믿음으로 알았다. 하나님이 자신에게 그런 은혜를 베푸신 이유가 특별한 신적 목적이 있기 때문이라는 것을 분명히 인식했다.⁴⁷ 우드베리는 이 사건을 통해 자신의 삶에 대한 하나님의 주권적 섭리와 소명을 처음 인식했다.⁴⁸

중국으로 돌아온 2년 뒤 일본군의 진주만 공격으로 일본과 미국 사이에 전쟁이 발발했다. 우드베리 가족이 머물던 중국 산둥지역은 원래 독일령이었다. 하지만 제1차 세계대전 당시 영일 연합국에 가담한 일본

---

46　J. Dudley Woodberry, "My Pilgrimage in Mission," accessed April 29, 2016. http://www.internationalbulletin.org/issues/2002-01/2002-01-024-Woodberry.pdf. 우드베리 일대기에 관한 내용은 그가 자신의 일대기를 기록한 글과 인터뷰를 통해 수집된 자료를 사용했다.

47　Fuller Theological Seminary, "Story/Theology/Voice," *Fuller Magazine 2016*, 2016, 15.

48　Woodberry, interview.

군이 독일에 선전포고를 하고 그 지역을 점령했기 때문에 그들이 지내던 산둥지역은 갑자기 일본군 점령지가 되었다. 졸지에 우드베리 가족은 일본군 민간인 포로 신세가 되었다. 그 당시 우드베리는 부모 곁을 떠나 형제들과 함께 수백 킬로미터 떨어진 CIM학교에서 기숙사 생활을 하고 있었다.[49] 이런 형편 때문에 우드베리 형제들은 어린 나이에도 불구하고 전쟁으로 인해 부모와 생이별을 하게 되었다.

몇 달 후 미국과 일본의 포로교환 합의에 따라 이들 가족은 다시 재회할 수 있는 길이 열렸다. 우드베리 부모는 중국 진안(Jinan)에서 그동안 헤어져 있던 자녀들을 맞이할 채비를 했다. 아이들의 수송 책임을 맡은 일본군 장교는 이들이 교사와 함께 부모 품에 무사히 돌아갈 수 있도록 모든 교통편을 제공했다. 드디어 보고 싶은 부모를 만날 수 있다는 생각에 아이들은 설레는 마음으로 기차에 올라탔다. 하지만 출발 시각이 한참 지났는데도 기차는 출발하지 않고 선로 옆 대기선에 그대로 서 있었다. 아이들은 영문도 모른 채 오랜 시간을 기다렸고 얼마 후 다른 기차가 자신들의 기차를 추월해 지나간 다음에야 비로소 출발했다.

그 다음날 아침 한참을 달리던 기차가 갑자기 멈추어 섰다. 그리곤 탑승객 모두 다 기차에서 내려 철로를 따라 걸어가라는 지시가 떨어졌다. 영문도 모른 채 승객들은 기차에서 내려 선로를 따라 걸어갔다. 사람들은 얼마 가지 않아 선로에서 벗어나 큰 댐 쪽에 부서져 나뒹굴어진 열차 잔해물을 목격했다. 그것은 전날 밤 우드베리 일행이 탄 기차를 앞질러 간 기차의 잔해물이었다. 우드베리 일행을 앞서간 기차가 중국 게

---

49　Reisacher, 16. CIM(China Inland Mission) boarding school in Chefoo는 현재 The Chefoo School로 불린다. 이 학교는 허드슨 테일러 선교사에 의해 시작된 중국내지 선교회(CIM)에서 운영하던 기숙제 학교로 Chefoo에 있었기 때문에 산동성에서는 거의 400km가 넘는 거리에 위치하고 있었다.

릴라군의 공격을 받았던 것이다. 우드베리는 또 한 번 죽음을 피하는 하나님의 주권적 섭리를 체험하게 되었다. 이들 형제는 다른 기차로 갈아타고 진안에 도착해 그제야 부모의 품에 무사히 안길 수 있었다.

진안에서 재회한 우드베리 가족은 중국에서 출발해 포르투갈 제국의 동아프리카를 거쳐 미국으로 가기 위해 이탈리아 선박(Lorenzo Marques)에 승선했다. 운행 도중 그들이 탄 배는 미군 잠수함 플런저(Plunger)호의 표적에 걸려 어뢰를 맞을 운명이었다. 다행히도 미 해군에서 전송된 암호가 어뢰 발사 일보 직전 무전병을 통해 긴급히 잠수함 지휘관에게 전달되었다. 그들이 공격하려고 했던 이탈리아 선박에는 민간인 포로 교환으로 풀려난 자국민, 미국 시민이 승선해 있기에 발사를 멈추라는 급한 전문의 내용이 전달되었다.

동아프리카에서 그들은 다시 스웨덴 선박으로 갈아탔다. 그 배는 미국과 캐나다에서 수송해 온 일본인 난민을 싣고 온 선박이었다. 우드베리 가족은 일본인으로 가득 찬 배를 타고 다시 뉴욕항을 향해 출발했다. 그들이 탄 배가 뉴욕항 근처에 이르렀을 때 우드베리 가족은 화염에 휩싸여 바닷속으로 가라앉는 화물선 한 척을 보았다. 그 배는 우드베리 가족이 승선한 선박보다 찰나의 순간으로 그곳을 먼저 지나간 미국 국적의 선박으로 독일 유보트(U-boat)의 어뢰 공격을 당한 것이었다.

우드베리는 하나님이 이렇게 계속 자기의 생명을 보호하고 지켜주심에는 특별한 목적이 있다는 것을 어린 나이였음에도 본능적으로 알았다. 결국, 이 모든 일련의 사건을 통해 그는 어릴 적부터 하나님의 주권적 섭리에 대해 아주 분명히 인식하는 삶의 기초를 다지게 되었다. 우드베리는 이 시기를 '비전의 준비'(The Emerging Vision) 기간이

었다고 말한다.⁵⁰

우드베리의 가족사에는 조부모와 부모, 더들리 우드베리 세대까지 그들 가문을 통해 역사하시는 하나님의 주권적 토대와 섭리의 역사가 고스란히 담겨있다. 이것은 하나님의 주권적 작업이다. 이 단계는 하나님이 우드베리 생애의 기초를 놓아주시는 주권적 토대 단계다.⁵¹

### 2) 인성 개발 단계

인성 개발 단계는 시간선 제2단계에 속하는 단계로 더들리 우드베리의 소명과 비전 인식의 기초 단계에 해당한다. 하나님은 지도자를 선택하시고 지도자의 주권적 토대를 놓으신 다음, 성장의 단계로 인도하신다. 성장을 위해서 배움의 과정은 반드시 필요하다. 배움에는 많은 것들이 포함되지만 인성 개발에 초점을 두고 시간과 영향력을 집중시키는 것이 가장 중요하다. 영적 지도자는 인성 개발 과정을 통해 성장하는 지도자로서의 인격을 검증받는다.

인성 개발 단계는 진실성 검증(Integrity check), 순종 검증(Obedience check), 말씀 검증(Word check) 과정으로 나뉜다. 이 검증은 지도자가 일생 배워야 할 과업의 첫 과목이며 하나님이 지도자를 발전시켜 가는 과정에서 아주 중요한 역할을 한다. 인격이 없는 사역은 다만 종교적 행사가 되거나 종교적 사업으로 전락할 수밖에 없다.⁵²

첫째, '진실성 검증' 과정이 중요한 이유는 자라면서 마음에 자리 잡

---

50  J. Dudley Woodberry, "My Pilgrimage in Mission," 1.
51  Clinton, 『영적 지도자 만들기』, 45.
52  Ibid., 59-78. 인성 개발 과정의 자세한 내용은 이곳을 보라.

고 있는 내적 확신이 정말 자신의 것인지 확인하고 그것을 향해 끊임없이 도전하며 지키고자 하는 과정이기 때문이다. 이 과정은 중요한 생의 가치와 우선순위를 검증한다. 내적 확신의 지속성에 대한 도전과 그 도전에 대한 바른 대응 자세를 이 과정에서 검증받게 된다. 우드베리는 이 진실성 검증을 통해 자신을 향한 하나님의 목적을 찾기 위해 지속성을 갖고 도전했다. 그는 이러한 내적 도전에 대해 순종하며 기꺼이 배우고자 하는 바른 대응 자세를 개발했다.[53]

**둘째**, '순종 검증' 과정이 중요한 이유는 지도자의 역할 때문에 그렇다. 지도자는 자신이 이끄는 집단의 구성원이 하나님께 순종하도록 영향을 주는 책임을 수행해야 한다. 지도자는 자신이 먼저 순종하는 법을 배우지 않는 한 이 일을 할 수가 없다. 우드베리는 이 단계에서 자신의 삶에 주어진 권위자와 하나님의 권위에 순종하는 법을 배웠다. 그는 권위자로부터의 부르심과 도전에 삶의 우선순위를 두는, 순종 검증 과정을 거쳤다.[54]

**셋째**, '말씀 검증'이 중요한 이유는 지도자는 하나님으로부터 진리를 받는 기능을 가지고 있어야 하기 때문이다. 지도자는 진리를 하나님으로부터 받고 또 이 진리를 다른 사람에게 확인해 주는 기능을 통해 지도력을 행사한다. 그러기에 지도자는 하나님으로부터 진리를 받는 말씀 검증 과정이 중요하다.[55] 우드베리는 자신의 소명과 비전 그리고 삶의 자세를 하나님의 말씀을 통해 발견하고 도전했다. 그는 진리에 대한 도전, 수많은 영적 멘토, 주어진 환경의 자극을 통해 성숙하게 개발되는 과정을 거쳤다.

---

53  Ibid., 60-65.
54  Ibid., 66-69.
55  Clinton, 『영적 지도자 만들기』, 69.

인성 개발 단계에서 지도자는 주어진 환경을 통해 인품의 열매, 즉 순종과 하나님의 진리를 바르게 깨닫고 사용하는 기능을 배우게 된다. 주어진 환경으로부터의 인성 개발 검증은 지도자의 역량과 책임감을 발전시키는 데 초점을 맞춘다. 인성 혹은 성품 개발이 중요한 이유는 나중에 지도자의 성품과 인격이 하나님의 목적을 위해 다른 사람에게 영향력을 행사하는 초석이 되기 때문이다.[56] 이 단계에서 영적 지도자는 미래 사역에 대한 초기 단계의 비전과 필요한 기초 단계를 형성하게 되는데 여기에는 다양한 학습과 교육 과정이 포함된다.

### (1) 인성 개발

인성 개발 과정에서는 우드베리를 지도자로 만드시기 위해 ① 하나님이 사용하신 영적 지도자와 멘토는 누구였는지, ② 그들을 어떻게 사용하셨는지, ③ 그의 영성, 인성, 미래 사역에 대한 비전의 기초 단계는 어떤 과정을 통해 형성되었는지를 다룬다. 이 과정은 잠재적 지도자의 비전과 그의 성품 형성에 절대적 기초가 되는 단계다. 클린턴은 이 단계의 개발 과정을 통해 지도력의 잠재성이 판명된다고 말한다.[57] 우드베리의 인성개발 과정은 다음과 같다.

미국으로 송환된 우드베리 가족은 뉴욕주에 위치한 이타카(Ithaca)에서 약 1년간 머물렀다. 우드베리의 부모는 선교 현장을 생각하며 코넬 대학교 농학 석사과정에 등록해 선교 사역을 준비했다. 학위 과정이 끝난 후 이들 가족은 뉴욕 북쪽에 있는 농장으로 옮겨 온 가족이 교실에서 배운 것을 직접 실습하는 경험을 함께 했다. 우드베리는 어린 나이였

---

56  Ibid., 77-78.
57  Ibid., 45.

음에도 불구하고 달걀을 수거하고 돼지 사료를 먹이며 또 농장에서 삽질을 하는 고된 노동을 경험했다. 그때 경험한 고된 노동은 자신이 경험한 선교지의 삶을 생각하면 그렇게 큰 희생이 아니었다.

농장에서 얼마간의 세월이 흐른 어느 날 아버지 어얼 우드베리는 민간인 군목 겸 통역관으로 미군에 지원해 중국으로 다시 돌아갔다. 건강 때문에 본국에 남겨진 어머니 아다 여사는 어린 우드베리와 그의 누이 그레이스를 데리고 뉴욕에 있던 나이아크(Nyack)에 머물렀다. 이 시기도 그들에게는 결코 쉬운 기간이 아니었다.

어린 우드베리는 남겨진 가족과 함께 선교사 훈련원(현재의 Nyack College)에서 사역하던 어머니의 신실한 모습을 옆에서 지켜보며 자랐다. 초등학교 6학년 때까지 그곳에서 자란 우드베리는 비록 어려운 생활 환경 가운데 있었지만, 하나님으로부터 온 진리에 대한 확신과 도전을 포기하지 않고 가족과 더불어, 진실성과 순종 검증의 단계를 거쳤다.[58]

우드베리는 이 기간에 수많은 선교사를 만났고 또 그들의 사역을 들었다. 그는 카네기홀에서 매년 열리는 선교 대회에 참가한 선교사들로부터 세계 여러 지역의 선교 동향을 들었다.[59] 그때 처음으로 사무엘 즈웨머로부터 이슬람 선교의 필요성을 들었다. 하나님께서는 그들 가족이 나이아크에 머무는 동안 우드베리로 하여금 선교에 대한 비전을 심으시는 기초 작업을 동시에 시작하신 것이다.

---

58 J. Dudley Woodberry, "My Pilgrimage in Mission," *International Bulletin of Missionary Research* 26(2002): 24. 우드베리는 아버지가 중국으로 다시 돌아간 다음 본국에 남겨진 어머니와 가족들의 어려웠던 형편을 어떻게 하나님 안에서 바르게 극복하였는지 이곳에 소개했다.

59 Kraft Charles H., *Swm/Sis at Forty* (Pasadena, CA: William Carrey Library, 2005), 179.

초등학교를 마친 우드베리는 롱아일랜드에 위치한 스토우니브루크(Stony Brook)기숙학교에 진학했다. 당시 스토우니브루크(학교)에는 프랭크 개벌라인(Frank Gaebeleine)이 학교장으로 있었다.[60] 탁월한 복음주의 교육가이자 위대한 영적 지도자인 개벌라인이 시작한 스토우니브루크기숙학교는 우드베리의 사춘기 인성 개발에 많은 영향을 끼쳤다. 특히 우드베리의 지도 교사였던 말빈 골드버그(Marvin Goldberg)는 청소년이었던 우드베리의 인성 발달에 아주 큰 영향을 끼쳤다. 그는 우드베리 책상에 적힌 "네 손이 일을 얻는 대로 힘을 다하여 할지어다"(전 9:10)라는 성경 구절이 우드베리 인생의 모토가 되도록 도왔다.

학교에서 우드베리가 맡은 책임 가운데 하나가 예배당 청소였다. 그는 단상을 닦을 때마다 그곳에 적혀 있던 "선생이여 우리가 예수를 뵈옵고자 하나이다"(요 12:21)라는 성경 구절을 보았다. 몇 년 후 우드베리는 프랭크 개벌라인 교장이 날마다 자신을 위해 기도하고 있다는 사실을 전해 듣고 큰 영적 교훈을 얻었다. 이런 위대한 영적 지도자들의 멘토와 기도가 우드베리로 하여금 그의 인성개발과 자신의 비전을 더욱 분명히 발견하고 성장할 수 있도록 돕는 데 중요한 역할을 했다.[61]

### (2) 비전 형성

우드베리의 비전은 다음과 같은 과정을 거쳐 형성되었다. 우드베리

---

60 프랭크 개벌라인(Frank Ely Gaebelein)은 하버드대학교 대학원을 졸업한 후 The Stony Brook School in Long Island, New York의 초대 교장을 지냈다. 그는 미국의 뛰어난 복음주의 교육자, 작가, 편집인으로 잘 알려져 있다. 은퇴 후 NIV 성경편찬 위원장과 EBC 성경주석 편집장을 맡기도 하고, 풀러선교대학원장으로 초청을 받기도 했지만, 은퇴할 때까지 스토우니브루크학교에서 청소년 교육에 열정을 쏟았던 미국 복음주의 교육계의 뛰어난 영적 지도자다.
61 Clinton, 『지도자 평생 개발론』, 140. 클린턴은 이런 멘토를 만나는 것이 잠재적 지도자를 위해 아주 중요한 인도 과정이라고 말한다.

가 이슬람 선교에 대해 처음 비전을 갖게 된 것은 스토우니브루크 재학 시절이다. 그가 열서너 살 때 스토우니브루크에서 이슬람의 사도로 잘 알려진 사무엘 즈웨머(Samuel Marinus Zwemer)가 학교를 방문했는데, 즈웨머의 이 짧은 방문이 미래 우드베리로 하여금 이슬람 사역자가 되게 하는 절대적 계기가 되었다.

우드베리는 학교 채플 시간을 통해 즈웨머 선교사로부터 다음과 같은 이야기를 전해 들었다.

"여러분이 이 세상에서 가장 큰 보상을 받을 만큼 어려운 일에 도전하고 싶다면 무슬림 사역을 하세요."

청소년 시절 사무엘 즈웨머로부터 전해 들은 이 짧은 한마디의 외침이 나중에 그가 위대한 이슬람 학자가 되어 무슬림 사역을 위해 평생을 헌신하며 살 수 있도록 만든 하나님의 도전과 비전의 초석이 되었다.[62] 그는 이 시기를 자신이 이슬람 사역에 헌신하고자 했던 '비전의 관심'(A Focusing Vision) 단계였다고 말했다.[63]

### 3) 사역 준비 단계

사역 준비 단계는 시간선의 제3단계에 속하는 내용이다. 이 단계는 하나님이 우드베리를 지도자로 발전시키고자 주로 사용하셨던 기초 사역(foundational ministry pattern)과 은사 개발(giftedness development pattern) 과정을 다룬다. 사역 준비 단계에는 잠재적 지도자가 사역을 시작하기 전에 지도력 기능을 준비하고 발전시킬 수 있도록 인도하시는 하나님

---

62　John Dudley Woodberry, interview by Ilkwon Kim, Jan. 13, 2016.
63　Woodberry, "My Pilgrimage in Mission," 2.

의 인도 과정이 나타난다.[64]

사역 준비 단계는 4단계를 거친다.

① 지도자가 사역에 임하도록 도전하시는 하나님의 '초청'(Entry)
② 지도자의 기술과 영적 은사를 개발하고 발전시키는 '훈련'(Training)
③ 사람과의 관계를 통한 동기부여와 목표 달성을 위한 계획과 수립 방법을 배우는 '관계 학습'(Relational learning)
④ 하나님이 기뻐하시는 사역을 분별하는 영적 원리에 대한 '분별'(Discernment)[65]

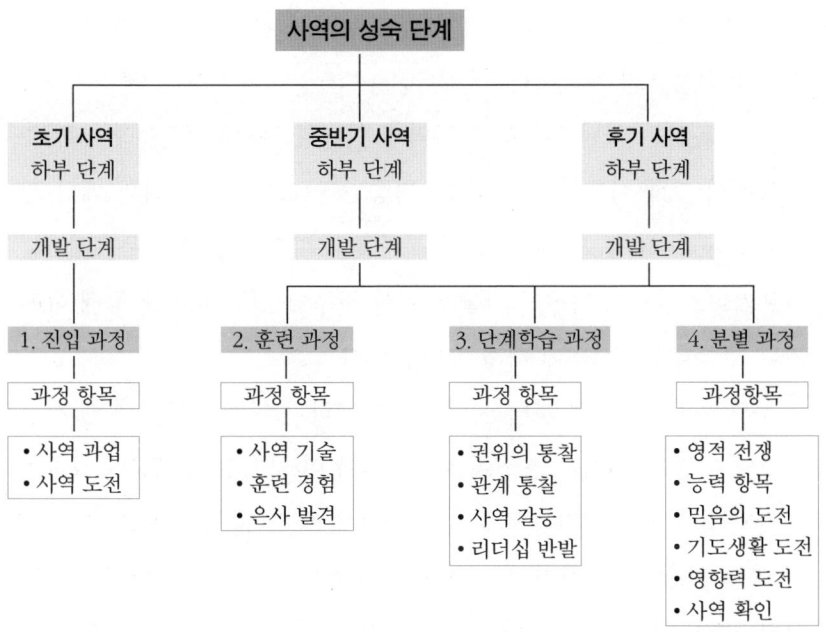

〈그림 2〉 초기, 중반기, 후기 사역의 하부 단계와 과정 항목(Robert Clinton 2014:116)

---

64　Clinton, 『영적 지도자 만들기』, 83.
65　Ibid.

이 과정은 오랜 기간 이루어지기 때문에 여러 부수 단계가 포함된다. 여기서는 특별히 우드베리의 학문적 기술과 훈련 경험을 중심으로 그의 사역 진입 과정들을 연구해 다룬다.[66]

(1) 비전과 적성 찾기

스토니브루크기숙학교를 졸업한 우드베리는 기독교 대학이 아닌 일반 대학에 진학해 학교 근처 교회에 출석하며 그곳에서 사역하기 원했다. 그는 뉴욕 유니온대학(B. A., 1955)에 진학해 허버트 미킬(Herbert Mekeel) 목사가 사역하던 스키넥터디(Schenectady)제일장로교회에 출석하며 초기 단계의 사역을 시작했다. 허버트 미킬 목사는 청년 중심 사역을 했고 청년들이 기독교 봉사에 참여할 수 있도록 도전하는 목회자였기 때문이다.

미킬 목사는 청년들이 선교 사역에 연결된 사역을 할 수 있도록 주선했는데 그때 아프가니스탄으로 파송된 선교사 크리스티와 베티 윌슨(Christy and Betty Wilson) 선교사 부부를 교회로 초청했다. 우드베리는 아프가니스탄으로 파송된 이들 선교사 부부의 선교 보고를 통해 아프가니스탄 이슬람 사역에 대해 처음 들었다.

우드베리는 자신의 분명한 비전을 발견하기 위해 상당히 오랜 시간 수고와 노력을 했다. 그는 언어 분야에 적성이 맞지 않기 때문에 과학과 관련된 일을 해야 한다는 적성 검사 결과를 받았다. 지도목사마저도 그가 대중 연설에는 은사가 없는 것 같다고 자문을 했다. 우드베리는 교회 사역, 얼바나선교대회, 승마교관, 운전기사, 신문기자와 같은 다양한 경

---

66 Ibid., 85. 이 과정에 대한 부수 단계는 〈그림 2〉에 나타난 클린턴의 도표를 참조하라.

험을 통해 자신의 적성과 비전을 찾고자 시도했다. 자신의 적성을 따라 의과대학에 진학했지만, 그는 의대 공부를 계속할 수가 없었다. 그런 곳에서는 그의 가장 큰 관심사를 발견할 수가 없었기 때문이다.[67]

### (2) 교수 사역 도전

우드베리는 선교사로서의 소명을 분명히 확인하고픈 생각에 여름방학을 이용해 남미 지역 선교지를 둘러보고 또 가능한 한 많은 선교사를 만났다. 히치하이킹(Hitchhiking)을 하면서 학교, 진료소, 병원, 방송국을 방문했고, 심지어는 멸치 이동 연구에 참여하기도 했다. 선교 여행을 통해 코스타리카, 콜롬비아, 에콰도르, 파나마 등을 돌며 선교사들과 여러 가지 질문과 대답을 주고받았다. 그러면서 그는 한 가지 사실을 발견했다. 자기는 이제까지 자기가 해야 할 일을 찾은 것이 아니라 자기가 잘할 수 없는 것들만 찾아다녔다는 사실이었다.

미국으로 돌아오던 길에 우드베리는 태풍을 만나 의도치 않게 쿠바 하바나에 머물러야 하는 상황이 되었다. 우연히 그는 근처에 있던 신학교를 방문했는데 거기에는 또 다른 하나님의 섭리가 있었다. 그곳에서 우드베리는 자기가 하고 싶은 일이 무엇인지를 마침내 찾았던 것이다. 그는 쿠바의 열악한 신학교 환경을 둘러보며 안타까운 마음을 가졌다. 그리곤 자신이 이러한 사역을 돕고 싶다는 생각을 했다. 그는 미래에 기독교 지도자를 가르치는 사역을 하고 싶다는 생각을 이곳에서 처음 하게 되었다. 이때 우드베리의 나이는 열아홉 살이었다.[68]

---

67  Woodberry, "My Pilgrimage in Mission," 4.
68  Ibid.

### (3) 이슬람 사역 도전

우드베리는 학창시절 사무엘 즈웨머로부터 들은 이슬람 사역을 잊지 않고 있었다. 그는 남미 선교여행을 다녀온 다음 해 여름 AFSC(American Friends Service Committee)를 통해 레바논 단기 선교에 지원했다.[69] 어릴 때 사무엘 즈웨머를 통해 이슬람 선교에 헌신했던 소명을 확인하고 싶었기 때문이다.

우드베리는 어릴 때 부모님과 함께 농장에서 생활하며 배우고 익힌 기술을 가지고 농가 마을을 돕기 위해 레바논으로 떠났다. 그곳에서 무슬림과 동방정교회 기독교인을 만나 그들과 함께 생활하며 무슬림 사역에 대한 비전을 확인했다. 이 기간에 그는 팔레스타인 난민촌도 방문했다. 그때 우드베리는 그의 이슬람 사역에 있어 가장 핵심 요소가 되는 '평화'와 '정의'에 관한 총체적 사역의 중요성을 깊이 인식했다.[70] 그는 이 단계를 '비전 천명'(Clarifying the Vision)의 기간이었다고 말한다.[71]

### (4) 기독교 사역 준비

유니온대학을 졸업한 우드베리는 하나님께서 그에게 주신 소명에 순종해 기독교 사역자가 되고자 풀러신학교에 입학했다. 풀러신학교에서 영향력 있는 복음주의 신학자의 신앙과 학문을 사사하며 기독교 사역자가 되기 위한 준비를 했다. 그는 그곳에서 두 명의 중요한 멘토를

---

69 AFSC(American Friends Service Committee)는 퀘이커교도들에 의해 1917년 1차 세계대전으로 인한 시민 희생자들을 돕기 위해 설립된 국제 구호단체다. 현재까지 활동하고 있으며 자세한 내용은 이 단체 홈페이지를 보라. http://www.afsc.org.
70 우드베리 이슬람 사역의 핵심은 무슬림에게 평화적인 방법으로 분명한 복음의 진리를 그리스도의 사랑으로 선포하는 것이다. 무슬림을 향한 이런 접근법은 레이몬드 럴부터 사무엘 즈웨머, 스승 케네스 크래그를 통해 우드베리로 연결되는 핵심 내용 가운데 하나다.
71 Woodberry, "My Pilgrimage in Mission," 4.

만났는데, 그들은 풀러신학교의 설립자 찰스 E. 풀러(Charles E. Fuller)와 풀러신학교 총장 에드워드 존 카넬(Edward John Carnell)이었다.

풀러신학교 설립자 찰스 E. 풀러는 라스베이거스에서 열린 영적대각성집회에 풀러 신학생 가운데 4명을 초대했다. 거기에 우드베리가 포함되었다.[72] 우드베리는 집회를 통해 단순하고 소박하면서도 삶을 변화시키는 찰스 풀러의 강력한 설교에 깊은 감명을 받았다. 찰스 풀러와 마찬가지로 에드워드 존 카넬 역시 우드베리에게 큰 감동을 주었다.[73] 우드베리는 카넬이 변증학을 사용해 복음과 더불어 당면하게 되는 수많은 복잡한 사회적 쟁점을 어떻게 다루는가를 보았다. 그는 믿음에는 다른 사람들이 사용하는 또 다른 시각으로도 배울 것이 있고 이러한 전도 방법은 끝이 없다는 것을 배웠다.[74]

(5) 이슬람 사역 준비

우드베리는 풀러신학교를 다니면서 이슬람 사역을 준비했다. 그의 풀러신학교 재학시절, 프리스턴신학교와 풀러신학교는 재학생을 위해 해외연수 프로그램을 만들었다. 이들 학교들은 프린스턴에서 선발된 두 명을 인도의 버나드힌두대학교(Benares Hindu University)로, 풀러신학교에서 선발된 더들리 우드베리와 다른 두 명은 레바논 베이루트의 베

---

72 찰스 E. 풀러(Charles E. Fuller)는 풀러신학교 설립자다. 그는 1939-1968년까지 미국에서 아주 잘 알려진 방송 설교가요 복음전도자였다. 당대 미국에서 그의 유명도는 현대의 빌리 그래함 목사와 같이 미국 사회에 잘 알려진 인물이었다. 그가 출연한 "The Old Fashioned Revival Hour" 프로그램은 나중에 650개의 ABC 방송국을 통해 전국에 매주 방송될 만큼 인기가 높았다.
73 에드워드 존 카넬(Edward John Carnell)은 풀러신학교 총장으로 봉직했다. 그는 당대 아주 중요한 기독교 신학자요 변증가였다. 현대 기독교 쟁점을 다룸에 탁월한 변증학자였다.
74 Woodberry, "My Pilgrimage in Mission," 6.

이루트아메리칸대학교(AUB, American University of Beirut)의 교환학생 (1957-59)으로 보냈다. 우드베리는 이렇게 중동 아랍 땅에서 이슬람 사역을 준비했다.

우드베리는 AUB에서 이슬람 석사과정을 밟는 동안 이슬람에 정통한 나비 페리스(Nabih Faris), 성 요한 필비(St. John Philby) 같은 학자들을 사사했다.[75] 그는 그곳에서 정통 이슬람을 배웠다. 하지만 그의 이슬람 사역에 가장 중요한 멘토와 롤모델이 된 학자는 케네스 크래그(Kenneth Cragg)[76]였다. 그는 우드베리로 하여금 이슬람 세계에 더 깊이 들어갈 수 있도록 가장 큰 영향을 끼쳤다.

2년간의 레바논 유학은 우드베리에게 이슬람 세계를 이해함에 상당히 큰 도움을 주었다. 특별히 그가 레바논에 있던 1958년, 레바논에 내전이 일어나 나라가 이슬람 진영과 기독교 진영으로 나누어졌다. 그는 한 나라가 두 종교로 인해 갈등을 겪는 모습을 선교 현장에서 직접 목격했다. 우드베리는 방학을 이용해 인도까지 여행을 계획하고 이라크를 거쳐 사우디아라비아반도를 따라 이슬람 세계의 중심을 구석구석 둘러보았는데, 여행 도중 이라크에서 일어난 쿠데타로 인해 잠시 감옥에 갇히기도 했다. 이러한 과정을 통해 그는 무슬림의 삶과 다양한 이슬람 문화를 경험하며 그들의 필요를 보았다.

여행을 마치고 베이루트에 돌아온 우드베리는 자신의 평생 동반자가 될 로베르타 스미스(Roberta Smith)를 만났다. 레바논에서의 학위 과정을 모두 마친 우드베리는 풀러신학교로 돌아온 다음 신학교 과정(M.

---

75 나비 페리스는 아랍 기독교인 이슬람 학자로 우드베리의 석사 논문 지도교수였다. 성 요한 필비는 영국 무슬림으로 나중에 사우디아라비아의 왕이었던 Abdul Aziz Ibn Saud의 고문이되었다.

76 케네스 크래그에 대한 내용은 뒤에서 따로 다루는 내용을 보라.

Div.)을 모두 마쳤다. 그는 레바논에서의 교환학생 과정을 통해 AUB에서 이슬람 석사학위(M. A., 1963)를 받았다.

우드베리는 풀러신학교를 졸업한 뒤 로베르타와 매사추세츠주 케임브리지(Cambridge, Massachusetts)에 신혼살림을 차리고 하버드대학교 박사과정에 진학했다.[77] 그는 하버드에서 세계적인 이슬람 학자 해밀튼 기브 경(Sir Hamilton Gibb)을 비롯해 당대 최고의 학자들에게 학문을 사사하며 이슬람을 본격적으로 연구했다.[78] 우드베리는 이슬람원리주의에 대한 연구로 하버드대학교에서 이슬람학 박사학위(Ph. D., 1968)를 받았다.[79]

4) 사역 단계

사역 단계는 시간선의 제3단계부터 제5단계까지의 내용을 다룬다. 클린턴 지도자 개발 이론의 일반적인 시간선에 나타나는 제3단계는 사역 단계, 제4단계는 성숙 단계, 제5단계는 수렴 단계다. 우드베리의 사역은 크게 4단계로 구분 지을 수 있다.

---

77 Woodberry, interview. 그는 옥스포드와 하버드 양쪽 대학의 박사과정에 모두 초청을 받았지만 이미 레바논에서 옥스포드 출신의 케네스 크래그에게 사사를 받았기에 박사과정은 하버드로 결정했다.
78 H. A. R. Gibb(Sir Hamilton Alexander Rosskeen Gibb) 경은 스코틀랜드 출신의 오리엔탈 역사학자다. 그는 이집트 알렉산드리아에서 출생했고 스코틀랜드로 건너가 왕립 고등학교를 졸업한 다음 에딘버러대학교에서 셈어를 전공했다. 나중에 런던대학교에서 아랍어를 전공한 다음 이슬람대백과사전의 편집자가 되었다. 그는 다시 옥스포드대학교와 하버드대학교로 옮겨 교수로 재직했다. 서구 최고의 이슬람 학자로 가장 잘 알려진 이슬람 학자다.
79 J. Dudley Woodberry, "Hassan Al-Banna's Articles of Belief" (Harvard University, 1968). 우드베리는 이슬람 원리주의 창시자 하산 알 반나의 원리 강령에 대한 연구로 이슬람학 박사학위를 취득했다.

**첫째**, 전임 사역 이전의 사역 진입 단계,

**둘째**, 이슬람 지역에서 이슬람 사역을 시작한 초기 사역 단계,

**셋째**, 교수 사역을 시작한 사역 성숙 단계,

**넷째**, 풀러선교대학원 전임 교수와 선교대학원장으로 사역하며 본격적인 이슬람 학자로서의 사역 수렴 단계다.

클린턴의 시간선 이론으로 정리하면, 우드베리 사역의 첫째와 둘째 단계는 초기 사역 단계에 속하는 제3단계에 속한다. 제4단계에 속하는 성숙 단계는 풀러선교대학원 사역이다. 제5단계는 수렴 단계로 그의 사역을 극대화하는 풀러선교대학원 원장 시절부터의 사역이다. 제6단계는 회상 단계로 우드베리가 사역하며 살아온 생애를 통해 하나님께 영광 돌리는 시기로 은퇴 후 지금까지의 삶에 속한다.[80]

사역 단계는 오랜 기간을 통해 이루어지기 때문에 그 발전 단계를 분명하게 단정 짓기가 어렵다. 우드베리의 사역 또한 그 발전 단계를 분명히 구분하고 정의할 수 없다. 우드베리의 사역 성숙 단계와 사역 수렴 단계의 더 구체적인 내용은 다음 장에서 다룬다.

### (1) 초기 사역 진입 단계

우드베리의 초기 사역 진입 단계는 기독교 사역을 처음 시작한 스토우니브루크기숙학교 재학 시절부터다. 그는 중고등학생 신분으로 많은 것들을 배우는 청소년 시기에도 주일마다 주일학교 교사로 성경을 가르쳤고 전도지를 나누는 전도 사역을 했다. 고등학교를 졸업한 후 그는 사역을 하기 위한 목적으로 비기독교 대학인 유니언대학에 진학했

---

80　Clinton, 『영적 지도자 만들기』, 45-48.

다. 그리고는 대학 근처 스키넥터디(Schenectady)제일장로교회에 출석하며 초기 단계의 청년사역을 시작했다. 교회 담임목사였던 허버트 미킬(Herbert Mekeel)은 모든 청년이 기독교 사역을 하도록 도전하는 목회자였다. 우드베리는 대학 시절 지역교회를 섬기며 사역을 했고 선교에도 아주 적극적으로 동참했다. 그는 대학 시절 남미와 레바논으로 단기 사역을 다니며 초기 단계의 선교 사역을 배웠다.

대학을 졸업한 우드베리는 대학원 시절 교환학생으로 레바논에 머물며 이슬람 석사과정을 밟았다. 이 기간에 무슬림 전도를 통해 그는 단기 선교에서 배울 수 없었던 이슬람 사역을 배울 수 있었고, 또한 이슬람에 대한 더 깊은 통찰과 이해력을 가지게 되었다. 우드베리는 레바논에 머무르며 이슬람을 연구하던 기간에도 자신에게 이슬람을 교수했던 현지인 무슬림 교수를 그리스도께 인도할 만큼 복음 전도에 열정을 가졌던 전도자였다.[81]

풀러신학교를 졸업한 다음 로베르타 스미스와 결혼한 우드베리는 메사추세츠주 케임브리지에 신혼집을 마련하고 그곳에서 두 아들 존(John)과 밥(Bob)을 낳았다. 우드베리는 하버드대학교 박사과정을 밟는 동안 보스턴에 있는 파크스트릿교회(Park Street Church in Boston)에서 국제학생을 위한 파트타임 목회자로 사역을 했다. 그 교회 담임목사였던 헤럴드 존 오킨거(Harold John Ockenga)는 선교를 아주 강조하던 목회자였고 이 교회는 하버드대학교와 관련된 미국 최고의 지성인들로 구성된 교회였다. 헤럴드 목사는 풀러신학교와 고든콘웰신학교 설립에 지대한 영향을 준 신학자 가운데 한 명이다. 우드베리는 미국 최고의 지성인 청년을 대상으로 초기 기독교 사역을 했다.

---

81  Woodberry, "My Pilgrimage in Mission."

### (2) 초기 사역 단계

우드베리의 초기 사역 단계로 그가 약 10년간 파키스탄, 아프가니스탄, 사우디아라비아에서 선교사로 사역했던 내용을 간단히 다룬다.

하버드대학교 이슬람학 박사과정을 마친 우드베리는 이슬람 사역을 하고자 선교사로 지원했다. 그렇게 시작한 그의 이슬람 선교 사역은 약 10년 동안 이슬람권에서 이루어졌다. 그는 파키스탄(1968-73)을 기점으로 아프가니스탄(1974-76)과 사우디아라비아(1976-78)에서 이슬람 선교 사역을 했다.

① 파키스탄 사역

하버드대학교에서 무슬림 형제단 창시자 하산 알 반나(Hasan al-Banna)의 이슬람 원리주의에 대한 연구로 박사학위를 취득한 우드베리는 장로교선교회(Presbyterian Program Agency)에 선교사로 지원했다. 그 당시 선교회는 가장 큰 이슬람 신생 국가였던 파키스탄에 파송할 전임 선교사가 필요했다. 선교회는 우드베리 가족이 그곳에 가기 원했다. 우드베리는 아랍권 선교 사역을 준비했지만 정작 그들을 당장 필요로 하는 곳은 파키스탄이었다. 그는 이런 상황에 대한 하나님의 인도하심을 "하나님의 주권 아래 팀은 내가 정했지만, 경기장을 선택하는 것은 전적인 하나님의 몫이다"라고 생각하며 하나님의 인도하심에 순종해 파키스탄을 선교지를 결정했다.[82]

우드베리는 파키스탄으로 가게 된 것이 자신을 아랍 심장부 사우디아라비아로 보내기 위해 하나님께서 준비하신 과정이라는 것을 나중에 알게 되었다. 파키스탄은 원래 무굴제국 말기 영국이 인도를 점령하면

---

82 Ibid., 8.

서 영국령 인도제국에 포함되었던 지역이다. 하지만 인도가 영국의 식민지배에서 독립할 무렵, 힌두교가 주된 종교였던 인도로부터 무슬림들이 이슬람 신앙을 지키기 위해 분리·독립을 해 이슬람 국가로 개국한 나라다. '파키스탄'이라는 의미는 이슬람을 위한 순수한(pure: 팍) 땅(land: 이스탄)이라는 뜻이다.[83]

우드베리 부부는 파키스탄에 입국한 다음 파키스탄 북동부 시알코트에 위치한 선교사 묘지를 방문했다. 그곳에는 파키스탄에서 사역하다 숨진 초기 선교사 가족들의 무덤이 있었다. 묘비에 적힌 비문들은 그곳에서 태어난 셋째 아들 데이비드(David)로 인해 우드베리 부부에게 더욱 가슴 깊이 와 닿았다. 파키스탄에서의 선교 사역은 우드베리가 학문으로만 알던 이슬람을 넘어 무슬림의 삶을 통해 이슬람을 배울 수 있도록 했다.[84] 우드베리 가족은 파키스탄의 수도 이슬라마바드 근처에 위치한 라왈핀디(Rawalpindi)에서 기독교학습센터(Christian Study Centre)를 운영하는 사역을 했다.

우드베리는 파키스탄 사역을 통해 학문적으로 알던 정통 이슬람과 일반 대중이 믿고 실천하는 민속 이슬람 사이에 상당한 차이가 있다는 것을 발견했다. 일반 무슬림은 죄로부터 자신을 구해 줄 구세주가 아니라 악령의 공포와 두려움으로부터 자신을 보호해 줄 구세주에 훨씬 더 관심이 많다는 사실을 알았다.[85] 파키스탄에서의 처음 사역은 우드베리로 하여금 민속 이슬람에 대해 평생 연구할 수 있는 도전의 계기를 제공했다. 그는 일반 무슬림이 실제로 일상생활 가운데 믿고 따르는 내용이 무엇인지를 연구했다. 무슬림 대중에게 필요한 복음의 내용이 무엇

---

83 Ibid.
84 Reisacher, 19.
85 Woodberry, "My Pilgrimage in Mission."

인지를 찾고자 했다.

우드베리는 기독교학습센터 사역을 통해, 파키스탄 기독교 지도자들이 그들 주변 무슬림에게 복음을 나눌 때 무슬림과 관련된 내용으로 대화를 나눌 수 있도록 준비시키는 일에 주력했다. 이 기간에 서구 여러 교단이 파키스탄에 유입했지만, 그는 교단을 초월해 훨씬 건강하고 유익한 파키스탄 연합 교회가 형성될 수 있도록 노력했다.[86]

② 아프가니스탄 사역

파키스탄에서 사역하던 우드베리는 아프가니스탄으로 선교지를 옮겨 또 다른 이슬람 사역을 경험했다. 그 당시 아프가니스탄은 이슬람 국가였지만 아프가니스탄 정부는 크리스티 윌슨(J. Christy Wilson, Jr.) 부부를 20세기 최초의 공식 선교사로 허락해 주었다. 이들 선교사는 그곳에서 커뮤니티기독인교회(Community Christian Church) 사역을 했다.

윌슨 부부가 안식년을 갖고 있던 때에 파키스탄에서 온 두 명의 선교사가 누가복음 4권을 현지인에게 나누어 주다 감옥에 구금당하는 일이 발생했다. 그때 우드베리는 무슬림 변호사에게 그들을 변호할 수 있는 쿠란 내용을 제공했다. 결국 아프가니스탄 정부는 그들을 석방했고 그들을 추방하는 것 외에 다른 어떤 형벌도 구형하지 못했다. 하지만 이 사건으로 인해 정부는 새로 지은 교회 건물이 부수어졌고, 윌슨 선교사마저 그곳을 떠나야만 했다.

남은 교인들은 우드베리가 꾸란으로 무슬림과 논쟁해 선교사를 석방할 수 있었던 것처럼 앞으로 기독교인이 아프가니스탄에서 최대의 자유를 가질 수 있도록 자신들에게 도움을 줄 수 있을 것이라는 희망으

---

86 Ibid., 8.

로 그를 아프가니스탄으로 초청했다. 우드베리는 크리스티 윌슨 선교사의 자리를 대신하기 위해 파키스탄 사역을 정리하고 아프가니스탄에서 새로운 사역을 시작하게 되었다.

아프가니스탄으로 사역지를 옮긴 우드베리는 여러 가지 선교 주제를 가지고 고심하며 씨름했다. 그가 고심한 주제 가운데 하나는 선교사 신분에 관한 윤리적 쟁점이었다. 이슬람 국가는 법적으로 다른 종교의 선교 활동을 금지한다.

선교사는 "복음을 전하라"는 하나님의 명령에 순종할 것인가, 아니면 선교지 국가의 법을 준수해 복음을 전하지 말아야 하는가?

각 교단의 신학적 특성과 전통에 따른 여러 가지 다른 점을 어떻게 하나로 통합해 기독교 복음을 효과적으로 전할 수 있을까?

이런 주제들은 모든 선교사가 함께 풀어야 할 과제였다. 우드베리가 이런 선교적 주제를 깊이 다루고 연구할 수 있었던 시기가 바로 아프가니스탄 사역 기간이었다.[87]

③ 사우디아라비아 사역

우드베리의 사우디아라비아 사역은 파키스탄에서 그를 잘 알던 친구의 초청으로 시작되었다. 처음부터 이슬람의 심장부인 중동에서 사역하기 원했던 우드베리의 희망이 드디어 이루어지게 되었다. 사우디아라비아는 이슬람 종주국으로 선교 사역의 문이 가장 강하게 닫혀있는 이슬람 국가 중 하나다. 아프가니스탄처럼 닫힌 지역에서 사역했던 우드베리의 경험은 사우디아라비아 수도 리야드 같은 곳에 적용되기에 아주 적합했다. 하나님께서는 파키스탄과 아프가니스탄 사역을 통해

---

[87] Ibid., 8, 9.

우드베리가 사우디아라비아 사역을 효과적으로 감당할 수 있도록 준비시키셨다.

이슬람 초기부터 사우디아라비아 내부에는 목사가 전혀 없었다. 우드베리는 정부가 공식적으로 인정한 최초의 사우디아라비아 선교사이자 목사였다. 그는 수도 리야드에서 사역을 시작했다. 그가 시작한 사역은 곧 부흥했다. 사역을 시작한 지 약 3년째 그가 목회하던 교회는 금요예배 출석 교인만 약 700명이 될 정도로 성장했다.[88]

예배는 영어 예배 2번과 아랍어 예배 1번 그리고 다른 언어로 진행하는 예배도 있었다. 그뿐만 아니라 사우디아라비아 거의 전역에 지교회가 생겼다.[89] 선교 사역이 갑자기 너무 주목받자 사우디아라비아 정부는 그들의 사역을 중단시켰다.

우드베리는 정부가 교회를 폐쇄하자 가정교회를 시작했다. 그는 평신도 지도자를 설교자로 세웠다. 그들은 매주 "카타콤 묵상집"(Catacomb Contemplations)이라는 설교 지침서를 통해 가정교회에서 설교할 수 있었다. 이와 동시에 우드베리는 사우디아라비아 정부 관료가 회람할 수 있도록 편지를 보냈다. 그는 선지자 무함마드가 기독교의 예배를 인정했다는 문서를 인용했다.

이슬람 초기 무함마드는 사우디아라비아 남서쪽에 있던 기독교 도시 나즈란(Najran)에 있던 목사와 사제들이 인두세를 내면 그들의 사역을 계속할 수 있도록 허락했다. 우드베리는 이러한 내용이 기록된 이슬

---

88 중동에서는 이슬람 절기를 따라 무슬림이 모스크에 모여 함께 기도하는 금요일이 공휴일이다. 기독교인이 사용하는 일요일은 공휴일이 아닌 평일로 지낸다. 그래서 외국인 교회는 일요일 대신 금요일에 대예배를 드리는 경우가 많다.

89 Woodberry, "My Pilgrimage in Mission," 10.

람 초기 문헌을 인용해 기독교 예배의 정당성을 주장했다.⁹⁰ 우드베리의 탄원으로 정부는 가정교회를 허락했고 예배는 지속될 수 있었다.⁹¹

### (3) 사역 성숙 및 수렴 단계

사역 성숙 진입 단계에서는 우드베리가 1979년 미국으로 건너와 이슬람 학자로 새롭게 시작한 사역의 내용을 시기별로 정리해 기술한다.

우드베리가 가진 이슬람 최고의 학문과 선교사로 현장에서 경험한 무슬림에 대한 이해는 그의 교수 사역을 통해 더욱 효과적으로 사용되었다. 기독교 이슬람 학자로 수많은 기독교 지도자와 선교사를 교수한 그의 사역은 또 다른 단계의 사역을 의미한다. 이 단계에서 그의 사역은 초기 단계 사역을 지나 성숙 단계로 들어간다. 여기서 그의 사역은 크게 세 단계로 나타난다. 이슬람 학자로서 우드베리의 사역은 미시간 RBC신학교 사역, '사무엘 즈웨머 연구소' 사역, 풀러선교대학원 사역으로 나누어진다.

① 미시간 RBC신학교

1974년 세계복음화의 과업을 위한 제1차 세계선교대회가 스위스 로잔에서 열렸다. 로잔세계선교대회는 '미전도 종족'이라는 용어를 처음 도입했다. 미전도 종족에 대한 인식과 관심은 그들 중 가장 큰 비중을 차지하는 이슬람 세계로 이어졌다. 북미주세계선교위원회는 무슬림 전

---

90  인두세는 이슬람에서 딤미(dhimmis) 혹은 지즈야(jizya)라 불리는 일종의 종교세다. 이슬람은 정복지에서 피정복민이 이슬람법을 존중하며 인두세를 내는 조건으로 그들의 생명과 재산을 보호하고 자신의 신앙을 지킬 수 있는 제도를 두었다.

91  Woodberry, "My Pilgrimage in Mission," 9, 10.

도를 위한 북미주 컨퍼런스를 개최했다.[92] 1978년 10월 15일 미국 콜로라도에 위치한 글렌아이리(Glen Eyrie)컨퍼런스센터에서 세계 최초의 무슬림 전도를 위한 북미주 컨퍼런스가 열렸다. 이 컨퍼런스는 세계 이슬람 선교의 역사를 바꿀 만큼 중요한 행사였다.[93]

사우디아라비아에 있던 우드베리는 컨퍼런스의 마지막 성찬 예배와 설교 순서를 맡았다. 그에게 이 컨퍼런스는 이슬람 사역에 대한 새로운 통찰을 얻는 도전의 시간이었다. 컨퍼런스 기간 내내 그는 선교사들의 보고와 논문을 통해 이슬람 사역에 필요한 다양한 연구 주제와 사역 실제를 새로운 각도에서 발견했다. 이 컨퍼런스는 무슬림 전도를 위해 기독교가 지금껏 해온 사역 가운데 가장 혁명적 사건으로 우드베리의 이슬람 연구와 사역에 결정적 영향을 끼친 사건이었다[94].

우드베리는 글렌아이리컨퍼런스를 다녀온 이후 선교지를 잠시 떠나야 하는 상황이 되었다. 리야드의 심각한 대기 오염으로 인해 부인 로베르타 여사의 알레르기 상태가 아주 심각한 수준에 이르렀기 때문이었다. 뿐만 아니라 그는 아이들이 더 진학할 상급학교가 없는 상황에 맞닥뜨렸다. 그들은 어쩔 수 없이 잠시 미국으로 돌아와 첫째와 둘째 아이가 고등학교를 졸업할 때까지 미시간주 그랜드래피즈에 머물기로 했다. 그곳에 머무는 동안 우드베리는 RBC(Reformed Bible College)신학교 교수 사역을 했다. 어쩔 수 없는 상황으로 사우디아라비아를 떠났지만, 글렌아이리컨퍼런스에서 얻은 도전과 통찰을 통해 그는 이슬람 사역에

---

92  Lausanne Movement, "Lop 4 – the Glen Eyrie Report: Muslim Evangelization," accessed June 2, 2016. https://www.lausanne.org/content/lop/lop-4.

93  McCurry et al., 6.

94  Woodberry, interview.

대한 새로운 도전과 비전을 가졌다.⁹⁵

우드베리는 이슬람 세계에서 행한 수년간의 사역을 통해 얻은 통찰력을 기초로 이슬람 역사, 기독교 신학, 선교 현장 학습을 통합해 선교학 과정을 구성했다. 그는 RBC신학교에서 교수 사역을 통해 자신이 구성한 선교학 과목을 가르쳤다. 선교 현장에서 신학교로 새로운 사역의 첫걸음을 내디딘 것이다. 우드베리는 글렌아이리컨퍼런스에서 접한 다양한 주제의 이슬람 연구와 문화인류학, 사회과학 등에 관심을 가졌다. 그는 이슬람 선교를 위해 더 유익한 학문 연구와 결과를 얻고자 했는데 그가 개발한 이슬람 선교학의 학문적 연구에 대한 관심과 기초는 이곳에서 이루어졌다.

② 사무엘 즈웨머 연구소

1978년 글렌아이리컨퍼런스는 북미주세계선교위원회가 주도했다. 풀러선교대학원 교수로 재직하며 로잔세계선교위원회의 북미주 위원이었던 피터 와그너(Peter Wagner)가 이 안건을 처음 제안하자 위원회의 동의가 이루어졌다. 위원회는 풀러선교대학원 박사과정에 있던 돈 맥커리(Don McCurry) 선교사가 이 컨퍼런스를 준비하도록 위임했다. 돈 맥커리는 1950년대 후반부터 파키스탄에서 사역했던 이슬람 선교의 베테랑 선교사였고 우드베리는 파키스탄에서 함께 사역했던 이 동료 선교사를 잘 알고 있었다.⁹⁶

북미주위원회는 기독교 선교 역사상 처음으로, 여러 나라에서 사역하고 있던 150명의 이슬람 선교 전문가들에게, 이슬람 선교와 관련

---

95 Woodberry, "My Pilgrimage in Mission," 10.
96 MacCurry, 5.

된 40개의 기초 연구 주제를 배포했다. 6개월간의 준비 과정을 거친 후 위원회는 40편의 전략 논문을 선정했다. 위원회는 그렇게 선정한 40편의 연구 논문을 150명의 이슬람 선교 전문가들이 모인 이 컨퍼런스에서 발표했다.[97] 컨퍼런스를 통해 발표된 기고문들은 『복음과 이슬람』(The Gospel and Islam)이란 제목으로 출판되었다. 위원회는 무슬림 전도를 위해 준비한 이 책이 무슬림 사역자에게 실제적인 도움을 줄 수 있을 것이라고 생각했다.[98]

글렌아이리컨퍼런스 이후 위원회는 무슬림 전도를 위한 훈련과 연구의 필요성을 절감했다. 위원회는 이러한 중추적 기능의 사역을 위해 돈 맥커리의 주도하에 연구소 설립을 결정했다. 그렇게 탄생한 연구소가 '사무엘 즈웨머 연구소'(Samuel Zwemer Institute)다. 세계 최초로 무슬림 전도를 위한 본격적인 훈련과 연구소 사역이 남가주에서 시작되었다.[99] 이 사역 책임자로 있던 돈 맥커리 선교사와 위원회는 이 사역의 적임자가 우드베리라고 생각하고 그에게 이 사역을 함께 해주기를 요청했다.

요청에 응한 우드베리는 미시간 RBC신학교 사역을 마무리하고 남가주 파사데나로 사역지를 옮겼다. '사무엘 즈웨머 연구소'는 랄프 윈터 박사가 시작한 '윌리엄 캐리 국제대학교'와 미국세계선교센터(US Center for World Mission)에 연구소를 개원했다. 우드베리는 글렌아이리컨퍼런스에서 다룬 주제와 내용을 토대로 무슬림 전도에 필요한 이슬람 개론 과목을 새로운 관점으로 구성했다. 그는 이것을 '사무엘 즈웨머 연구소'에서 일반인, '윌리엄 캐리 국제대학교'에서 학부생, 풀러선교대학원에

---

97 Ibid., 6.
98 Ibid., 39.
99 Ibid., 6.

서 신학 대학원생을 대상으로 교수했다.

파사데나에서 시작한 사역은 우드베리로 하여금 복음주의 기독교 진영에서 가장 규모가 큰 이슬람 연구 사역을 본격적으로 시작할 수 있게 만든 중요한 시작점이 되었다.

③ 풀러선교대학원

우드베리는 파사데나에 있던 '사무엘 즈웨머 연구소', '윌리암 캐리 국제대학교', 풀러선교대학원에서 이슬람 개론을 강의했다. 그는 1985년 풀러선교대학원으로 사역지를 옮겨 본격적인 기독교 이슬람 연구를 시작했다. 이 기간 이슬람 학자로서 그의 사역은 성숙 단계로 들어갔다. 우드베리는 몇 년 후 풀러선교대학원 원장(1992-1999)에 취임했고 그가 개발한 기독교 이슬람 연구는 이슬람 선교학의 새로운 장을 열었다. 그는 풀러선교대학원 이슬람 선교학을 복음주의 신학교 가운데 가장 방대한 이슬람 연구 프로그램으로 개발했다. 우드베리는 복음주의적 관점으로 10가지가 넘는 이슬람 연구 프로그램을 개발해 강좌를 개설했다.

무슬림 전도를 위한 기독교 이슬람 선교 방향을 결정하기 원했던 로잔세계선교위원회는 우드베리에게 도움을 요청했다. 위원회의 요청을 받은 우드베리는 1987년 네덜란드 자이스트(Zeist)컨퍼런스에서 발표한 소논문을 기초로 편집 작업을 시작했다. 로잔세계선교위원회는 기독교의 이슬람 선교 방향과 이슬람 선교를 위한 연구 방향을 세계 교회에 제시하기 위한 목적으로 이 출판물의 제작을 지원했다. 그가 편집한 저작물은 1989년『엠마오 도상의 무슬림과 기독교인』(*Muslims &*

*Christians on the Emmaus Road*)이란 제목으로 MARC[100]에 의해 출판되었다.

우드베리는 풀러선교대학원을 통해 본격적으로 복음주의 이슬람 선교학자를 양성하고 배출했다. 현재 이슬람학과를 개설한 많은 복음주의 신학교 가운데 이슬람을 지도하는 학과장과 교수의 상당수가 그를 사사했다. 우드베리가 풀러선교대학원을 통해 직접 지도한 석박사 논문만 총 32편이며 그중 22편이 박사 논문이다. 우드베리는 탁월한 학문적 접근법으로 무슬림과 평화적으로 교류하는 대화의 장을 열었다. 그는 풀러선교대학원과 다른 대학 이슬람학과의 학문적 교류를 통해 이슬람과 기독교의 대화를 위한 다양한 학술 세미나를 개최했다.

1992년 풀러선교대학원 원장으로 취임한 우드베리는 이 기간에 전임 학장 폴 피어슨 박사의 제안으로 풀러선교대학원의 새로운 선교학 커리큘럼을 구성했다. 그 당시 풀러선교대학원 선교학 과정은 선교와 관련 있는 여러 가지 학과목을 한곳에 모아놓은 선교 관련 학과목 채집장 같았다. 그는 이러한 풀러선교대학원의 교육 과정을 말씀, 세상, 교회라는 3가지 범주로 나누었다. 그리고 세 범주의 교집합에 해당하는 내용을 '풀러선교학'의 핵심으로 구성했다.[101]

우드베리가 구성한 선교학 커리큘럼은 풀러선교대학원과 자신의 이슬람 선교학에 중요한 연구 방향이 되었다.

---

100   MARC는 Missions Advanced Research and Communication Center의 약자다.
101   D. J. Woodberry, "School of World Mission Newsletter," *Fuller Theological Seminary* 15, No. 2 (1993).

제3장

# 우드베리의 이슬람 개론 이해

우드베리는 풀러선교대학원에서 사역하는 동안 10여 가지 이슬람 연구 프로그램을 개설했다. 본 연구는 우드베리가 개설한 많은 강좌 가운데 파사데나 사역을 시작하면서 처음 개설한 "이슬람 개론"[1]을 다룬다. 우드베리가 구성한 이슬람 개론은 무슬림 전도를 목적으로 기독교 지도자와 이슬람권 선교사를 위해 준비한 과정으로 이슬람을 기독교와 비교해 이슬람 문화권에 적용해 사용할 수 있도록 구성한 이슬람 개론 과정이다.

1974년 제1차 로잔세계선교대회 이후 피터 와그너(Peter Wagner)가 북미주선교위원회에 제안하고, 파키스탄에서 사역하던 베테랑 선교사 돈 맥커리(Don McCurry)가 주도해, 1978년 세계 최초의 무슬림 전도를 위한 북미주 컨퍼런스를 미국 콜로라도 글렌 아이리에서 개최했다. 이

---

[1] 본 연구에서 소개하는 "이슬람 개론 MR 550/650"은 우드베리가 1992년에 구성한 내용이다. 현재 이 과정은 몇 가지 내용이 더 첨가되었고 특히 주제별로 다양한 핵심 자료를 소개한다. 이것들은 이슬람 대백과 사전, 개론서, 선지자와 경전, 이슬람 역사, 현재 동향, 복음 전도, 훈련 프로그램, 웹 자료 등을 포함한다. 더 자세한 내용은 풀러 선교대학원 이슬람 과정 MR 550을 보라.

컨퍼런스를 통해 세계 최초로 기독교 이슬람 선교사에게 실제적 도움을 줄 수 있는 방대한 분량의 이슬람 개요서 『복음과 이슬람』(The Gospel and Islam)이 탄생했다. 하버드대학교에서 이슬람학으로 박사학위를 취득하고 사우디아라비아에서 선교사로 사역했던 우드베리는 이 컨퍼런스에서 발표된 소논문의 주제와 내용을 더욱 전문적으로 연구하고 분석했다.

우드베리는 컨퍼런스 내용을 토대로 기존의 이슬람 연구 방법과 달리 기독교 선교적 관점으로 이슬람 연구 과정을 구성해 이슬람 개론 강좌를 개설했다. 그는 이렇게 준비한 이슬람 개론 과정을 무슬림 전도와 기독교 선교를 위해 이슬람을 연구하는 전문가와 기독교 지도자가 배울 수 있도록 '사무엘 즈웨머 연구소', '윌리암 캐리 국제대학교', 풀러선교대학원에서 교수했다.

우드베리가 구성한 이슬람 개론은 무슬림 전도자와 기독교 이슬람 연구를 위해 중요한 선교적 자료와 학문적 기초 이해를 제공한다.

## 1. 기본적인 유사성과 차이점

우드베리는 기독교인이 이슬람을 이해하기 쉽게 하려고 기독교적 관점으로 두 종교의 근본적인 유사성과 차이점을 비교할 수 있도록 했다. 기독교의 시각으로 무슬림 신앙 구조와 체계를 이해하고 그들에게 더 쉽게 접근할 수 있도록 비교한 내용을 이곳에서 다룬다.[2]

---

[2] 본 연구에서 다루는 자료는 우드베리가 '사무엘 즈웨머 연구소', '윌리암 캐리 국제대학교', 풀러선교대학원에서 교수했던 "이슬람 개론" 가운데 풀러선교대학원에서 1992년에 교수했던 "이슬람 개론 MR550/650"과목에 사용한 실러버스를 연구 분석

1) 사도신경

우드베리는 기독교와 이슬람의 근본적 유사성과 차이점을 제일 먼저 사도신경 비교로 접근했다. 사도신경에는 기독교인의 중요한 신앙고백이 담겨있다. 사도신경에는 무슬림이 신앙고백으로 동의할 수 있는 내용과 동의할 수 없는 내용이 포함되어 있다. 무슬림은 사도신경에 나와 있는 신앙고백 대부분을 받아들인다. 무슬림이 자신의 신앙고백으로 받아들일 수 없는 한 가지 내용은 "하나님의 외아들 예수 그리스도"이다.[3] 무슬림은 예수 그리스도를 하나님의 선지자로 인정하지만, 하나님의 아들로는 받아들이지 않는다.

2) 표면적 형태 비교

우드베리는 기독교와 이슬람의 표면적 형태 차이를 W. C. 스미스(Wilfred Cantwell Smith)의 비교종교학을 통해 다음과 같이 기술한다.

> 기독교는 성경을 하나님의 말씀인 경전으로 받아들이며, 예수를 구세주로 믿고, 또 예배를 위한 장소로 교회를 사용한다. 정통 이슬람은 꾸란을 정경으로 사용하고, 무함마드를 알라의 메시지를 전한 마지막 사도로 믿으며, 또 모스크를 예배 장소로 사용한다.[4]

---

한 것이다.
3   J. Dudley Woodberry, *Introduction to Islam Mr550/650* (Pasadena: Fuller Theological Seminary, 1992), 12.
4   Ibid.

## 3) 심층 기능과 의미 비교

기독교에서 예수는 모든 계시의 초점이다. 예수가 하나님 메시지의 핵심이다. 이슬람에서 예수는 단지 하나님의 사도 가운데 한 명으로만 기록하고 다른 초점은 없다. 사도 무함마드는 바울처럼 다른 기독교 사도와 같지 않고 사도 이상으로 승격되어 거의 절대적 위치에 있다.[5]

기독교에서 성경은 하나님의 메시지가 전달되는 유일한 경전이다. 이슬람은 경전인 꾸란뿐만 아니라 메시지를 전달한 무함마드의 언행을 기록한 하디스(Hadith) 또한 꾸란과 마찬가지로 존중한다. 계시의 권위적인 해석은 교회와 모스크를 통해 이루어진다.[6]

## 4) 계시를 통한 믿음과 구원 사상

이슬람과 기독교는 둘 다 계시가 중심인 종교다. 기독교는 계시의 중심인 예수를 통한 대속의 은혜로 말미암아 하나님의 전적인 사랑과 은혜를 믿음으로 받아들이며 하나님과의 관계에 중심을 둔 메시지를 전달한다. 이슬람은 꾸란의 계시에 나타난 알라의 뜻에 인간이 전적으로 복종함으로 구원을 받을 수 있는, 행위에 근거한 믿음을 계시한다.[7]

---

5  Hamed Abdel-Samad, 『무함마드 평전』, 배명자 역 (서울: 한스미디어, 2016), 6. 무함마드는 무슬림의 모든 것 위에 있고 그들의 일상을 지배하는 위치로 승격되어 있다.

6  Woodberry, 12.

7  Ibid.

5) 신앙 표현

이슬람과 기독교 모두 자신의 신앙을 믿음의 형태로 표현한다. 기독교는 무엇을 믿는가에 대한 신학적 내용을 연구하고 그것을 믿음으로 표현하는 것이 중요하다. 이슬람은 알라에게 복종하는 것이 중요한 믿음의 표현이기 때문에 이슬람법에 대한 연구가 중요하다.[8] 샤피이나 한발리 같은 법학 이론에 정통한 법학자들의 연구가 믿음의 표현에 있어 아주 중요한 역할을 한다.[9]

6) 하나님의 임재와 인도

이슬람과 기독교 모두 신의 임재와 인도를 경험한다. 기독교는 하나님의 임재가 성령을 통해 일어난다. 이슬람은 이러한 신적 임재를 '수피즘'(Sufism)이라고 하는 신비주의를 통해 경험한다. 기독교에서 하나님의 인도는 성령을 통해 교회나 개인이 직접 인도하심을 받는다. 이슬람에서 알라의 인도는 개인이 아닌 공동체 지도자를 통해 이루어진다.

기독교는 그리스도를 머리로 하고 그의 몸 된 교회로서 성찬을 통한 하나님의 임재를 중요시한다. 이슬람은 꾸란이 알라의 계시의 중심으로 자신들을 이끄는 꾸란 암송을 중요하게 여긴다.[10]

---

8 안상준, "이슬람교 법(샤리아)에 대한 이해"(2008). Accessed Mar. 15, 2017. http://www.ecumenicalpress.co.kr/article.html?no=49414. 이곳에서 이슬람법에 대한 내용을 이해하기 쉽도록 다루고 있다. 특히 샤피이와 한발리 학파의 차이점과 이슬람법인 샤리아와 피크흐에 대한 이해를 원하면 이곳을 보라.

9 Woodberry, 12.

10 Ibid., 13.

## 2. 이슬람 이전 정치와 종교적 배경

아라비아반도는 지정학적으로 서쪽에 홍해, 남쪽에 아라비아해와 인도양, 동쪽은 페르시아만이 둘러싼 거대한 반도다. 세계 최초의 위대한 문화, 메소포타미아 문명이 발생한 비옥한 초승달 지역의 주변부에 있다. 이 지역에 사는 사람을 가리키는 "아리비"(Aribi)라는 이름은 BC 9세기 아시리아의 살만에셀 3세가 쐐기문자로 카르카르전투(BC 853)에 대해 남긴 기록에 처음 등장했다.[11]

이슬람 발생 이전 아라비아반도에 거주했던 이들의 정치, 종교적 상황은 다음과 같다.

### 1) 정치적 상황

이슬람 이전 남부 아라비아와 북부 아라비아는 전혀 다른 정치적 상황과 배경을 갖고 있었다.[12] 이슬람 이전 아라비아반도에는 두 부류의 사람들이 살고 있었다. 목초지를 찾아 움직이는 유목민과 오아시스에 정착해 농사를 짓고 사는 농경민이다. 어느 부류에 속하였든, 사막이란 척박한 환경 때문에 완전한 유목민이나 농경민으로 살아가기가 어려운 상황이었다. 척박한 환경 때문에 개인 단위로 사는 것이 힘들었던 이들은 결국 가족이나 씨족 그리고 더 큰 부족 단위로 살아가는 생활 형태를 형성했다.

유목민은 크게 4종류로 분류할 수 있다.

---

[11] Hans Küng, 『(한스 큉의) 이슬람』, 손성현 역 (서울: 시와진실, 2012), 82.
[12] Woodberry, 13.

**첫째**, 유목 생활만 하는 베두인[13]이다.

**둘째**, 큰 도시를 이루어 정착하는 농경민이다.

**셋째**, 오아시스에서 농사를 지으며 작은 도시를 이루고 사는 정착민이다.

**넷째**, 가축화된 낙타를 이용해 반 유목과 반 정착 생활을 동시에 하며 상업에 종사하거나 약탈을 자행해 생계를 유지하는 반 유목민이다.[14]

이들 유목민은 아라비아에 정착하는 과정에서 사막을 사이에 두고 일부는 북부, 일부는 남부 지역에 정착했다. 이들이 정착했던 아라비아 남부와 북부의 정치적 상황은 다음과 같다.

(1) 남부 아라비아

예멘을 중심으로 한 남부 아라비아는 BC 1000년경 북부에 있던 셈족이 반도 남쪽으로 들어오며 시작되었다. 남부 아라비아는 삼면이 바다에 접한 반도적 지형과 거대한 아라비아 사막에 둘러싸인 높은 산악지대로 이루어졌다. 이곳은 몬순의 영향으로 기후가 쾌적할 뿐만 아니라 강수량이 충분해 땅이 비옥하고 농산물 재배에 아주 좋은 환경이었다.

이들은 남서부 삼각주 오아시스 지역에 여러 도시를 건설해 예멘을 중심으로 남부 아라비아 지역에 주로 정착했다. 이들 이주민은 자신이

---

13  베두인은 도시가 아닌 곳에 사는 사람을 일컫던 아랍어 용어로 '사막의 거주민'이라는 뜻이다. 아랍인 가운데 사막의 작은 오아시스나 와디(계곡)를 따라 이동하며 사막에서 유랑 목축을 하던 아라비아 유목민을 주로 호칭하는 용어다.

14  손주영, "특집: 이슬람의 문화적 전통과 중동 각국의 종교정책" 제1차년도; "이슬람의 종파 발전사: 예언자 무함마드 시대(610-632)와 이슬람 공동체," 「중동연구」17, No. 1 (1998): 1, file:///C:/Users/kim/Downloads/1n800104%20(7).pdf.

가지고 온 북부 메소포타미아 문명과 함께 남부 셈족 문명을 형성했고 큰 도시에 정착해 사는 유목민 부족이 되었다. 남부 사우디에 정착하게 된 이들을 사바(Saba') 사람, 혹은 힘야르(Himyarite) 사람이라고 불렀다. 그들이 지금의 예멘 사람이다.

남부 아라비아는 향료 무역을 통해 아라비아반도의 가장 부유한 강대국 자리를 차지했다. 이 지역은 원래 인도에서 생산된 홍차와 향신료를 실론(스리랑카)에서 서양으로 수입하기 위해 로마 수입업자들이 중간 저장 장소로 사용했던 곳이다. 나중에는 동양에서 재배한 물품을 서양 시장으로 나르기 위한 중간 기착지에서 생산지로 탈바꿈했다.[15]

남부 아라비아는 수백 년 동안 아라비아반도에서 지배적 역할을 했다. 고대 무역에 필요한 탁월한 지정학적 위치와 천혜의 조건으로 유향 재배를 통해 엄청난 이익을 누렸기 때문이다. 사람들은 남부 아라비아를 "아라비아 펠릭스"(Arabia Felix)[16]라 불렀다.[17]

"행복한 아라비아"로 불리던 예멘 중심의 남부 아라비아는 중요한 무역국이 되었다. 이곳에서 산출된 향료는 대상 교역을 급격히 증가시켰다. "향료의 길"로 불리며 동서양을 이어 주는 새로운 무역로가 아라비아반도에 생겼다. 이 길을 오가던 상인들은 이 교역을 조직화하기 원했다. 대상들은 더욱 안전하게 보호받으며 무역을 촉진시키려 했다.

대상 교역은 중서부 아라비아 지역에도 엄청난 변화를 일으켰다.

---

15 F. E. Peters and Inc NetLibrary, *Muhammad and the Origins of Islam* (Albany: State University of New York Press, 1994), 33, 34.
16 행운의 아라비아라는 뜻을 가진 "아라비아 펠릭스"는 로마인이 처음 사용했다. 현재의 예멘 지역에 해당하는 이곳은 이슬람 이전에 사바, 미나, 힘야르 같은 여러 왕국이 세워졌다. 이 지역은 계절풍 영향으로 토지가 비옥했고 농사 여건이 풍부했다. 유향과 화장품에 사용하던 몰약과 에티오피아에서 들여온 커피를 처음 상업적으로 재배해 수출했다. 이들은 수출을 통해 부를 축적함으로 아라비아의 중심이 되었다.
17 Küng, 80-85. 이슬람 이전 아라비아 상황의 상세한 내용은 이곳을 보라.

이런 환경에서 몇 도시가 무역 중계지로 성장했다. 그 대표적인 도시가 바로 메카다.[18]

### (2) 북부 아라비아

북부 아라비아에는 무역을 통해 막강한 경제력을 가졌던 페트라, 팔미라 같은 아랍 무역 왕국이 있었다. 제국들에 의해 해체된 북부 아라비아는 남부 아라비아와 매우 다른 지형학적 구조를 가졌다. 북부 아랍인은 생활 양식도 달랐다. 그곳은 주로 사막 지역과 풀 한 포기, 나무 한 그루 없는 바위투성이의 산악지역이었다. 종려나무와 오아시스가 더러 있지만, 호수나 강이 없고 '와디'[19]만 있어 물을 구하기 어려운 지역이었다. 작은 부족을 이룬 일부 소수 정착민은 오아시스를 중심으로 농사를 지으며 살았고 대부분의 베두인은 유목민 생활을 했다.[20]

베두인은 사막 생활의 어려움 때문에 본능적으로 무리를 지어 부족 형태로 살았다. 그들의 삶의 형태가 베두인 부족주의를 만들었다. 부족 집단의 결속력은 가부장적 혈족 관계를 바탕으로 강력한 관계를 형성했다. 베두인의 특징은 물을 찾아 일정한 시기에 특정 지역으로 이동하는 유목민 생활이다. 유목민 생활이라고 무작정 여러 곳을 돌아다니는 것은 아니다. 어느 정도 한정된 지역 범위를 정한 다음 유목 생활을 한

---

18 "향료 길"에 관한 자세한 내용은 http://www.wysinfo.com/Perfume/Perfume_route.htm을 보라.
19 와디는 아랍어로 "골짜기" 혹은 "강"이라는 뜻이다. 평소에는 마른 골짜기 상태로 있다가 갑자기 소나기가 내리고 물이 불어 홍수가 나면 자연히 이곳 계곡으로 물이 모여 강줄기를 만든다. 사막에서 오아시스를 제외하고는 식물이 와디에서만 긴 띠를 형성하며 자란다.
20 한스 큉이 말하는 것처럼 이런 환경은 동식물과 인간 모두에게 극도의 강인함, 끈기와 투지를 요구한다. 베두인의 거친 거주 환경과 목축을 통해 동물을 기르고 다루는 유목민적 삶이 훗날 아랍인 전투력 향상에 상당히 영향을 주었을 것이다.

다. 그들은 정해진 지역을 자신의 영역이라고 간주했다. 자신들이 정해 놓은 영역으로 들어오는 것은 침입으로 간주했다.

남부 아라비아 정착민과 달리 이들은 특별한 경작지나 생산이 없어 경제적으로 어려웠다. 베두인은 낙타 대상인 카라반이나 오아시스 정착민 마을을 습격해 경제적 필요를 채우곤 했다. 그들은 도덕적으로 약탈을 나쁘게 생각하지 않았다.[21] 이런 행위를 약탈이 아니라 생존을 위한 수단으로 여겼다. 약탈은 생존을 위한 사냥의 연속과 같은 개념이었다.

베두인의 생활 방식은 그들을 전투에 능숙하도록 만들었다. 오늘날 아랍 유목민을 지칭할 때 사용하는 베두인과 아랍인의 명칭은 원래 중앙 아라비아 서부 지역에 살았던 아랍 유목민을 일컫는 말이다. 좀 더 정확히 말하면 나중에 이슬람의 중심이 된 메카와 예언자의 도시라 불리는 메디나 같은 도시가 모두 이 지역이다. 남부 아라비아보다는 중앙 아라비아 서부 지역이 원래 아랍 베두인들의 고향이다.

### 2) 이슬람 이전 주변 강대국의 영향

이슬람 이전 아라비아는 강대국들인 비잔틴제국과 사산제국(Sasanian Empire) 사이에 놓여 있었다.[22] 이슬람이 발생하기 전 로마제국은 동서로 나뉘었다. 메카가 위치한 아라비아반도 서쪽은 AD 4세기부터 이 지역을 차지한 비잔틴(동로마)제국이 통치했다. 아라비아 동쪽은 고대 이

---

21 조성환, "이슬람 이전의 남부 아라비아 왕국들,"(2017). Accessed Jan. 28, 2017. http://m.blog.daum.net/sungwhan_c/718?categoryId=12.

22 Woodberry, 14.

란 제국이 다스리고 있었다.

이란은 여러 번 로마제국과 전쟁을 치르고 로마의 황제까지 전사시킬 정도로 그 세력이 대단했다. 고대 이란, 페르시아 사산제국은 아라비아 북쪽 시리아와 이집트를 비롯해 아라비아반도 동쪽에 있는 중앙아시아의 광대한 지역을 모두 차지했다.

아라비아 남쪽에는 당시 로마제국과 사산제국에 견줄 만한 악숨제국(Aksumite Kingdom)이 있었다. 악숨제국은 아프리카 북동부에 자리한 무역 국가로 현재의 에티오피아, 에리트레아, 예멘까지 정복했던 왕국이다. 악숨제국은 무역을 통해 막강한 해군력으로 중무장한 제국이었다. 정치적으로 아라비아는 이런 강대국이 벌였던 정복 전쟁 사이에서 오랫동안 그들의 노리갯감이 되었다.

> 6세기경 아라비아는 이집트, 페니키아, 아시리아, 페르시아, 그리스, 인도, 로마 그리고 비잔틴제국 등의 고대 문명권과 오래전부터 교류를 하고 있었다…이곳 사회는 여러 부족들로 이루어졌는데, 그들은 서로 동맹을 맺기도 하고 함께 사업을 하기도 하고, 때로는 불만을 품거나 갈등을 겪기도 했다. 6세기 이 지역의 대다수 아랍인들은 유목민들이었는데 거의 유사한 규범 한 가지가 각 부족 마을에 적용되었다. 즉, 모든 결정은 부족 차원에서 내려져야 한다는 것이다. 이 때문에 부족에 속하지 못한 개인은 마치 아무 권리도 없는 노예나 마찬가지의 신세로 상당한 고통을 겪어야 했다. 아랍의 이런 정치적 형태는 인근 지역에서 서서히 세력을 드러내는 제국들과 속주들에 대항하기 위한 것이었다.[23]

---

23 Michael Hamilton Morgan, 『잃어버린 역사, 이슬람』, 김소희 역 (성균관대학교 출판부, 2009), 31, 32.

이슬람 이전 아랍 부족은 아라비아반도뿐만 아니라 그곳에서 한참 벗어난 시리아와 지중해까지 이미 퍼져 있었다. 이런 확장은 정복 전쟁이 아닌 아랍어를 말하는 개인이나 부족이 오랜 기간 이민과 잠입을 시도하며 천천히 이루어졌다.[24]

6세기 후반에 들어와서 비잔틴제국과 사산조(Sasanian dynasty) 간의 오랜 전쟁으로 말미암아 아프리카와 아시아를 왕래하던 대상들은 다른 지역보다 아라비아반도를 더욱 안전한 통로로 선호하게 되었다. 이런 환경에서 아라비아반도 내의 몇몇 도시들은 무역 중계지로 성장하게 되었다.[25]

아라비아 북부는 약 3세기경 가산(Ghassanids)국과 라흠(Lakhmids)국이 마주하고 있었다. 남부 아라비아에서 북부 초승달 지역으로 이주한 아랍인은 시리아 지역에 가산국을 건설했다. 이들 남부 아랍인이 세운 가산국은 비잔틴제국과 아라비아의 완충지 역할을 했다. 가산국 동쪽 이라크 지역에 세워진 라흠(Lakhmids)국은 사산제국 세력으로부터 아라비아를 보호하는 완충지가 되었다.

AD 7세기 이 지역의 가장 강력했던 두 세력은 패권 다툼과 오랜 정복 전쟁으로 국력이 약해졌다. 결국, 비잔틴제국과 사산제국은 멸망했다. 마침내 이 거대 세력이 장악했던 지역은 세력의 공백 상태가 되었다.[26]

---

24 Küng, 85.
25 손주영, 15.
26 AD 614년 사산제국이 비잔틴제국을 공격해 다메섹과 예루살렘을 먼저 점령했다. 비잔틴제국은 사산제국을 물리쳐 그 지역을 회복하고자 했다. 두 세력의 오랜 전쟁은 결국 주변국에 세력 공백 상태를 몰고 왔다.

### 3) 종교적 상황

이슬람 이전 아라비아는 고대 아랍 종교, 유대교, 기독교가 공존했다. 아라비아에 있던 이들 종교는 아랍인에게 종교적으로 많은 영향을 끼쳤다.[27] 이슬람 이전부터 아라비아는 아랍 토속 신앙, 유대교, 기독교 등 다양한 외래 종교가 들어와 있었다. 아라비아 메카는 무역 대상뿐만 아니라 종교 순례자에 기초한 특수 경제 구조를 가졌다.

메카에는 금송아지 신상을 비롯해 고대로부터 내려온 온갖 종류의 신상을 섬기는 신전이 있었다. 다산 숭배와 각종 치료술사의 마법 등 고대 종교와 토속 신앙에 기반을 둔 일월성신을 포함해 360개의 우상이 메카의 카바[28](만)신전에 있었다. 신들 가운데는 정방형 검은 돌이 있었는데, 그들은 이 정방형 흑석을 하늘에서 내려온 돌이라 믿으며 숭배했다.

동방에서도 여러 종교가 들어왔다. 고대 아리아인의 토속신을 섬겼던 미트라교, 조로아스터교, 마니교가 있었다. 메카의 카바신전은 유대교와 다양한 종류의 기독교 유물도 전시했다. 메카는 가능한 한 많은 종교를 대표할 수 있는 종교적 도시로 발전했다. 이슬람 이전 아라비아에 있던 고대 아랍 종교, 유대교, 기독교의 종교적 상황은 다음과 같다.

---

27 Woodberry, 14.
28 카바(Ka'bah)는 정방형의 건물이라는 뜻으로 이슬람 자료에 의하면 이브라임과 이스마엘에 의해 세워진 성전이다. 메카에 있고 이슬람 이전부터 아랍인의 중요한 성지였다. 이슬람에 의해 이슬람 성지의 중심으로 되었다. 무슬림은 하루 다섯 번 메카를 향해 기도한다.

### (1) 고대 아랍 종교

이슬람이 들어오기 전, 아랍 베두인은 대부분 고대 아랍 종교를 믿었다. 이들은 부족 신이나 각 가정에서 좋아하는 신을 따로 섬기는 경우가 많았다. 그들이 섬기는 신은 신앙의 대상이면서 동시에 정신적 지주 역할을 했다. 고대 아랍 종교의 종교적 관습은 애니미즘적 요소가 강했다. 돌, 나무, 샘, 해, 달과 같은 곳에 영들이 거주한다고 생각하고 산 제물을 바치는 원시 종교 형태를 가졌다. 베두인은 인격적 수준의 신을 경배하는 단계까지는 이르지 못했다.

베두인은 비인격적 신인 조상이나 영웅, 사막에 사는 정령 같은 귀신의 존재를 두려워했다. 그들은 초자연적 영의 존재를 "진"(Jinn)이라 불렀다. 진은 불결한 속성의 살아있는 것들과 함께 사막에 거주한다고 믿었다. 사막에 익숙한 베두인보다 농사를 짓고 살았던 정착민에게 진은 큰 두려움의 존재였다. 진의 세계에서도 더 큰 힘을 발휘하는 정도에 따라 계급이 나뉜다. 베두인의 다신교 신앙은 주로 중앙 아라비아에 만연했다.

다신교 신앙은 해, 달, 별 신을 섬기던 바빌론 풍습에서 유래한 것으로 보인다. 베두인은 해, 달, 별 같은 천체를 신격화해 숭배했다. 고대부터 아라비아는 해가 사막의 타는 듯한 환경에서 식물과 생명을 죽인다고 생각했다. 달은 쉼과 바람, 이슬을 내리게 하고 식물과 동물이 자랄 수 있도록 생명을 공급하기 때문에 더 소중한 존재로 숭배했다.

그들이 알고 있던 최고의 신은 "알라"(Allah)[29]였다. 알라는 세 딸을

---

29 Philip K. Hitti, *History of the Arabs* (Houndmills: Macmillan, 1973). 이곳에서는 알라에 대해 깊이 다루지 않는다. 저자는 참조 문헌에서 알라와 달신 그리고 이슬람이 생기고 난 후 카바신전 지붕에 놓여졌던 후발(알라-달신)의 상관 관계를 자세히 다룬다.

가지고 있었다. 금성신 알-웃자(al-Uzza), 태양신 알-라트(al-Lat), 천체와는 상관없는 운명의 여신 마나트(Manat)다.[30] 베두인은 알라를 천지를 창조한 최고의 신적 존재로 여겼지만, 베두인 신앙에서 알라는 그렇게 중요한 위치를 차지하지 못했다.

오직 여호와만을 숭배하는 유일 신앙이 BC 8세기 이스라엘에서 시작되었다. BC 7세기 페르시아제국에서도 조로아스터의 예언자적 형태로 일신론이 널리 퍼졌다. 예수 탄생과 함께 기독교가 생기면서 일신론이 아라비아 주변 거의 모든 민족 가운데 퍼졌다. 페르시아 사산제국과 로마 비잔틴제국 주변에 살던 아랍 상인과 무역 대상은 굳이 멀리 가지 않아도 단일신 신앙을 가진 민족과 자연스럽게 만날 수 있었다.[31]

베두인의 단일신 사상은 아라비아 북부 시리아 아랍인에 의한 영향이 컸다. 아랍의 일신론 사상을 기독교나 유대교와 구분하기 위해 이슬람에서는 '하니프'(Hanif)[32]라는 용어를 사용한다.

꾸란에서 하니프라는 단어는 특히 메디나 수라에서 여러 차례 다신 숭배자를 가리키는 무쉬리쿤(Mushrikun)이라는 단어와 대조적으로 쓰였다. 하니프라는 단어는 꾸란에서 이브라힘의 이름과 관련되었다. "(무함마드야!) 말하라, 알라는 진실만을 말한다. (너희들은) 이브라힘의 밀라 하니프를 따르라. 이브라힘은 무쉬리쿤이 아니었다"(꾸란 3:95 혹

---

30 Merlin L. Swartz, *Studies on Islam* (New York: Oxford University Press, 1981), 7-15. Swartz는 여기에서 이슬람 이전의 베두인 종교에 대해 여러 학자들의 의견을 상세하게 설명한다.
31 Küng, 86, 87.
32 최영길, 『(16억 이슬람인의) 역사와 문화』 (서울: 송산출판사, 1996), 21. 단일신 존재를 믿었던 북부 아랍인을 하니프라 불렀다. 하니프에 관한 이슬람 설명은 이곳을 보라.

은 16:123). "이브라힘은 유대교인이 아니었고 기독교인도 아니었으나 하니프 무슬림이었고 무쉬리쿤이 아니었다"(꾸란 3:67)…꾸란에서 사용된 하니프라는 단어는 아랍인 종교, 즉 이브라힘 신앙의 원래 이상을 추종한 자인 것을 제안한다. 그러나 사실 그들은 그들 자신을 하니프라고 명백하게 가리키지 않았다.[33]

### (2) 유대교

고대로부터 아라비아반도에는 많은 유대인이 살았다. 유대인이 아랍인과 접촉한 내용은 성경에도 나온다. 사바제국의 여왕(Queen of Sheba)이 솔로몬 왕을 방문한 내용이다(왕상 10장, 대하 9장). 유대인이 실제로 아라비아반도에 처음 진출한 것은 약 1세기경이다. 유대인 디아스포라가 BC 25년 로마 군대와 처음 남부 아라비아에 들어온 것으로 보인다. 유대인이 아라비아에 본격적으로 진출한 것은 AD 70년 제2성전이 파괴되고 AD 135년 로마인에 의해 예루살렘에서 쫓겨난 이후부터 이주가 시작된 것 같다.[34]

유대인은 아라비아 전역에 분포했다. 서부에서는 오아시스에 기반을 둔 농업과 수공업(금은 세공이나 대장간)을 중심으로 막강한 세력을 가진 부족으로 정착했다. 유대인은 땅과 집을 소유했고 물질적으로 번창했으며 히브리어와 탈무드에 정통한 학자들이 있었다. 그들은 성경을 가진 회당을 지을 만큼 상당한 부를 축적했기에 아랍인들보다 높은 교육과 문화 수준을 누리며 살았다. 메카에서 450km 정도 떨어진 "야스

---

33 다니엘, "이슬람이란 무엇인가," *Grace - Global Research for Arabic Culture and Education* 101 (1.27.2017): 5. http://www.graceforallnation.org/.
34 Küng, 89.

립"(yathrib, 메디나의 본래 이름)³⁵에는 주민의 약 1/3이 유대인이었다. 그들은 세 개의 큰 부족으로 나뉘어 그 도시의 상업에 막강한 영향력을 행사했다.

아라비아에는 유대교를 받아들인 아랍인도 많이 있었다. 힘야르 왕이 AD 380년 유대교로 개종하면서 남부 아라비아에서 유대교의 위치는 더욱 확고해졌다.³⁶ 힘야르 왕이 유대교로 개종한 이유는 정확히 알 수 없다. 당시 힘야르왕국은 동쪽 사산제국과 서쪽 비잔틴제국 사이, 즉 동서 무역로의 한가운데 있었다. 서로 적대관계에 있던 사산제국과 비잔틴제국은 각각 조로아스터교와 기독교로 개종하였다. 그래서 힘야르가 유대교를 선택할 경우 종교적으로 양쪽 제국에게 아무런 제약을 받지 않고 중립적 관계를 유지할 수 있었다.

남부 아라비아는 힘야르 왕이 유대교로 개종하기 이전 AD 4세기에 에리트레아에서 건너온 비잔틴 선교사 테오필로스(Theophilos the Indian)에 의해 단성론 기독교가 전파되었다. 힘야르 왕이 유대교를 받아들이고 또 조직적으로 유대교를 전파하는 과정에서 기독교와 갈등이 생겼다. 그 결과 남부 아라비아에서 유대인이 기독교인을 박해하는 일이 벌어졌다.

나즈란(Najrān)에서는 기독교인 대학살 사건이 일어났다. 이 사건

---

35 야스립(Yathrib)은 훗날 무함마드가 메카의 박해를 피해 아라비아 서부로 이주했던 도시다. 무함마드가 메카에서 야스립으로 이주한 사건을 이슬람에서는 헤지라(Hijrah)로 부른다. 무함마드는 헤지라를 이슬람력 원년으로 삼고 있다. 야스립은 헤지라 이후 이슬람 사도 무함마드의 도시라 불렸다. 이것이 나중에 도시라는 뜻을 가진 아랍어 메디나(Medina)로 줄여져 불렸다.
36 Yj Draiman, "Himyarite Kingdom - Jewish Kingdom in Yemen," *Jewish History in The Land of Israel*(2017). Accessed Jan. 29, 2017. http://jewishhistoryinthelandofisrael.blogspot.com/2016/08/himyarite-kingdom-jewish-kingdom-in.html. 남부 아라비아의 유대교 전파와 확장에 관한 자세한 내용은 이곳을 보라.

은 서쪽에 있던 기독교 왕국, 에티오피아 악숨제국의 군사적 개입을 자극했다. 비잔틴제국의 지원을 받은 에티오피아 원정대가 AD 520년 힘야르왕국을 무너뜨렸고 이 지역은 결국 에티오피아의 보호령이 되었다.[37]

### (3) 기독교

이슬람 이전부터 아라비아에는 기독교가 있었다. 기독교가 약 600년 동안 아라비아에 유입된 경로와 과정에는 시리아 대상, 노동자, 에티오피아 노예, 메카에 거주하던 외국인 등 다양한 방법과 여러 종류의 세력이 영향을 미쳤다. 아비시니아(Abyssinia, Habashah)라 불리던 에티오피아의 단성론, 페르시아제국의 경교, 이집트 영지주의와 콥틱 단성론, 사막 수도원, 유대 기독교인까지 다양한 기독교 신학과 영성이 아라비아 반도에 이르렀다. 이슬람 이전 아라비아에 정착한 기독교는 종파에 상관없이 대부분 기독교 단성론의 영향을 가장 많이 받았다.

아라비아 북쪽은 북서쪽과 북동쪽으로 크게 나뉘었다. 북서쪽은 AD 450년경 남부 아라비아 예멘 지역에서 발생한 대홍수로 인해 그 지역을 떠난 사바 사람이 정착했다. 사바 사람, 가산족이 여러 지역으로 흩어져 정착하던 중 이곳에 정착해 가산(Ghassan)왕국을 세웠다. 요르단 남부 방대한 지역에 위치한 가산왕국은 비잔틴의 보호를 받으며 사산제국과 비잔틴제국 사이의 완충국 역할을 했다. 당시 가산국 왕이었던 하리스 이븐 자발라(al-Harith ibn Jabalah)는 기독교 단성론자였다. 그는 시리아 단성론 교회의 부흥을 도왔다가 결국 비잔틴으로부터 축출당했다.[38]

---

37 Küng, 90.
38 J. Spencer Trimingham, *Christianity among the Arabs in Pre-Islamic Times* (Beirut: Librairie Du Liban, 1990), 178. 가산국 기독교에 관한 자세한 내용은 이곳을 보라.

가산국 반대쪽에 있던 북동 아라비아에서는 사산제국의 속국 라흠 (Lakhm)왕국이 완충국 역할을 했다. 라흠국은 이라크 지역에 있었고 경교로 알려진 네스토리우스파의 단성론을 추종했다. 라흠국의 수도 히라(Hira)는 경교파 선교사가 아라비아반도를 상대로 선교 활동을 하던 근거지였다. 라흠국은 사산제국 페르시아의 속국일 뿐만 아니라 비잔틴제국의 기독교도 받아들여 양쪽 세력 모두에 중립적 태도를 보였다.[39]

아라비아반도 남서부 지역은 기독교 초기 단계부터 홍해 건너편 에티오피아 악숨제국과 관계를 맺었다. 이들은 에티오피아의 단성론 신앙을 받아들였다. 당시 이 지역은 많은 사람이 기독교를 받아들여 세례를 받고 타파란(Tapharan), 아덴(Aden), 호르무즈(Hormuz) 세 지역에 교회를 세웠다. 이곳은 나중에 에티오피아 통치를 받을 때 기독교 전성기를 누렸다. 사나(Sana)에는 화려한 교회가 건축되었고 이교도 신앙의 중심지 카바신전이 위치한 메카도 공격했다.[40]

남부 아라비아 예멘이 기독교 국가가 되면서 나즈란(Najran)은 거룩한 순교자들이 살았던 도시로 알려졌다. 나즈란은 곧 아랍 기독교의 유명한 순례지가 되었다. 나즈란이 남부 아라비아 기독교 중심지가 될 수 있었던 것은 예멘과 남부 이라크 접경 지역을 대각선으로 연결하는 교통로가 있었기 때문이다. 나즈란은 교통 요충지에 있었다. 남부 아라비아는 유대교와 기독교의 각축장이 되었다. 풍요한 이 땅은 575년 사산제국 페르시아에 점령당했고 기독교도 그 세력을 점차 잃어버렸다.[41]

아라비아반도에 있었던 기독교인 가운데 유대 기독교인이 있었다. 이들에 대한 사료는 서구 기독교에 비해 너무나 빈약하다. 한스 큉(Hans

---

39 Ibid., 188. 라흠왕국 기독교에 관한 내용은 여기를 보라.
40 Küng, 93.
41 Trimingham, 186. 남부 아라비아의 기독교에 관해서는 이곳을 보라.

Küng)의 이야기처럼 교회사의 구석기 시대쯤으로 폄하돼 취급되었다. 유대 기독교는 그리스 로마 문화의 토대 위에 구성된 신학적 체계가 아니었다는 이유로 원칙적으로 무시당했고 기독교 역사에 있어 가장 연구가 빈약한 부분이다.[42] 리용의 이레네우스는 유대 기독교인을 에비온파라 규정하고 기독교 이단자로 취급했다.[43]

'하나님 앞에서 가난한 사람'이라는 뜻을 가진 에비온파(Ebionites)는 유대 기독교인이 자신을 스스로 일컫던 명칭이었다. 유대 기독교인에 대한 역사적 기록은 여러 가지 이유로 상당히 제한적이다. 그들은 초기 기독교 역사에 상당한 영향을 끼쳤다. 유대 기독교인은 선교활동을 통해 에티오피아, 아라비아, 인도에까지 영향을 끼쳤다.

당시 기독론이 확정되기 전에 이들이 전한 기독교 신앙은 이들 지역의 기독교 단성론에 많은 영향을 끼쳤다. 페르시아 마니교 창시자였던 마니(Mani)도 청소년 시절 유대 기독교의 일원이었다.[44] 이슬람의 시작과 기원에서 다루겠지만 이슬람 창시자 무함마드 역시 이들에게 영향을 받았던 것이 확실하다. 그의 부인 카디자(Khadija)는 에비온파 교도였던 것으로 보인다.[45]

유대교와 기독교는 이슬람 이전 시기부터 오랫동안 다양한 모습으로 아라비아반도의 아랍인에게 영향을 끼쳤던 것으로 보인다. 하지만 아랍 기독교인의 의식 속에 기독교 신앙이 영구적으로 뿌리내리도록 하는 데는 실패했다. 여러 가지 이유가 있겠지만, 한스 큉이 지적하는

---

42 Küng, 100.
43 Ibid., 102.
44 Ibid., 106.
45 Ibid., 99-112. 한스 큉은 이곳에서 유대 기독교인에 대한 역사적 발자취와 신학적 논쟁에 관한 내용을 다룬다.

것처럼 기독교가 아랍 기독교인의 기질이나 정서에 관심이 없었기 때문이라고 볼 수 있다. 기독론이 제대로 정립되기 전 유대 기독교인 영향을 받았던 그들이 헬레니즘적 기독론을 이해하고 받아들이기는 쉽지 않았을 것이다.[46] 이슬람 이전 시기 아라비아에 제대로 번역된 아랍어 성경이 없었다는 것이 결정적 원인을 제공했다.[47]

## 3. 이슬람의 기원과 믿음

우드베리는 무슬림이 믿고 따르는 이슬람의 기원과 형성 과정 그리고 신앙 내용을 기독교적 관점으로 다루었다. 이슬람의 기원과 믿음은 무슬림 신앙의 기초를 이룬다. 무슬림이 믿는 신적 대상, 경전, 교의 등이 이슬람 신앙의 바탕을 이루기 때문이다. 본 연구는 우드베리가 다룬 이슬람의 기원과 믿음을 연구 분석해 간략히 기술한다.[48]

### 1) 하나님과 알라

이슬람은 하나님을 '알라'(Allah)[49]로 표현한다. 이슬람이 사용하는 하나님 명칭 '알라'는 흔히 이슬람만 사용하는 것으로 잘못 아는 경우가

---

46  Ibid., 97.
47  Richard Bell, *The Origin of Islam in Its Christian Environment* (London: Cass, 1968), 17.
48  Woodberry, 14-46.
49  '알라'(Allah)를 기독교에서 말하는 하나님과 동일시할 수 있는가에 대한 신학적 논쟁은 여기서 특별히 다루지 않는다. 이슬람에서 '알라'는 창조주 하나님을 말하며 기독교의 '엘로힘'과 같은 뜻으로 사용한다.

많지만 중동 아랍에서는 이슬람 이전부터 '알라' 호칭을 사용했다. 아라비아에 거주하며 아람어를 사용하던 아랍 기독교인은 이슬람 발생 이전부터 하나님을 '알라'로 불렀다. 무슬림과 기독교인은 창조주 하나님을 경배하고 그분께 예배한다.

기독교와 이슬람이 다루는 하나님에 대한 교리와 신학은 차이가 있다.[50] 이슬람은 알라의 속성을 통상 99가지 이름으로 말한다. 무슬림은 99가지 알라의 이름을 기도 시간과 일상생활을 통해 33염주(Misbahah)로 만들어 돌리며 암송한다.[51] 33염주를 세 번 반복하며 기도할 때 고백하는 알라의 속성은 기독교와 유사한 내용이 많다. 용서와 사랑에 관한 내용은 기독교와 그 본질적 의미가 다르다.

기독교의 하나님과 비교하여 이슬람에서는 알라의 주권과 권능에 더 많은 비중을 둔다. 하나님을 왕이나 아버지 혹은 주권자와 입법자로 보는 점은 기독교와 비슷하다. 알라를 거래자(Trader)로 이해하는 관점은 무역 대상이었던 무함마드의 영향인 것으로 보인다.[52] 이슬람에서 창조는 기독교나 유대교처럼 6일간의 창조를 말하지만, 창조의 내용은 다르다.

예배의식의 기능은 같다. 이슬람의 기도는 "자비롭고 자애로우신 하나님의 이름으로" 기도하지만, 기독교는 "성부와 성자와 성령의 이름으로" 기도한다. 예배 때 기독교는 주기도문을, 이슬람은 꾸란의 첫 장인 개경장(Al-Faatiha)을 사용한다. 무슬림의 신앙 자세는 '인 샤 알라'(In shā' Allāh)와 '이슬람'으로 표현된다. '인 샤 알라'는 아랍어로 "만약 하나

---

50 Woodberry, 14.
51 이슬람에서 사용하는 염주는 초기 중동 기독교인들이 사용하던 것을 이슬람에서 차용했다.
52 Woodberry, 14, 15.

님의 뜻이라면"의 의미고, 야고보서 4:15의 내용("주의 뜻이면")과 비슷하다. '이슬람'은 '복종'을 의미하는 꾸란 3:18/19의 기록이고, 야고보서 4:7(너희는 하나님께 복종할지어다)과 비슷하다.[53]

이슬람이 가장 오해하는 부분은 삼위일체다. 꾸란 5:116은 알라, 예수, 마리아를 삼위일체로 기록하고 삼위일체를 세 신으로 오해했다. 삼위일체를 오해하고 왜곡하게 된 이유는 이슬람 이전 아라비아에서 일어났던 초기 기독교 이단 사상 "컬리리디아니즘"(Collyridianism)[54]의 영향이 크다. 무슬림과 대화하는 초기 단계에 그들에게 가장 민감한 삼위일체 주제는 가능한 한 피하는 것이 좋다. 만약 피할 수 없는 상황이 생기면 양쪽 모두 받아들일 수 있는 내용으로 출발하는 것이 좋다.[55]

우드베리는 무슬림에게 복음을 전할 때 기독교의 삼위일체를 다음과 같이 설명한다.

> 우리는 하나님을 신령과 진정으로 바르게 예배하기 원한다. 하나님은 성육신에 대해 약속(요 14:9)을 하셨다. 그 약속은 성령의 보증(요 16:13)으로 확증된다.

그는 이와 같은 내용을 쉐마로 인용해 그리스도 안에 계신 하나님, 성령의 강림과 능력을 설명했다. 그는 다음과 같은 예화를 사용했다.
"하나의 생명체는 가장 단순한 아메바, 더 복잡한 단계의 동물, 그것보다 더 상위 단계인 인간, 마지막에는 신과 같은 최고의 단계가 있다."

---

53　Ibid., 15.
54　컬리리디아니즘(Collyridianism)은 초기 기독교 이단 운동이다. 이슬람 이전 아라비아에서 예수의 어머니 마리아를 여신으로 숭배했던 이단 사상이다.
55　Woodberry, 15.

우드베리는 못하실 일이 없는 전능하신 하나님이, 최고의 단계로 하나님을 계시하신 것이 삼위일체라고 무슬림에게 설명한다.[56]

2) 선지자

이슬람과 꾸란에서 말하는 선지자는 성경과 기독교에서 말하는 선지자 개념과 내용상 차이가 있다. 다음은 이슬람과 기독교에서 말하는 선지자 내용을 다룬다.

(1) 초기시대
이슬람은 모든 시대마다 선지자가 있었다고 믿는다. 첫 번째 선지자는 아담이다. 그 후로 노아, 야곱, 요셉, 모세, 사울, 다윗, 솔로몬, 엘리야, 요나, 욥 같은 구약 인물을 선지자로 인정한다. 신약성경에 나오는 인물은 마리아, 사가랴, 세례 요한 등을 선지자로 포함한다. 꾸란은 성경 인물과 더불어 로마 황제 시대와 또 이솝 우화에 나오는 아랍인까지 수백 명을 선지자로 여긴다.[57]

(2) 예수
꾸란은 선지자 예수를 다른 선지자와 달리 무려 5배 이상 자주 언급한다. 꾸란에서 예수를 언급하는 내용 가운데 성경에 나오는 내용은 예수의 탄생, 유년기, 예언, 성찬 등에 관한 것이다. 예수와 관련된 기록 내

---

56 Ibid. 삼위일체와 관련된 설명과 신학적 내용은 본 논문의 주제가 아니므로 이곳에서는 다루지 않는다.
57 Ibid., 16-18. 이슬람에서 말하는 선지자는 정경, 외경, 비성경적 인물도 있는데 이들에 관한 자세한 내용은 여기에 기술하지 않는다.

용은 다음과 같다.

① 진리에 대해 진술(요 14:6; 꾸란 19:34/35)

② 말씀(요 1:1, 14; 꾸란 10:19/20)

③ 사도(히 3:1; 꾸란 4:171, 169)

④ 표적(눅 2:34; 꾸란 19:21)

⑤ 기적(눅 7:21, 22; 꾸란 3:49/43)

⑥ 영(눅 4:18; 꾸란 4:171/169)

⑦ 완전무결(히 4:15; 꾸란 19:19)

⑧ 하나님의 종(빌 2:7; 꾸란 19:31/30)

예수의 죽음과 부활에 관한 내용은 상당이 중요하다. 꾸란에는 19:34/35과 4:156/157-158에 나온다. 이슬람은 여러 가지 가설적 해석을 사용해 예수의 죽음을 설명한다. 중요한 해석은 다음과 같다.

**첫째**, 예수의 죽음은 오직 그의 육신만 죽은 것이지 영혼은 죽지 않았다.

**둘째**, 유대인은 예수를 죽였다고 생각했지만, 오직 하나님만이 생명을 죽이고 살리는 능력을 가지고 있다.

**셋째**, 전통적인 무슬림 해석은 예수의 십자가형과 죽음을 받아들인다.

### (3) 무함마드

이슬람은 무함마드를 알라가 세상에 보낸 마지막 선지자라고 믿는다. 무함마드에 대한 더 자세한 내용은 다음 주제에서 다룬다.

### 3) 무함마드

무슬림은 알라가 이 세상에 보낸 마지막 선지자가 무함마드 (Muhammad)며 그를 가장 위대한 사도라고 믿는다. 무슬림은 무함마드를 "한 사람 안에 모든 덕목들이 조합된 가장 위대한 본보기"[58]로 생각한다. 그들은 가능한 한 무함마드의 삶을 모방하고 따르고자 하며 그를 선지자 이상의 존재로 여긴다. 무함마드는 모든 무슬림의 삶을 지배하는 절대적 존재다.[59]

#### (1) 무함마드의 생애

무함마드는 AD 570년경 중서부 아라비아 메카에 거주했던 쿠라이쉬 부족 하심 가문에서 출생했다. 쿠라이쉬(Quraish) 부족은 용맹한 전사보다 상인이 많았으며 특히 카바신전을 관리했다. 무함마드의 아버지 압둘라(Abdullah)는 무함마드가 태어나기 전에 죽었고 그는 부족 관습을 따라 유모 할리마(Halima)의 손에 자랐다. 무함마드가 6세쯤 되었을 때 어머니 아미나(Aminah)마저 병으로 세상을 떠났고 그는 조부와 함께 살았다. 조부마저 그가 8세 때 세상을 떠나자 뒤를 이어 삼촌 아부탈립(Abu Talib)이 그를 양육했다. 무함마드는 어린 시절 가난한 삼촌과 살며 고향 메카에서 양치기 목동으로 살았다. 그 당시 이는 노예들이 주로 하는 일이었다.

---

58 Andreas Maurer, 『무슬림 전도학 개론』, 전병희, 이승준 역 (서울: 기독교문서선교회, 2011), 41.

59 무함마드 전기는 학자에 따라 약간의 차이가 있다. 우드베리는 Montgomery Watt, Kenneth Cragg, A. Guillaume, Tor Andrae, John B. Glubb 등 여러 학자의 전기를 사용했다. 필자는 후대 학자의 연구 내용을 첨부해 각 주제의 내용을 업데이트했다.

무함마드는 청년 시절에 삼촌 소개로 쿠라이쉬 부족에 상당한 영향력을 가진 부자 과부 카디자(Khadija)의 상단에 고용됐다. 그는 얼마 후 그녀의 대상무역 책임자가 되었다. 무함마드는 대상 업무를 성공적으로 수행했고 이로 인해 AD 595년 25세 때 자신보다 15살 연상이던 카디자의 청혼을 받아 결혼했다. 그들 결혼식은 에비온파 사제로 메카에서 가장 큰 교회를 맡았던 카디자의 사촌, 이븐 와라카 나우팔(Waraqua bin Naufal)의 설득과 주례로 이루어졌다. 와라카는 메카의 중요한 종교지도자 가운데 한 명으로 이들 부부에게 많은 영향을 끼쳤다. 카디자 역시 에비온파 교인으로 추정한다.[60]

무함마드는 첫 부인 카디자와 25년간 풍요롭고 행복한 결혼 생활을 누리며 두 아들과 네 딸을 낳았다. 두 아들은 유아기에 사망했고 막내딸 파티마를 제외한 나머지 자녀도 일찍 죽었다. 무함마드는 자주 간질 발작을 했다. 이슬람은 이런 현상을 계시의 동반 현상으로 설명한다. 홀로 사막을 떠돌며 기도와 명상 시간을 가지던 무함마드는 40세가 되던 해 어느 날 메카 근처 히라(Hira)동굴에서 누군가 자신에게 말을 시키는 환상을 보았다. 그는 두려움에 떨었고 이런 경험을 통해 무함마드는 알라의 메시지를 계시받았다.[61]

무함마드의 메시지를 알라의 계시로 처음 받아들인 사람은 부인 카디자였다. 그 후 열 살 정도 된 사촌 알리, 메카에 노예로 끌려왔던 가솔 자이드(Zayd), 무함마드보다 두 살 어렸지만 오랜 친구였다가 나중에 장인이 된 아부 바크르(Abu Bakr)가 그의 메시지를 받아들였다.[62] 아부 바크르는 유능한 이슬람 전도자였다. 그로 인해 알-아르캄을 포함해

---

60  Mark A. Gabriel, 『예수와 무함마드』, 이용중 역 (서울: 지식과사랑사, 2009), 50.
61  Abdel-Samad, 232-39. 쿠란 기원에 대한 더 구체적인 내용은 이곳을 보라.
62  W. Montgomery Watt, *Muhammad* (London: Oxford Univ. Press, 1961), 35, 36.

25명의 개종자가 생겼다. 무함마드 삼촌 아부 탈립은 무함마드를 박해하던 메카의 친인척으로부터 조카를 보호하려고 애썼다. 하지만 아부 탈립은 조카의 메시지를 받아들이지 않았다. 초기 무함마드의 메시지를 받아들인 사람은 대부분 메카의 가난한 약자들이었다.

무함마드는 예언자의 삶을 시작했다. 예언자 초기 시절, 그는 처음에 자기 가족에게만 메시지를 전했다. 공개적인 메시지 전파는 3년 후에 시작되었다. 자신이 속한 쿠라이쉬 부족은 무함마드의 메시지를 거부했다. 쿠라이쉬 부족은 메카로 오는 순례객이 주요 수입원이었기 때문에 그들이 일신교를 택하면 부족 수입에 절대적 타격을 입게 되므로 그들 중 부유한 자들의 반기가 더욱 심했다. 이런 이유로 무함마드와 무슬림은 친인척이었던 자기 부족으로부터 엄청난 무시와 배척을 당했다. 그들은 사회와 경제적 거래까지 단절되어 메카에서 도저히 생존할 수 없는 상황에 직면했다. 5년째 되던 해 상당히 많은 그의 추종자들이 결국 에티오피아로 망명했다.[63]

무함마드가 49세(AD 619)쯤 되었을 때 가장 든든했던 지원자, 부인 카디자와 그의 삼촌 아부 탈립마저 세상을 떠났다.[64] 무함마드는 가장 어려운 상황에 놓였을 때 그들마저 세상을 떠나자 그는 마침내 메카를 떠나 메니나로 이주했다. 그는 그곳에서 가장 충성스러운 추종자 아부 바크르의 여섯 살 된 딸 아이샤(Aisha)와 혼인을 했다. 무함마드는 첫 번째 부인 카디자를 보내고 모두 12명의 아내를 더 맞아들였다.[65]

---

63  Woodberry, 20.

64  Kecia Ali, *The Lives of Muhammad* (Cambridge, Massachusetts: Harvard University Press, 2014), 6, 7. 무함마드의 전기는 이곳을 보라.

65  Gabriel, 『예수와 무함마드』, 234-41. 무함마드의 아내들과 그의 여자들에 관한 자세한 내용은 이곳을 보라.

무함마드는 홀로 남은 막내딸 파티마(Fatima)를 가장 아끼고 사랑했다. 무함마드는 자신을 양육한 삼촌의 경제적 어려움을 돕기 위해 삼촌의 아들, 알리 이븐 아비 탈립(Ali Ibn Abi Talib)을 자신의 집에 고용했다. 그는 자신이 가장 사랑하고 아꼈던 막내딸 파티마를 그와 결혼시켜 자신의 사위로 삼았다. 알리는 무함마드 사후 제4대 후계자가 되었고 두 아들 하산과 후세인을 두었다.

(2) 헤지라와 메디나

헤지라(Hijra)는 아랍어로 "이탈" 혹은 "이주"라는 뜻이다. AD 622년 이슬람 전파로 인해 자기 부족에게 핍박을 받던 무함마드는 부족 간 내전으로 조정자를 찾던 메디나 지도자의 초청을 받고 메카를 떠나 추종자들과 함께 메디나(Medina)로 이주했다.[66] 그들은 메디나에서 메카 무슬림과 메디나 무슬림이 함께 아우러지는 새로운 이슬람 신앙 공동체(움마)를 시작했다. 이슬람은 이 사건을 "헤지라"로 부른다. 이슬람은 헤지라를 이슬람의 시작으로 보고 이슬람력의 기원으로 정했다.[67]

무함마드는 처음에 약 200명 추종자의 영적 지도자로 그들과 함께 메디나에 이주했다. 메카와 달리 "메디나에서는 몇 명 안 되는 사람들이었지만 그를 환영해 주었고 무함마드는 더 많은 사람들을 개종시키는 일에 박차를 가했다."[68] 무함마드는 내전으로 갈등 관계에 있던 두 부족 문제를 처리했고 메디나에서 자신의 입지를 견고히 다졌다. 그는

---

66  메디나의 경제적 실권은 유대인 부족이 가지고 있었다. 당시 갈등 관계에 있던 두 아랍 부족 지도자는 알라의 사도요 또 메디나 사람이 아닌 메카 부족 이주민 무함마드가 자기들의 갈등을 중립적 입장에서 잘 해결해 줄 것으로 생각했다. 그들이 무함마드의 이주를 환영했다.
67  Woodberry, 21.
68  Gabriel,『이슬람과 유대인 그 끝나지 않은 전쟁』, 111.

더 많은 사람을 이슬람으로 개종시켰고 주변 지역 아랍인과 특히 메디나에서 가장 유력했던 유대인 공동체를 추방했다.[69]

메디나로 이주한 무함마드는 메카의 무역 상단을 공격하려고 했다. 이 사실이 알려지면서 메카 사람은 무함마드를 처벌하기 원했다. 이것이 발단이 되어 결국 메카 부족이 무함마드 진영으로 진군했다. 624년 두 진영은 바드르(Badr)계곡에서 마주쳤다. 전쟁에서 324명의 무함마드 군대가 950명의 메카 군대를 상대로 대승을 거두었다. 이 승리로 인해 알라의 사도로 불리던 무함마드는 "예언자"적 위치를 얻었다.[70]

무함마드는 이후에도 625년 우후드(Uhud)전투, 625년 아흐잡(Ahjab)전투 등 여러 차례 전투를 치렀다. 전쟁의 승리를 통해 이슬람은 알라가 보호하는 종교로 아라비아에 알려지고 무함마드는 아라비아에서 강력한 신앙 공동체의 종교 지도자로 부상했다. 그는 메디나로 이주한 다음 메카의 실패를 딛고 성공을 거두었다. 그가 성공한 원인을 권력, 부, 알라의 권위가 함께 어우러졌기 때문이라고 말한다.[71]

(3) 계시

꾸란은 이슬람의 신앙 근간을 이루는 이슬람의 경전이다. 무슬림은 꾸란을 알라의 메시지로 믿는다. 이 메시지는 무함마드를 통해 전달되었다. 무슬림은 꾸란을 "계시 경전"으로 받아들인다. 꾸란은 무슬림의 삶과 신앙의 모든 기준이다. 꾸란은 어원상 "읽는 것," "암송하는 것,"

---

69　Ibid., 154-68. 무함마드가 유대인 공동체를 추방한 사건에 관한 자세한 내용은 이곳을 보라.
70　꾸란에서 무함마드를 예언자로 처음 언급한 곳은 바르드 전투에 관해 기록된 꾸란 8장의 계시에 나온다.
71　Woodberry, 21.

읽을 "텍스트"를 뜻한다. 꾸란이 전달하는 중요한 메시지는 "알라는 한 분(tawhid)이다," "인간은 내세(ma'ad)에 대한 책임이 있다," "무함마드는 예언자(nubuwah)다"라는 내용이다.[72]

무함마드가 처음 계시를 받은 것은 AD 610년 그의 나이 40세 되던 해다. 그는 이슬람력으로 거룩한 달 라마단 기간에 계시를 받았다. 무함마드는 메카에서 5km 정도 떨어진 히라동굴에서 묵상을 하고 있었다. 그때 동굴에서 갑자기 환상을 보았다. 그는 자신이 본 존재를 처음에는 영광스러운 하나님 내지는 초자연적인 최고의 신으로 생각했다. 그는 나중에 자기가 본 존재를 천사 가브리엘로 규정했다.

무함마드가 내린 결론은 그가 유대인에게 받은 가르침을 통해 하나님은 볼 수 없는 존재라는 사실을 알았기 때문으로 보인다.[73] 그 당시 유대 기독교 분파였던 에비온파에 익숙했던 무함마드의 부인 카디자는 이스라엘 백성에게 보낸 선지자에 대해 들은 적이 있었다. 카디자는 무함마드가 본 환상이 천사 가브리엘이라고 무함마드에게 확신시켰다.[74]

무함마드에게 계시된 쿠란의 처음 메시지는 다음과 같다.

> 읽어라 창조주이신 주님의 이름으로,
> 들러붙은(응혈된) 것에서 인간을 창조하신 분이다.
> 읽어라 네 주님은 가장 고귀하시며,
> 펜으로 가르치신 분이고,
> 인간이 알지 못하는 것을 가르치신 분이다.

---

72　공일주,『꾸란의 이해』(서울: 한국외국어대학교출판부, 2010), 3.
73　Watt, 15.
74　Woodberry, 22.

이것은 꾸란 96:1-5에 기록되어 있는 내용이다.[75] 천사 가브리엘이 전달한 알라의 메시지 쿠란은 개경장으로 시작한다. 무슬림은 매일 하루 5번씩 드리는 기도 시간에 꾸란 첫 장을 낭송한다. 꾸란은 개경장을 시작으로 총 114장(수라) 6,342절(아야)로 이루어졌다. 그 분량은 신약성경 3분의 2 정도의 분량이다.

(4) 무함마드의 성품

무함마드 초기 그는 성실한 성품의 소유자로 보였다. 그의 일생을 연구한 많은 학자는 무함마드의 성격이 일관되지 않고 이상스러울 만큼 혼란스러우며 복잡하다고 한다. 특히 헤지라 전후, 첫 번째 부인 카디자 사후 그의 삶은 예전과 상당히 다른 모습을 보였다. 그는 윤리와 인도주의를 외치는 메카의 설교자, 어떤 때는 잔혹한 메디나의 무장(武將), 혹은 동정과 용서를 독려한 자비로운 사람 등 다양한 성격을 보였다. 무함마드 삶에 나타나는 이중적 성품을 단순히 선악이나 흑백 같은 이분법으로 설명하기는 어렵다.[76]

(5) 무함마드의 말년

새로운 권력의 경지에 오른 무함마드의 말년 모습은 초기의 모습과 상당히 달랐다. 그의 달라진 모습은 일상생활뿐만 아니라 이슬람을 반대했던 세력과 알라에게 전달받은 메시지에까지 그대로 반영되었다. 권력을 잡은 무함마드는 무역 대상을 습격하고 약탈했다. 그는 자신의 메시지를 조롱하던 유대인과 반대 세력을 공격했다. 그는 이들 반대 세

---

75 W. Montgomery Watt, *Muhammad's Mecca* (Edinburgh: Edinburgh University Press, 1988), 54, 55.
76 Abdel-Samad, 프롤로그. 무함마드의 이중적 성품을 다루는 이곳을 보라.

력을 무참히 죽이는 일을 서슴지 않았다. 일상생활에서도 성실하고 온유한 초기 예언자의 모습은 사라졌다.

무함마드의 달라진 모습은 결혼 생활에도 나타났다. 그는 첫 번째 부인 카디자의 죽음 후 12명의 부인을 거느렸다. 아랍 무슬림 과부, 유대인, 콥틱 기독교인, 양아들의 부인이었던 며느리, 어린 소녀까지 아내로 삼았다. 공식적인 부인을 제외하고 전쟁 포로로 잡혀 무함마드가 자기 마음대로 할 수 있는 여자 노예도 있었다. 이슬람 역사는 그가 소유한 여자 노예 숫자만 23명이었다고 기록한다.[77]

### (6) 무함마드의 자화상

무함마드는 꾸란을 통해 자기가 하나님께 용서받아야 할 존재라고 사람들에게 말했다. 그는 자신을 불완전한 죄인으로 보았다. 그는 자신이 누군가의 잘못을 용서하거나 알라를 설득해 용서받게 할 수 있는 능력이 없다고 정의했다. 무함마드는 오직 알라만이 죄를 용서할 권세가 있다고 쿠란과 하디스를 통해 선언했다.[78] 하지만 무함마드의 선언과 상관없이 현대 무슬림은 무함마드를 죄 없는 인간으로 생각한다. 그렇기 때문에 무슬림 대상 전도자는 무함마드의 인간적 결함을 공격해서는 안된다. 그것은 무슬림이 인간 무함마드를 객관적으로 볼 수 있도록 도와주는 것이 아니라 오히려 역효과를 초래할 수 있기 때문이다.[79]

### (7) 유대인과의 관계

무함마드는 이슬람 초기에 아브라함의 유일한 진리를 설파했다. 그

---

77 Gabriel, 『예수와 무함마드』, 234-41.
78 Ibid., 117-18.
79 Woodberry, 23.

는 유대교에 호의적이며 기도할 때도 유대교 관행을 따라 예루살렘을 향해 기도했다. 꾸란은 이슬람을 아브라함의 종교라 표현했다.

"당신들의 선지자들은 곧 이슬람의 선지자였고, 당신들의 신은 이슬람의 신과 똑 같은 분이시다."[80]

처음에는 유대인도 무함마드를 그냥 지켜보기만 했다. 나중에는 그의 예언이 성경 이야기와 비슷하지만 여러 가지 모순된 내용과 일관성 없는 예언이었기 때문에 결국 그를 조롱하며 무시했다.[81]

무함마드도 처음에는 유대인에게 호의적이었다. 그는 유대인이 자신에게 등을 돌리자 태도를 돌이켜 유대인을 비난했다. 아브라함은 유대인도 기독교인도 아니라고 주장했다. 그는 유대인이 선지자를 죽이고 성경을 변조했다고 말했다. 그러면서 유대인에게 공격적인 자세를 취했고 유대인이 이슬람의 최대 적이라고 말했다. 무함마드는 결국 유대인 부족을 공격했고 그들을 학살해 아라비아반도에서 유대인을 모두 내쫓았다. 나중에는 예루살렘을 향하던 기도 방향도 예루살렘에서 메카로 수정했다.[82]

### (8) 기독교인과의 관계

무함마드는 처음에 자기가 받은 계시를 유대인이나 기독교인이 받은 것과 유사한 것으로 믿었다. 그래서 그는 자신이 받은 예언과 메시지 때문에 메카에서 핍박을 받았을 때 추종자들을 에티오피아로 이주

---

80  Gabriel, 『이슬람과 유대인 그 끝나지 않은 전쟁』, 72.
81  꾸란은 약 15%가 성경 구약 내용이다. 성경에서 인용한 내용은 성경과 다르고 부정확한 경우가 많다. 예를 들면 예수 모친 마리아도 모세 누이 미리암과 혼돈해 사용했다. 이는 무함마드 예언이 문서 자료가 아닌 구전 자료에 기인한 때문으로 보인다.
82  Woodberry, 23, 24.

시켰다. 기독교 국가였던 에티오피아 국왕은 이들을 보호하고 도와주었다. 이로 인해 무함마드는 이슬람 초기에 기독교인과 우호적 관계를 가졌다.

에티오피아 국왕은 아라비아에서 강력한 기독교 세력을 가진 나즈란 기독교인이 자신들의 교회에서 자유롭게 예배드릴 수 있도록 허락했다. 그는 칙서를 통해 이러한 권리를 부여했다.[83] 무함마드가 내린 칙서는 '예언자가 허락한 자유를 부인하면 그의 강령을 부인함과 같다'는 내용을 담고 있다.[84]

### (9) 무함마드 숭배

이슬람은 알라의 마지막 선지자가 무함마드라고 말한다. 이슬람 경전 꾸란이 그를 알라의 마지막 예언자로 칭했다. 무함마드는 자신이 죄인이라고 고백했지만, 무슬림은 그를 가장 이상적 인간상으로 여겼다. 무슬림은 무함마드를 인간 이상으로 경외하고 숭배한다. 그들은 그가 완전한 삶을 살았다고 믿는다. 모든 우주가 그를 위해 지음받았고, 그의 아래 있으며, 천사마저도 그의 아래 있다고 생각한다. 무함마드의 말은 창조적 능력을 가졌고 그는 이 세상의 생명이라고 말한다.[85]

무슬림은 자신들이 숭배하는 예언자 무함마드의 생일 축제가 행복한 모든 축제의 원천이 된다고 믿는다. 그들은 예언자 탄생을 기리는 '마울리드 알-나비'(Maulid al-Nabi)를 가장 중요한 축제일로 여긴다. 무슬림은 모든 기적이 무함마드를 흉내 낸 것에 지나지 않는다고 믿는다. 기독교는 하나님께서 인간이 되신 성육신을 이야기한다. 민속 이슬람

---

83 W. Montgomery Watt, *Muhammad at Medina* (Karachi: New York: 1981), 359-60.
84 Woodberry, 24, 25. 무함마드가 내린 강령 내용은 이곳을 보라.
85 Ibid., 25, 26.

은 인간이 하나님이 된 것처럼 무함마드를 신격화한다.[86]

### 4) 경전

이슬람이 인정하는 경전의 종류와 핵심 내용은 다음과 같다. 전 세계 모든 무슬림은 알라가 선지자 무함마드를 통해 그의 마지막 메시지를 전달했다고 믿는다. 그들은 알라가 계시를 통해 무함마드에게 직접 전달한 예언을 기록한 예언서가 꾸란이라고 믿는다. 이슬람은 꾸란과 더불어 무함마드 이전에 계시된 다른 자료도 알라의 예언서로 인정한다. 우드베리는 특별히 무슬림 전도에 필요한 꾸란 내용과 주제를 그의 이슬람 개론에서 다룬다. 여기서는 무슬림 전도에 있어 경전과 관련된 내용만 요약해 기술한다.

### (1) 성경

꾸란의 많은 구절은 성경이 하나님 말씀인 것을 증거한다. 꾸란은 무슬림도 기독교인의 성경을 믿으라(꾸란 3:78/84)고 말한다. 꾸란은 기독교인이 사용하는 성경이 하나님 말씀이기에 하나님의 보호를 받으므로 절대 변하지 않는다(꾸란 5:52/48, 6:34)고 기록한다. 하지만 이슬람은 하나님 말씀인 성경에 문제가 있다고 주장한다.

이슬람과 많은 무슬림은 기독교 성경이 변질되었다고 주장한다. 꾸란은 유대인과 기독교인이 오류가 있는 성경을 가졌다고 비난하지 않는다. 그 대신 이슬람은 유대인과 기독교인이 사용하는 성경 변질의 이유를 다음과 같이 설명한다.

---

86 Ibid.

**첫째**, 유대교와 기독교는 성경 원전을 감추고 있다(꾸란 2:141/146)고 비난한다.

**둘째**, 성경을 구전적으로 변질시켰다(꾸란 2:70/75)고 주장한다.

**셋째**, 무함마드에게 성경을 팔기 위해 약간 수정해 오류가 있는 성경을 제작했다(꾸란 2:73/79)고 주장한다.[87]

(2) 꾸란

전통적 이슬람 관점에서 꾸란의 내용은 계시가 오면 그것을 즉시 외워 기록한 것이다. 꾸란은 천사 가브리엘이 매년 비교하며 확인한 내용이다. 꾸란은 성경과 달리 시대 별로 구성되지 않았다. 꾸란은 예언의 길이에 따라 장 순서를 배치했다. 전반부는 긴 구절이, 짧은 장은 후반부에 배열되었다.

꾸란의 계시는 크게 두 종류로 분류한다. 무함마드가 메카에서 받은 계시를 '메카 장'(AD 610-622)이라 하고 메디나로 이주한 다음 받은 계시를 '메디나 장'(AD 622-632)이라 부른다. 무함마드는 처음 계시를 받은 다음부터 죽을 때까지 23년에 걸쳐 간헐적으로 계시를 받았다.[88]

꾸란의 기록은 무함마드 사후 2년 뒤 처음 시작했다. 무함마드 사후 첫 번째 후계자 아부 바크르는 야마마전투에 참여한 많은 꾸람 암송자가 전사하자 위기의식을 느꼈다. 그는 무함마드의 서기 가운데 자이드 이븐 타빗(Zaid ibn Thabit)에게 꾸란을 편집하게 했다. 두 번째 후계자 오스만은 꾸란을 다시 편집했고 다른 필사본은 모두 불태워 없앴다. 오스만은 새롭게 편집한 꾸란을 정본으로 정한 다음, AD 651년 이슬람 주

---

87  Ibid., 27.
88  Ibid., 28.

요 도시들에 보급했다.[89] 꾸란의 정경화 과정에 나타나는 역사적 자료에 의하면 꾸란 원본의 정확도는 증명할 수 없다는 것이 사실이다.[90]

(3) 다른 경전

이슬람은 무함마드 이전 시대의 선지자들이 받은 다른 경전 또한 알라의 예언으로 받아들인다. 이슬람이 인정하는 다른 경전은 토라(Torah)라 불리며 무사(모세)에게 주어진 모세 오경, 다우드(다윗)에게 주어진 시편(Zabur), 예수(이사)에게 주어진 복음서(Injil)를 포함한다(꾸란 3:81). 꾸란은 이들 경전이 모두 알라의 예언에 포함된다고 믿는다.[91]

(4) 다른 자료

이슬람 학자들은 꾸란의 원본이 천상에 있다고 주장한다. 하지만 꾸란 내용을 분석하면 상당 부분이 유대인과 초기 기독교 분파의 구전 내용이다. 그런 대표적 내용은 꾸란 18장에 나오는 에베소의 칠인 숙침 이야기 같은 것이다.[92] 이 밖에도 꾸란 초기 기록에는 아랍 점장이나 예언자가 사용했던 형태의 기록도 있다.[93]

---

89 손주영, "무슬림의 경전관과 신의 말씀, 꾸란," 「중동연구」 27 No. 2, 1-37, No. 2008 (2.4.2017): 7. file:///C:/Users/kim/Downloads/2008_27_2_00.pdf.

90 Arthur Jeffery, "The Textual History of the Qur'an"(1952). Accessed Feb. 9, 2017, http://answering-islam.org/Books/Jeffery/thq.htm. 꾸란 형성 과정의 자세한 내용은 이곳을 보라.

91 Woodberry, 28, 29.

92 '에베소 칠인 숙침 이야기'는 로마가 기독교를 국교로 받아들이기 훨씬 전 데시우스(Decius) 황제 시절(AD 249-251) 로마의 박해를 피해 도망가던 7명의 젊은 기독교인 이야기다. 그들은 로마군 추적을 피해 암만 남동쪽을 지나가다 동굴을 발견하고 안에 들어가 잠시 쉬는 동안 잠이 들었다. 그들이 잠에서 깨어났을 때 바깥은 벌써 200년 이상의 세월이 흘러갔다는 전설적 이야기다. 꾸란에는 18장에 이 이야기가 기록되어 있는데 309년 동안 잠을 잔 것으로 기록되어 있다.

93 Woodberry, 29.

### (5) 무슬림 전도를 위한 꾸란 인용

무슬림에게 전도하기 위해 기독교인은 꾸란을 사용할 수 있다. 구약이나 신약 저자들도 이방 종교의 내용을 인용했다.[94] 특별히 이런 내용에 관해 우드베리는 콜린 채프먼(Colin Chapman)의 성경적 지침서를 인용한다.[95]

### (6) 꾸란의 여성

꾸란은 여성을 남성과 달리 다룬다. 꾸란에서 여성에 대한 태도는 남성에 대한 그것과 차이가 있다. 꾸란은 남성이 여성에 대한 권위를 가진다(꾸란 4:34/38)고 한다. 여자도 남자와 같은 권리를 갖기는 하지만 남자보다 낮은 위치에 있으며(꾸란 2:228), 서로 복종하라(꾸란 33:35)고 말한다. 꾸란은 여자의 체벌까지 허락한다.[96] 이슬람 세계에 사는 현대 무슬림 여성이 느끼는 위치와 정체성은 『천국에도 그 여자의 자리는 없다』[97]라는 중동 문인의 작품 속에 잘 표현되어 있다.[98]

### (7) 결혼

꾸란은 남자가 원하고 또 할 수 있는 능력 범위에서 4명까지 아내

---

94 무슬림 전도에 성경 외 자료를 사용하는 것에 대해 많은 신학적 논쟁이 있다. 특별히 꾸란과 성경 용어의 신학적 해석 때문에 일어나는 논쟁이다. 이곳에서 우드베리가 주장하는 내용은 그의 선교이론을 통해 바르게 이해할 수 있다.
95 Woodberry, 29-31. 성경을 기초로 무슬림에게 복음 전하는 방법의 최근 내용은 존 길크리스트의 저서 『무슬림에게 복음 전하기』를 살펴보라.
96 Gabriel, 『예수와 무함마드』, 221-27. 꾸란에 나오는 여성에 대한 태도의 자세한 내용은 이곳을 보라.
97 나왈 알싸으다위, 『천국에도 그 여자의 자리는 없다』, 문애희 역 (서울: 열린책들, 2004).
98 Woodberry, 31.

를 둘 수 있도록(꾸란 4:3) 기록하고 있다. 하지만 직계 가족의 혼인은 금한다(꾸란 4:22/26). 결혼하는 대상의 종교도 제약이 있다. 남자는 유대인이나 기독교 여인과 결혼할 수 있지만, 여자는 허락하지 않는다(꾸란 5:5/7). 이혼은 전적으로 남자의 결정에 달려있다. 남자가 이혼하겠다고 세 번 말하면 아내와 이혼할 수 있다. 하지만 여자는 자신이 먼저 이혼하거나 이혼을 막을 수 없다. 부부관계에서도 남편은 아내를 벌할 자유를 가지고 있다. 여자는 남편과의 잠자리를 거부할 경우 저주를 받는다.[99]

### (8) 바나바복음서

이슬람은 바나바서란 경전을 복음서로 받아들인다. 이슬람은 바나바서만 변질되지 않은 참 복음서라고 생각한다. 이슬람은 이 바나바서가 AD 1세기 사도 바나바에 의해 기록되었다고 주장한다. 이 복음서는 네덜란드에서 1709년 처음 발견되었는데 이슬람을 변증하기 위한 목적으로 무슬림이 기록한 것으로 보인다. 바나바복음서는 그리스도가 하나님의 아들이 아니라는 것과 십자가의 죽음이 사실이 아니며 예수는 무함마드가 오는 것을 준비하는 자로 암시하고 있다.[100]

## 5) 죄와 속죄 방법

이슬람은 인간이 원죄가 없는, 도덕적으로 중립적인 피조물로 생각한다. 원죄 개념이 없기에 타락한 원죄에서 인간이 용서받을 수 있는 속

---

99  Ibid., 32-34. 결혼에 관한 자세한 내용은 이곳을 보라.
100  Maurer, 213-20. 바나바서에 관한 내용은 이곳을 보라.

죄와 구원 방법에 있어 기독교와 차이가 있다. 이슬람은 모든 인간이 순수하고 자유롭게 태어난다고 본다. 그들은 인간이 죄로 인해 하나님과 분리되었다는 기독교 세계관과 다른 세계관을 갖고 있다. 무슬림에게 죄는 하나님과의 관계에 변화를 주지 않으며 오직 자신의 영혼에 해를 끼치는 것이다.[101]

이슬람에서 죄는 양심의 문제가 아니라 행위와 관련 있다. 무슬림은 공동체가 요구하는 법을 어기는 행동(haram)을 하지 않는 지혜(shatir)가 필요하다. 무슬림 공동체가 허락한 행동(halal)을 하지 않아 모욕을 당하게 되는 수치심이 정직이나 진리보다 더 중요하다. 무슬림은 수치(shame)를 서구인이 가지는 죄의식보다 훨씬 더 깊이 있는 무게감으로 느낀다. 이슬람은 공동체로부터 존경(honor)받을 수 있는 바른 인도(right guidance)를 구하는 것이 가장 중요한 속죄 방법이다.[102]

기독교가 사용하는 '구원'이라는 단어가 꾸란에는 없다. 꾸란은 '성공'이나 '행복한 결과'를 이와 같은 의미로 사용한다. 이슬람은 죄지은 인간이 스스로 참회와 회개를 통해 하나님께 용서를 구함으로 구원을 받는다고 가르친다. 자신의 노력과 선한 행위를 통해 심판의 저울이 선한 행위 쪽으로 더 무겁게 내려가는 자는 행복을 찾을 수 있다고 믿는다(꾸란 23:102-103).[103]

### 6) 종말론

이슬람은 종말의 예언적 징조를 다룬다. 종말에는 지진이 나서 지구

---

101 Ibid., 200-05. 이슬람의 원죄와 구원에 관한 내용은 이곳을 보라.
102 Woodberry, 37-42.
103 Ibid., 42, 43.

가 흔들리고 별이 떨어지며 하늘이 흔들린다고 말한다. 꾸란은 종말에 부활의 날이 있다고 기록한다. 이슬람의 종말론은 죽음과 부활을 포함한다. 종말에는 선악을 판단하는 저울이 구원을 결정하며 천국과 지옥이 있다고 믿는다. 이슬람의 종말론은 유대교, 초기 기독교, 조로아스터교의 종말론이 혼합된 형태를 갖고 있다.[104]

## 4. 종교적 관행과 예식

무슬림은 알라를 기쁘게 하기 위한 순종의 표현으로 종교적 관행과 예식을 통해 자신의 믿음과 신앙을 실행한다. 여기서는 "이슬람의 기둥"이라 불리는 무슬림의 5가지 의무와 무슬림이 일상생활 가운데 종교적 관행으로 실행하는 여러 가지 이슬람 문화의 종교 축제와 예식을 요약해 기술한다.

### 1) 신앙고백

신앙고백(Shahada) 이슬람 "종교 공동체의 신앙을 구성하는 가장 근본적인 요소."[105] 이슬람의 신앙고백은 "알라 외에 다른 신은 없으며 무함마드는 알라의 선지자다"라는 내용이다. 샤하다는 이슬람 입문에 있어 가장 중요한 부분이다. 무슬림이 되려면 신앙고백 '샤하다'(Shahada)를 두 명 이상의 증인 앞에서 고백해야 한다. 샤하다는 출

---

104 Ibid., 43-46. 이슬람의 종말론과 천국 개념은 기독교와 많은 차이가 있다. 이 주제에 관련된 내용이 많이 있지만 여기서는 주제와 간단한 내용만 기술했다.
105 Carole Hillenbrand, 『이슬람 이야기』, 공지민 역 (서울: 시그마북스, 2016), 89.

생, 죽음, 하루 다섯 번 드리는 기도 같은 중요 의식 때마다 무슬림이 사용하는 고백이다. 신명기 6:4, "쉐마"(Shema) 내용과 꾸란 112:1 내용은 서로 비교할 수 있는 구절이다.[106]

2) 기도

기도(Salat)는 이슬람 예배 의식에서 가장 중요한 부분을 차지한다. 무슬림은 국적을 막론하고 기도를 반드시 아랍어로 진행해야 한다. 기독교와 달리 이슬람의 공식적 기도는 모스크 첨탑 '미나렛'에서 기도 시간을 알리는 '무에진'(muezzin)[107]의 초청 '아잔'(adan, 또는 아단)으로 시작한다. 기도 예식은 기도하기 전 정결 의식을 거친 다음 반드시 무릎을 꿇어 엎드리는 자세 '라카'(rak'a)에 의해 규정된 기도 예식을 따라 기도해야 한다.[108] 개인 기도를 의미하는 '두아'(du'a)와 달리 살라트는 정확히, 정해진 시간에, 하루 5번 기도해야 한다.[109]

3) 자선

자선(Zakat)은 무슬림의 중요한 의무 가운데 하나다. 아랍어로 자선과 관련된 단어는 '자카트'와 '사다카트'(Sadakat)를 사용하는데 사다카트는 자발적인 자선을 말한다. 이와 달리 자카트는 반드시 이행해

---

106 Woodbury, 46, 47.
107 하루에 5번 이슬람 사원에서 예배 시간을 알리는 사람을 일컫는 말이다.
108 Keith E. Swartley, 『인카운터 이슬람』, 정옥배 역 (고양: 예수전도단, 2008), 126-28. 이슬람 기도법에 관한 자세한 내용은 이곳을 보라.
109 Woodbury, 47-52.

야 하는 의무적 구제를 말한다. 꾸란은 자선을 통해 가난한 자들에게 나누어 주는 것을 강조한다. 자선에 있어 정확한 양에 대한 내용은 말하지 않았다. 일반적으로 2.5%에 해당하는 부분을 자카트로 정하지만 의무는 없다.[110]

구제 의무는 이슬람의 기둥 중 가장 소중히 여겨지는 것 가운데 하나다. 이로써 이슬람은 자신들이 둘 다 악이라고 여기는 자본주의와 공산주의를 바로잡는다고 생각한다. 무함마드는 이 점에서 "하나님 아버지 앞에서 정결하고 더러움이 없는 경건은 곧 고아와 과부를 그 환난 중에 돌보고 또 자기를 지켜 세속에 물들지 아니하는 그것이니라"(약 1:27)라는 야고보의 말에 동의했을 것이다.[111]

### 4) 금식

금식(Saum)은 이슬람력으로 아홉 번째 달인 라마단 기간에 행한다. 아랍어 '사움'이라는 단어는 금식 기간 동안 금욕을 통해 가져올 수 있는 모든 도덕적 영감을 의미한다. 무슬림은 라마단 월에 무함마드가 꾸란의 계시를 받기 시작했다고 믿는다. 라마단 월 27일째 되는 날은 '권능의 날'로 불리며 가장 중요시하는 날이다. 이슬람의 금식은 무함마드가 메디나에 갔을 때 유대인 속죄 절기인 '욤 키푸르'를 보며 따라했던 것을 유대인과 결별한 다음 이슬람 방식으로 변형시킨 것으

---

110 Ibid., 52, 53. 우드베리는 구약성경과 신약성경에 나오는 자선 내용을 이슬람 자선과 함께 다루었다.
111 Swartley, 129.

로 보인다.[112]

라마단 금식월은 초승달이 나타나는 것을 기점으로 시작한다. 금식은 병자, 여행객, 월경 중인 여성, 어린아이, 임신한 여인 등 특수한 경우를 제외하고 모든 무슬림이 반드시 지켜야 하는 의무 사항이다. 금식은 검은 실과 흰 실을 구분할 수 없는 밤을 제외하고 낮 동안만 지킨다. 금식 기간에는 음식, 흡연, 부부간의 성적 접촉, 심지어 침도 삼키지 않으며 철저한 금욕을 지향한다. 기독교인은 사순절을 지키며 예수님도 40일 금식을 하셨다. 민속 이슬람에서는 거룩한 사람을 위한 40일 금식이 대중화되어 있다.[113]

5) 성지 순례

성지 순례(Hajj)는 일생에 적어도 한 번은 메카로 성지 순례를 가야 하는 무슬림의 의무다. 성지 순례는 이슬람력 마지막 12번째 달에 행한다. 성지 순례는 유대교와 기독교의 관습이기도 했다. 그 당시 유대인은 보통 7절기를 지켰다. 그중 1년에 3절기는 반드시 예루살렘에서 지키도록 규정했다. 이슬람 성지 순례 의식의 세부 사항은 무함마드와 관련된 장소에서 행하지만, 종교적 의미와 내용은 유대 기독교인 전통과 관련된 것이 상당히 많다.[114]

순례 여행은 정결 의식으로 시작한다. 평화의 문을 통과한 다음 카바

---

112 욤 키푸르(Yom Kippur) 절기는 '경건한 10일'이라 불린다. 유대인이 일 년 가운데 가장 경건한 기간으로 여기는 절기다. 10일간 절기 중 가장 중요한 날은 마지막 날 대 속죄일로 라마단 기간 권능의 날과 흡사하다. 유대 절기 욤 키푸르는 10일간 진행되지만 라마단 절기는 거의 한 달간 진행한다.

113 Woodberry, 53-56.

114 Ibid., 56.

의 신성한 지역으로 들어가면서 순례가 시작된다. 순례객은 순례 여행 최종 목적지인 카바신전에서 타아프(Tawaf)[115]를 행하고, 알 히즈르(Al-Hijr)를 방문한 다음, 세이(Say)[116]의식을 가진 후, 아라파트골짜기에서 있는 집회 의식에 참여한다. 순례 여행의 절정은 순례자가 49개의 작은 돌을 모아 다음 날 아침 그것들을 3개의 돌기둥 중 하나에 던지는 것이다. 이것은 사탄의 제안을 물리쳤던 것을 상기하는 의식이다. 이런 여러 가지 의식을 마치고 '마지막 고별의 문'을 통과하는 것으로 순례 여행은 끝난다.[117]

### 6) 축제와 의식

이슬람의 축제와 의식은 앞에서 기술한 5가지 종교적 의무를 제외하고 무슬림이 사는 동안 평생 지키며 따라 하는 문화적 요소다. 무슬림은 요람에서 무덤까지 이슬람 전통에 따라 여러 가지 의식과 축제를 실행한다. 무슬림에게 이슬람은 신앙체계인 동시에 삶의 방식이다. 그들은 자신이 속한 공동체 축제와 의식에 평생을 참여한다. 무슬림은 축제와 의식을 통해 이슬람의 핵심적 종교 체험을 공유함으로 사회적 정체성과 유대감을 갖는다.[118]

---

115 카바신전 중앙에 있는 정방형 흑석을 일곱 바퀴 돌며 기도하는 의식.
116 메카 바깥에 있는 몇 개의 언덕 사이를 달리며 하갈과 이스마엘을 기념하는 의식.
117 Woodberry, 57-60. 우드베리는 구약 성서에 나오는 유대 절기 내용을 이슬람 성지 순례와 비교해 설명했다.
118 Ibid., 60, 61. 무슬림의 다양한 축제와 의식은 이곳을 보라.

## 5. 종교 공동체의 역사적 발전

무함마드가 죽은 후 이슬람은 급속도로 전파되었다. 이슬람이 아라비아반도를 넘어 주변 지역으로 확장하는 데 걸린 시간은 백 년이 채 걸리지 않았다. 넓은 영토가 단기간에 이슬람 세계에 편입되었다. 이슬람은 갑자기 많은 피정복지의 종교, 문화, 사상과 공존했다. 이슬람 세계는 아랍 이슬람, 시리아의 헬레니즘적 기독교, 이라크 지역의 영지주의, 이란과 아랍 변방 지역에서 유입된 다양한 종교 사상이 혼합된 상태가 되었다.

이슬람은 다른 지역을 정복할 때 피정복지의 종교와 사상에 관용적이었다. 누구든 이슬람을 인정하면 자국 문화와 종교에 상관없이 무슬림으로 간주했다. 이슬람은 다양한 피정복지 세계를 이슬람으로 통일해 다스릴 수 있는 정교한 정통 교리의 확립이 필요했다. 이슬람은 교리 확립 과정에서 200여 개 종파로 이슬람을 구분했다.

이슬람 종파는 크게 수니파와 시아파로 나뉜다. 여기서는 우드베리가 다루는 몇 가지 종파의 특징과 내용을 요약해 기술한다.[119]

### 1) 수니파

수니파(Sunni)는 이슬람의 최대 종파다. 이란, 이라크, 예멘을 제외한 90% 이상의 나라 무슬림이 수니파에 속한다. 수니는 무함마드의 가르침, 순나(Sunnah)를 따르는 자란 의미다. 수니파는 정통 주류 세력의 사상적 흐름과 결집을 따르는 종파다. 이슬람은 초기에 형이상학적인 신

---

119 Ibid., 62-64.

학보다 법을 체계화하는 일이 더 중요했다. 피정복지 대부분을 장악하고 있던 기독교와 그리스 철학이 이슬람에 영향을 끼치기 전에 법을 체계화해야 했다. 이슬람 공동체의 내부 결속을 다지기 위해서라도 무슬림 학자들은 법 체계를 먼저 완비할 필요가 있었다.[120]

이슬람법 연구는 역사적으로 꾸란과 예언자의 전승, 하디스를 원천으로 한다. 이슬람 법학 연구에서는 통치자인 칼리프의 재량권과 법학자의 '합의'(이즈마)가 아주 중요하다. 법학 연구는 칼리프 시대 말기에 형성되어 우마이야조를 거쳐 압바스 시대에 최고 번성기를 누렸다. 1924년 오스만제국 붕괴와 더불어 칼리프 제도는 폐지되었다. 수니파는 이슬람 4대 주요 종교 법 학교 하나피(Hanafi), 샤피이(Shafi'i), 말리키(Maliki), 한발리(Hanbali)를 통해 이슬람 종교법을 고수하고자 했다.[121]

2) 시아파

시아파(Shi'a)는 수니파 다음으로 큰 이슬람 양대 종파 가운데 하나다. 이들은 숫자가 작음에도 불구하고 많은 분파가 있다. '시아'는 원래 당파(Party)라는 의미다. 시아파 명칭은 "시아 알리" 즉 "알리의 당파"란 말에서 유래했다. 시아파는 무함마드 사후 이슬람 공동체의 유일한 적통 후계자를 무함마드의 사촌이자 사위인 알리(Ali)라고 믿었다. 시아는 원래 알리 통치 기간 그에게 반대하던 오스만 당파와 구별하기 위해 처음 사용한 용어다. 시아파는 알리의 둘째 아들 후세인이 살해당하자 그의 죽음을 비탄하며 격정적으로 슬픔을 표현했다. 이것이 종교적 수

---

120  H. A. R. Gibb, 『이슬람』, 최준식, 이희수 역 (서울: 문덕사, 1993), 103.
121  김영경 김정위, 이희수, 황병하, 손주영, 『이슬람 사상의 형성과 발전』 (서울: 아카넷, 2000), 108. 법학파의 성립 과정과 발전에 관한 자세한 내용은 여기를 보라.

난과 열정으로 발전해 시아파의 특성이 되었다.

시아파는 정치보다 교리의 추상적 사색과 종교적 환상을 추구한다. 영지주의, 신플라톤, 마니교, 고대 이란 사상 등 외국 사상과 신비적 종교 색채가 많이 혼합되었다.[122]

### 3) 이맘파 혹은 열두 이맘파

열두 이맘파(Twelver/Imamiyyah)는 아랍어 열두 명을 일컫는 단어에서 유래했다. 이들은 시아파의 분파로 알리와 그의 아들 후세인 그리고 열두 이맘 모두를 순교자로 만들고 그들을 알라의 영감을 받은 권위적 스승으로 받들었다. 열두 이맘파는 이들 이맘의 순교에 신성을 부여했다. 그들이 불완전한 추종자를 한 치의 오차도 없이 영생으로 이끄는, 지도자 임무를 수행한다고 믿었다. 이맘이 육체적으로 죽은 후 천국에서 높은 지위를 누리며 추종자와 더불어 지내는 동안, 현재는 잠시 감추어져 사라진 상태라고 생각한다. 이들 이맘은 언젠가 다시 종말의 날 예언 받은 구원자 마흐디(Mahdi)가 되어 재림한다고 믿는다.[123]

### 4) 이스마일파

이스마일파(Ismailism, 또는 일곱 이맘파)는 신이 이맘 몸속에 완전히 내재하는 현현설을 주장한다. 이들은 이맘의 죽음도 인정하지 않는 가장 극단적 태도를 보이는 분파다. 시작은 자파르 후계자로 지명받고 제7대

---

122  Woodberry, 62.
123  김정위, 151.

이맘으로 내정되었던 이스마엘이 아버지보다 먼저 죽어서 생겼다. 그가 죽은 다음 동생인 차남, 무사 알 카짐을 후계자로 지명했다. 하지만 완전무결한 이맘이 이스마일을 먼저 이맘으로 지명했기에 이를 취소하는 것은 불가능하다고 믿었다.

일곱 이맘파는 이스마엘을 최후의 이맘이라 믿었다. 그들은 꾸란이 외면적 부분과 내면적 부분으로 구성되었다고 주장하며 꾸란의 이원적 측면을 강조했다. 일곱 이맘파는 이맘의 비교적 해석을 통해서만 꾸란의 진실된 뜻이 드러난다고 믿으며 그 신비주의적 의미를 파악하고자 했다.[124]

### 5) 자이드파

자이드파(Zaydī/Zaydiyyah)는 열두 이맘파의 법적 체계를 갖추도록 한 제5대 이맘 무함마드 알 바키르의 동생 자이드(Zaid)로부터 유래된 분파다. 알리의 손자 자이드와 그 후손을 이맘으로 인정하는 분파다. 시아파 중에 수니파에 가장 가깝다. 이들은 "알라의 숨은 이맘" 존재를 믿지 않고 초자연적 신비주의를 부정한다. 자이드파는 이맘의 신적 요소를 아주 미미하게 생각한다. 마흐디가 나타나 다스린다는 천년왕국의 허무함을 역설하며 "차선 이맘론"을 주장했다.

자이드파는 예멘에 신정 국가를 창설했고, 자이드파 교리를 국교로 삼아 통치했다.[125]

---

124  Ibid., 161-63. 이스마일파에 대해서는 이곳을 보라.
125  Ibid., 158-60. 자이드파에 관한 내용은 이곳을 보라.

## 6) 수피주의

수피주의(Sufism, 수피즘)은 이슬람 신비주의를 가르키는 용어다. "수피"라는 말은 원래 "양모"를 뜻하는 단어다. 초기 기독교 수도승이 금욕과 청빈을 상징하기 위해 양모로 짠 옷을 입었던 것에서 유래한다. 수피주의자는 전통적 교리 학습이나 법보다 특별한 종교의식(춤, 노래, 단어를 무한 반복하는 행위)을 통해 신과의 정신적 합일을 이루고자 한다. 이들은 그것을 최고의 가치로 추구한다. 수피주의자는 신과의 합일적 경험을 이루기 위해 이맘이 아닌 알라에 대한 개인 신자의 헌신과 사랑이 가장 중요하다고 믿는다.

신비주의를 추구하는 면에서 시아파와 같지만 이맘의 중요성을 부정한다. 이들은 자카트마저도 "울라마"[126]가 아닌 종단 지도자에게 헌금하는 태도를 보인다. 시아파와는 적대적 관계에 있다.

## 7) 법 학교

이슬람의 수니 분파는 서구 기독교와 달리 신학이 아닌 법과 규범에 따라 나뉜다.[127] 이슬람법 "샤리아"는 종교 예식과 무슬림 일상생활에 연관된 모든 것을 통제하는 삶의 원리다. 샤리아는 크게 교리와 도덕 같은 내면세계를 다루는 영역과 일반 삶과 연관된 모든 외적 세계를 다루는 영역 2가지로 나뉜다. 이슬람법 해석은 수많은 논쟁을 거쳐 압바스 칼리파 무으타심(Mu'tasim) 시기에 4대 학파가 정치적으로

---

126 울라마는 원래 "학자"라는 의미다. 이슬람 법학자를 말하거나 넓은 의미의 이슬람 성직자를 일컫는 용어다.
127 Woodberry, 64.

공인되었다.[128]

하나피(Hanafi) 학파는 법 학교 가운데 가장 진보적 학파로 관용적인 성격을 보인다. 이 학파는 원래 이라크에서 시작해 압바스조 때 급속하게 발전했다. 하나피는 중앙아시아를 중심으로 파키스탄, 인도, 터키 등과 같이 주로 동쪽으로 진출해 이 지역이 하나피 학파의 중심지가 되었다. 하나피는 오스만제국의 공식 교리가 되어 이슬람 세계 전역에 퍼졌다. 이 학파는 현재까지 이슬람 법학파 가운데 아라비아, 이란을 제외한 지역에 가장 널리 퍼져있다.

말리키(Maliki) 학파는 이집트, 스페인, 쿠웨이트, 북아프리카 같은 서쪽 지역에 주로 퍼졌다. 이 학파는 하디스 내용에 의존하는 보수 학파다. 꾸란에 배치되는 예언자 관행은 과감히 배척하고 메디나에서의 법적 관례를 매우 중요시한다.

샤피이(Shāfi') 학파는 이집트 남부, 말레이시아, 인도네시아, 바레인 등에 많이 퍼져 있다. 독자적 법률과 전통 관습의 조화로운 절충을 통해 합리적 법 이론 토대를 이루고자 한다. 이들은 보수적인 말리키와 진보적인 하나피의 중간 견해를 따른다. 다소 개방적이고 융통성 있는 학파다.

한발리(Hanbali) 학파는 4대 학파 가운데 가장 완고하고 보수적인 학파다. 사우디아라비아, 파키스탄, 인도 일부 지역에 분포해 있다. 이 학파는 꾸란과 예언자 무함마드의 관행 순나만 전적으로 수용한다. 이들은 샤리아 원칙에 가장 충실한 법학을 지향하며 예언자 시대의 정통성을 철저히 수호하고자 한다. 한발리 학파의 학문적 태도가 현대 이슬람

---

[128] 김정위, 110.

원리주의 운동의 이론적 토대가 되었다.[129]

## 6. 신앙 표현 유형

무슬림은 이슬람 신앙을 법, 신화, 신비주의, 민속 이슬람 같은 다양한 형태로 표현한다. 여기서는 이슬람을 통해 신께 다가가고자 하는 무슬림 신앙의 다양한 신앙적 표출 유형을 간략히 정리해 기술한다.

### 1) 법

"무슬림은 공통적으로 주장하길, 이슬람의 샤리아(Shari'a, 이슬람법)는 인간의 모든 언행을 판결할 수 있는 보편적이고 완벽한 것이라고 주장한다."[130]

이슬람법 샤리아는 "물가에 이르는 길" 혹은 "신이 내린 생명을 주는 길"이라는 뜻이다. 샤리아는 그 어원이 말하듯 정교일치를 실행하는 무슬림에게 종교와 사회생활 모든 측면에 의미와 구조를 지배하는 기준이다. 꾸란은 이슬람법 형성 과정에 경전으로서의 중요한 위치를 차지한다. 하지만 법적 판결에 절대적 기준으로 활용하지는 않는다. 꾸란은 법적 약속이 아닌 계시를 담은 경전이기 때문이다.[131]

무슬림 일상생활 전반에 대한 법적 판결은 순나(무함마드의 언행), 하

---

129 Ibid., 117.
130 이원삼, 『이슬람법사상』 (서울: 아카넷, 2001), 12.
131 이슬람법에 관한 자세한 내용은 이원삼의 『이슬람법사상』과 캐롤 힐랜브랜드의 『이슬람 이야기』 제5장을 보라.

디스(언행록), 이즈마(합의), 키야스(유추)를 기준으로 결정한다. 이들 4가지 핵심 요소를 사용해 이슬람법을 세운다. 예를 들면, "무함마드가 식후에 이쑤시개를 사용했다"(순나)는 내용을 기록하고(하디스), 이 내용은 모든 기록자에게 전송된다(이스나드). 무즈타히드(학자)는 연구를 통해 모든 신자에게 적용 가능한 규범을 도출한다(피크). 그러면 이것을 샤리아에 포함한다. 이것은 다시 무프티(법학자)[132]를 통해 파트와(법률 의견)로 공포한 다음 카다(판사)와 카디(검사)가 법정에서 이 내용을 가지고 판결한다.[133]

## 2) 신비주의

이슬람 신비주의를 보통 수피즘(Sufism)이라 말한다. 이슬람 신비주의를 폭넓게 부르는 아랍 용어는 타사우프(Tasawwuf)다. 이슬람 신비주의는 8세기경 등장했다. 이들 세력은 독특한 이론 체계를 세우며 성장해 12세기경 종단을 결성했다. 신비주의는 무슬림 대중 사이에 깊이 파고들어 이슬람 세계 모든 분야에 큰 영향을 끼쳤다. 수피 종단은 13세기 이후 이슬람 전파의 주역이 되었다.[134]

무슬림 금욕주의자 "수피"는 이들이 거칠게 짠 양모 옷, 수프(suf)를 착용했기 때문에 불린 이름이다. 이들은 금욕 생활을 하며 신비주의를 추구했다. 수피는 순례자의 좁은 길을 선택했다. 신을 향해 걸어

---

132 김정위, "이슬람 국가의 전통적 종교기구," 「중동연구」 19. No. 1(2000), http://theologia.kr/board_korea/27754?ckattempt=1. 김정위가 설명한 법체계와 기능을 보라.

133 Woodberry, 65, 66.

134 양승윤 외, 『동남아의 이슬람』 (서울: 한국외국어대학교출판부, 2000), 34-40. 이곳에 나오는 수피즘에 대한 내용을 보라.

감에 전통적인 길 '샤리아'보다 신과의 합일을 추구하는 좁은 길 '타리카'(tariqah)를 선택했고, 모든 삶의 규범을 제시하는 샤리아보다 신의 궁극적 임재 경험을 원했다. 무슬림은 능력과 중보, 구원과 용서를 확인하는 신적 체험을 수피즘으로 추구했다. 수피는 알 할라즈(al-Hallaj)[135]처럼 신과 합일된 최고의 경지를 추구했고 신비주의 신앙을 통해 언약 공동체, 법의 내재, 희생 같은 내용을 찾았다.[136]

### 3) 민속 이슬람

우드베리는 민속 이슬람이 무슬림을 그리스도께 인도하는 가교라고 말한다. '민속 이슬람'은 대중 무슬림의 삶에 깊이 뿌리를 내린 토속 관행을 융합한 이슬람이다. '정통 이슬람'은 쿠란, 이슬람 전통, 신학적 교리, 지성 중심이다. 민속 이슬람은 정통 이슬람보다 덜 지적이고 감성적이다. 무슬림 삶에 깊이 뿌리를 내린 민속 이슬람은 그들 세계관을 형성한다. 민속 이슬람 이해는 무슬림 전도에 아주 중요하다. 이것은 한국의 민간 신앙과 매우 유사하며 정령숭배, 무속, 주술, 성인과 사자의 혼령, 점복 같은 내용을 가지고 있다.[137]

이슬람 정통 관행인 메카 성지순례는 원래 이슬람 이전 아라비아반도의 토속 관행이었다. 꾸란은 베르베르의 토속 신앙인 진(Jin, 정령), 흉안(evil eye, 저주), 바라카(Barakah, 축복)를 자주 언급했다.[138] 이슬람은 아

---

135 후세인 빈 만수르 알 할라즈는 페르시아 출신 시인이다. 그는 수피 신비주의의 대표적 인물이다. 신과의 합일을 주장하며 자신이 진리라 말했다.
136 Woodberry, 66-71. 우드베리는 이곳에 신비주의 내용과 관련된 저작물도 함께 소개했다.
137 이광호, 『이슬람과 한국의 민간신앙』 (서울: 울산대학교출판부, 1998), 104.
138 Ibid., 81.

라비아에 있던 정령숭배 사상을 계승했다. 문화적 포용과 관용, 융합적 유연성을 통해 이슬람이라는 이름으로 이것을 수용했다.

민속 이슬람은 아라비아반도 밖에까지 이슬람을 전파할 수 있었던 가장 큰 동인이었다.[139] 이슬람의 확장은 문화, 종교, 역사, 관습 등이 이슬람이라는 종교적 틀 속에 통합되는 과정을 거쳤다. 이슬람은 이런 과정을 통해 정복지 종교와 문화를 재해석하고 포용함으로 타문화를 열등한 것으로 간주했다. 또한 이슬람은 자신의 문화를 모든 문화의 귀결점으로 인식하는 우월성을 심었다.[140] 민속 이슬람을 이해하는 것은 무슬림 세계관을 이해함에 있어서 아주 중요한 요소다.[141]

### 4) 정치적 이슈의 종교적 색채

이슬람이 시작될 때 아라비아에는 정치적 힘의 공백이 생겼다. 이것은 비잔틴과 페르시아 두 제국의 길고 힘겨운 무력 대결 때문이다. 신앙의 힘으로 무장한 이슬람은 아라비아를 시작으로 제국 주변을 차례로 정복했다.

그 당시 아라비아는 무함마드가 주창했던 일신교 사상을 믿는 무리가 있었다. 그들은 "책의 백성"으로 불리던 유대인과 기독교인이었다.[142] 무함마드는 유대인과 기독교인이 믿는 옛 계시서의 연속성 안에 자신의 메시지가 이전 계시를 확증하는 축복받은 책(꾸란 6:92)이라 생각했다. 그는 유대교의 토라(모세 오경), 기독교의 인질(복음서), 자신의

---

139  김아영, 『민속이슬람』 (서울: 예영커뮤니케이션, 2004), 104.
140  Ibid., 58, 59. 이곳에 나오는 민속 이슬람에 관한 내용을 보라.
141  Woodberry, 71-74.
142  Ibid., 74-78.

메시지(꾸란)를 신적 계시의 일치로 보았다. 그것들은 다양한 방법으로 전개되는 하나의 계시요 같은 종교라 믿었다.

무함마드는 정치적이고 실제적인 이유로 유대교와 기독교를 멀리하고 불행한 대결을 시작했다.[143] 유대교와 기독교, 이슬람은 정치적 이슈로 다양한 종교 색채를 띤다. 모세, 예수, 무함마드는 모두 같은 아브라함 자손이지만 이삭, 이스마엘, 예수를 통한 이방인의 양자 됨이 각기 다른 모습으로 표현된다. 이들 세 종교의 유사성과 상이성은 이슬람 세계의 종교 색채를 더욱 분명히 이해할 수 있게 돕는다.[144]

## 7. 복음 증거를 위한 기독교인의 책임

이슬람 세계를 향한 기독교의 복음 증거는 최근까지도 선교사 숫자, 선교신학, 이슬람 이해 등에 있어서 상당히 취약했다. 이슬람 선교는 선교사조차도 무슬림 전도에 필요한 충분한 준비와 지원을 받지 못했다.[145] 우드베리는 이슬람 선교를 위해 다음과 같은 기독교적 시각과 다양한 접근 방법을 제시한다.[146]

무슬림에게 복음을 전하는 선교사는 성경적 모델과 명령(Injunction)을 사용해야 한다. 예수는 다양한 유대인에게 한가지 태도로 접근하는 방법을 고집하지 않으셨다. 그는 모든 사람이 수용할 수 있었던 방법을

---

143 Ludwig Hagemann, 『그리스도교 대 이슬람』, 채수일, 채해림 역 (서울: 심산, 2005), 25-31.
144 Woodberry, 74-78. 우드베리는 이들의 정치 관계 내용을 과거부터 현대까지 다룬다.
145 Anne Cooper, 『우리형제 이스마엘』 (서울: 두란노, 1992), 9.
146 Woodberry, 78, 79.

사용하셨다. 이슬람 세계를 향한 전도법은 다양하다. 우드베리는 대화, 변증, 삶의 모습, 가르침, 관계, 주도적 관계 유도, 능력 대결, 구제, 공동 관심사 등 다양한 접근 모델을 제시했다.

우드베리가 제시하는 다양한 모델은 이교 사상의 잘못된 진리와 접근법의 사용을 의미하지 않는다. 오히려 그는 기독교 복음 증거를 위해, 이교에서 인계하거나 활용할 수 있는 어떤 요소도 포함하지 않는 기독교적 방법을 주장했다.[147]

---

147 Sam Schlorff, 『무슬림 사역의 선교학적 모델』, 전병희, 김대옥 역 (인천: 바울, 2012), 234-36. 무슬림 사역의 다양한 선교학적 모델을 연구한 저자도 사실에 의한 비평과 함께 이 같은 결론을 제시했다.

제4장

# 우드베리의 이슬람 선교학

우드베리가 개발한 이슬람 연구는 우드베리의 이슬람 선교학의 핵심이다. 본 연구는 다음 3가지 내용을 다룬다.

**첫째**, 우드베리 이전까지 기독교가 해왔던 이슬람 선교 방법을 간략히 기술한다.

**둘째**, 우드베리의 이슬람 연구의 학문적 기반과 배경을 연구 분석해 요약한다.

**셋째**, 무슬림 전도를 위한 우드베리의 이슬람 연구 방법의 개발 배경과 형성 과정 그리고 방법론을 연구 분석해 기술한다.

## 1. 이슬람 선교 방법 변천사

기독교 이슬람 선교 방법은 점진적으로 변했다. 19세기를 전후로 이슬람 선교 방법에 색다른 변화가 생겼다. 19세기 이전에는 수 세기 동안 변증학 중심의 대결 구도적 선교 방법을 주로 사용했다. 19세기 이후 이슬람 선교 방법에 변화가 일었다. 19세기를 전후로 하는 이슬람 선교 방법의 변천사는 다음과 같다.

### 1) 19세기 이전 이슬람 선교 방법

19세기 이전 이슬람 선교 방법은 다음과 같은 배경을 전제로 한다. 유럽 신학자 루드비히 하게만(Ludwig Hagemann)은 기독교와 이슬람이 실패한 관계의 역사를 가졌다고 말했다. 그의 말처럼 19세기 이전 기독교 이슬람 선교는 대부분 논쟁과 변증, 공격과 절망으로 얼룩진 역사였다. 과거 기독교와 이슬람이 서로를 문화적으로 풍요롭게 하고 종교적으로 이해했던 시기도 있었지만 경쟁과 대결, 정복과 탈환, 전쟁과 전투, 대량 학살과 피의 역사가 훨씬 더 지배적이었다.[1]

AD 610년 무함마드가 처음 계시를 받고 622년 메카에서 메디나로 이주한 헤지라(Hijra)를 기점으로 이슬람력이 시작되었다. 그 이후 지난 십수 세기 동안 기독교와 이슬람은 공존했다. 그 공존의 역사에는 평화보다 정복을 위한 대결과 갈등이 빚어낸 투쟁의 시간이 더 많았다. 아라비아반도에 국한되었던 이슬람은 632년 무함마드 사후 페르시아제국, 북아프리카, 스페인을 넘어 732년 프랑스 남부 투르 전투 패배 때까지 급속도로 팽창했다.[2] 이슬람은 정복 과정에서 그 당시 기독교 세계 전체 교회의 1/4에 해당하는 900개 교회를 파괴했다.[3]

기독교와 이슬람의 공존 시기를 다르게 보는 관점도 있다. 역사가

---

1 Hagemann, 5,6.
2 J. Herbert Kane, 『세계 선교 역사』, 이영주, 신서균 역 (서울: CLC, 1999), 70.
3 Ibid., 153.

버나드 루이스(Bernard Lewis)는 이슬람 전파가 상당 부분 정복과 식민지화를 통해 이루어졌다는 표현에 이의를 제기했다. 그는 아랍 제국의 진정한 기적을 군사적 정복보다 피정복지 주민의 아랍화와 이슬람화로 보았다. 루이스는 아랍의 정치 군사적 우위 시대가 극히 짧았다고 주장했다.[4] 이슬람 침략에 있어 가장 놀라운 사실은 인명 손실이 대단히 적었다는 것과 기독교 문화의 급격한 붕괴였다.[5]

이슬람 초기 무슬림이 기독교 세계를 큰 어려움 없이 정복할 수 있었던 요인은 비잔틴제국과 페르시아제국의 오랜 무력 대결이다. 그 당시 기독교는 신학 논쟁으로 서로 분열되었고 단성론 때문에 이단으로 내몰린 동방교회에 과중한 세금을 부여했다. 양대 제국으로부터 과중한 세금에 시달리던 많은 동방교회 국가들은 결국 무력 충돌 없이 해방자로 다가온 이슬람을 호의적으로 받아들였다.[6] 이슬람이 정복한 기독교 국가의 급속한 이슬람화는 제국의 정치적 대결과 기독교 분열이 주된 원인을 제공했다.

이슬람과 기독교의 첫 만남은 정치적 대결 구도로 시작되었다. 양자는 종교적 관점으로 서로를 대면한 것이 아니라 패권을 잡기 위한 목적으로 서로를 정복하기 원했다. 이슬람 초기 시대의 정복 전쟁이 막을 내리고 약 500년간 정체 기간이 있었다. 13세기경 오스만제국은 이슬람의 제2차 정복 활동을 다시 시작했다. 이를 대적하기 위해 일어난 십자군 전쟁은 양쪽 모두에게 씻을 수 없는 상처를 남겼다. 7세기에 발생해 급속도로 성장한 이 전투적이고 선교적인 종교 이슬람은 기독교 세계

---

4 Bernard Lewis, 『중동의 역사』, 이희수 역 (서울: 까치, 2001), 62, 63; ibid.
5 Stephen Neill, 『기독교 선교사』, 홍치모, 오만규 역 (서울: 성광문화사, 2001), 74.
6 유해석, 『(무슬림 선교 지침서) 이슬람이 다가오고 있다』 (서울: 쿰란출판사, 2003), 23-25.

에 가장 위협적인 존재로 인식되었다.[7]

이슬람의 갑작스러운 침입에 대한 서구교회의 첫 번째 반응은 무지와 논쟁이었다.[8] 기독교와 이슬람 모두 상대방 종교에 대해 무지한 상태로 종교적 접근을 시도했다. 이슬람은 꾸란을 통해 기독교를 이해했고 기독교는 이슬람을 아라비아에서 발생한 기독교 이단 분파의 하나로 생각했다. 수 세기가 지난 후 이슬람은 오스만 터키 제국을 통해 군사행동에 나섰고 무력 충돌이 다시 일어났다. 이슬람을 이교도로 인식했던 기독교도 결국 십자군 전쟁을 일으켰다.

기독교는 무력 대결이 없던 평화의 시기에도 이들 이교도와의 대결을 멈추지 않았다. 꾸란과 이슬람에 관한 끝없는 신학적 반론과 논박, 그리고 변증을 펼쳤다. 13세기 토마스 아퀴나스의 저작『대이교도대전』, 15세기 변증론적 저작서 니콜라우스 쿠자누스의『꾸란의 감별』, 16세기 마틴 루터의『투르크인과의 전쟁에 대하여』는 19세기 이전 이슬람에 관한 대표적 저작물들이다. 시대별로 대표적인 서구 기독교 지도자들이 이슬람을 논박하기 위해 저작한 작품들은 이슬람을 향한 기독교의 자세를 그대로 반영하고 있다.

이러한 선교 방법은 계몽주의 시대와 더불어 사람들의 생각이 바뀌기 전까지 큰 변화가 없었다. 19세기 이전 이슬람 선교 방법은 이슬람에 대한 끝없는 논박과 변증이 주된 선교 방법이었다.[9]

---

7  J. Herbert kane,『基督教 世界 宣敎史』, 박광철 역 (서울: 생명의말씀사, 1990), 73.
8  Hagemann, 43. 이 책 제3장의 내용을 보라.
9  Ibid. 저자는 이슬람에 대한 적대감을 확장시키는 기독교인들의 태도에 우려를 표한다. 과거 기독교와 이슬람의 적대적 관계 역사는 이곳을 보라.

## 2) 19세기 이후 이슬람 선교 방법

19세기 계몽주의의 발달과 더불어 이슬람 선교 방법에 점진적인 변화가 일어났지만, 과거보다 특별히 주목할 만한 변화는 없었다.[10] 개신교 이슬람 선교는 1806년 영국 동인도회사 사목으로 인도에 간 헨리 마틴(Henry Martyn, 1781-1812)을 그 시작점으로 본다.[11] 그는 성경 번역을 위해 타계 직전 페르시아에 잠시 머물렀다. 그곳에서 이슬람 변증을 위해 글을 썼던 페르시아 무슬림과 토론하면서 그는 세 권의 변증적 소책자를 작성했다. 기독교는 헨리 마틴의 저작물을 개신교 이슬람 선교의 시작으로 본다.[12]

이 시기 이슬람 선교의 특징은 공격적 논박이었다. 대부분의 저작물은 이슬람 선교보다 이슬람에 맞서기 위한 것이었다. 이슬람에 대한 직접적 이해가 없던 비전문인이 서구인을 위해 주로 작성한 글이었다. 영국의 사학자 몽고메리 와트(William Montgomery Watt)는 죠지 세일(George Sale)의 저작물을 제외한 많은 저작물에 정확하지 못한 내용이 종종 있었다고 지적했다. 이 시기 개신교 선교 접근법은 꾸란을 자유로이 사용해 이슬람의 오류와 그릇됨을 증명하는 변증적이고 부정적인 서구 제국주의 선교 방법을 주로 사용했다.[13] 19세기 이슬람 선교는 '회교도 논쟁'(Mohammedan Controversy)으로 알려진 이슬람 논박을 통해 이

---

10 Schlorff, 29. 저자가 연구한 지난 두 세기 이슬람 선교신학의 역사적이고 신학적인 연구 내용을 읽어 보라.
11 Ibid., 36.
12 Mathews Basil, *(the) Book of Missionary Heroes* (N. Y.: George H. Doran Co., 1922), 224-35. 헨리 마틴의 가장 중요한 업적 가운데 하나는 성경 번역이다. 그의 생애와 사역에 관한 내용은 이곳을 보라.
13 Schlorff, 37.

슬람의 옛터 위에 새로운 사상, 즉 기독교를 세우고자 했다.

기독교는 20세기에 접어들며 새로운 도전과 선교 방법을 시도했다. 개신교는 1910년 '에딘버러세계선교대회,' 1928년 '세계선교사협의회,' '예루살렘대회' 같은 중요한 세계 선교 대회를 열었다. 선교 대회를 통해 타종교, 특히 이슬람 세계를 향한 선교 방법에 새로운 변화를 모색했다. 이 시기에 나타난 대표적 이슬람 선교 방법을 크게 2가지 형식으로 분류한다.

이 두 방식은 첫째, 직접적 접근 방식, 둘째, 간접적 접근 방식 혹은 완성 모델로 불리는 대립적 선교 방식이다.[14] 샘 쉴로르프(Samuel P. Schlorff)는 20세기 이슬람 선교 방법을 다음과 같은 5가지 모델로 분류했다.

① 직접적 접근 모델
② 간접적 혹은 완성 모델
③ 변증법적 모델
④ 대화 모델
⑤ 역동적 등가 혹은 해석적 모델

직접적 접근 모델을 제외한 나머지 모델은 간접적 접근 분류 모델에 속한다.[15] 자유주의 신학과 에큐메니컬 진영에 있던 선교사는 이 시기에 나타난 선교 방법 가운데 주로 간접적 접근 방식을 사용했고 복음주의 신학 진영에 있던 선교사는 주로 직접적 접근 방식을 사용했다.

---

14　Ibid., 51.
15　Ibid., 51-77. 샘 쉴로르프가 분류한 이슬람 선교 모델에 관한 자세한 내용은 이곳을 보라.

20세기에 사용한 직접적 접근 방식은 19세기와 마찬가지로 논박하는 방법을 지속한 형태다. 주로 보수적 선교사가 사용했던 이 방법은 이슬람 문화와 상황화 고려보다 직접적 복음 제시에 초점을 두었다. 크리스티 윌슨(Christy Wilson) 같은 보수 진영 선교사들이 20세기에 사용한 논박은 이전과 달랐다. 이들은 논박의 가치에 중점을 두지 않고 직접적 복음 제시를 위한 마지막 수단으로서만 논박을 사용했다. 이 시기에 나타난 가장 주목할 만한 선교적 발전은 대화적 접근 방법의 출현이다.

## 2. 우드베리의 학문적 기초와 배경

우드베리가 개발한 이슬람 선교학은 세계적인 학자의 학문적 전통과 토대 위에 이슬람 선교를 위한 목적으로 구성한 이슬람 연구다. 그의 이슬람 선교학은 다양한 학문적 전통이 함께 어우러져 조합을 이루었다. 그의 이슬람 선교학 개발 과정에 직간접적으로 영향을 끼친 다양한 전문가의 도전과 가르침을 연구하는 것은 우드베리의 이슬람 선교학의 학문적 배경을 이해하도록 돕는다.

우드베리가 품었던 무슬림 영혼을 향한 하나님 사랑과 열정 그리고 선교적 도전은 이슬람 선교의 아버지로 불리는 사무엘 즈웨머(Samuel Zwemer)와 레이먼드 럴(Raymond Lull)에게서 물려받은 것이다. 수백 년을 갈등과 대립으로 긴장 가운데 있었던 기독교와 이슬람 사이에 평화적 대화 접근법이 처음 등장했다. 영국 이슬람 선교학자 케네스 크래그(Kenneth Cragg)는 기독교 평화적 대화법에 선도적 역할을 했다. 케네스 크래그를 사사한 우드베리는 그의 대화법을 학문적으로 승계했다.

우드베리는 이슬람에 대해 누구보다 해박한 학문적 배경을 가지고 있다. 그가 습득한 이슬람 학문은 당대 서구 최고의 이슬람 학자로 알려진 하버드대학교 하기브 경(Sir H.A.R. Gibb)의 학문적 전통을 계승한 것이다. 우드베리는 이슬람 선교에 있어 민속 이슬람의 중요성을 강조한다. 대부분 무슬림의 삶과 정서에 깊이 자리 잡고 있는 것이 바로 민속 이슬람이기 때문이다. 그는 민속 이슬람과 상황화를 기독교 복음주의 신학의 바탕 위에 이슬람 선교학으로 개발했다. 우드베리의 이슬람 선교학 개발 과정에 직간접으로 영향을 끼친 학자와 그의 학문적 배경은 다음과 같다.

### 1) 사무엘 즈웨머

'이슬람의 사도'로 불리는 사무엘 즈웨머(Samuel Zwemer, 1867-1952)는 우드베리가 처음 이슬람 선교에 비전을 가질 수 있도록 그를 인도한 인물이다. 우드베리는 스토우니브루크 재학시절 채플 강사로 연단에 선 사무엘 즈웨머를 처음 만났다. 즈웨머는 강단에서 "이 세상에서 가장 어려운 일"을 하라고 학생들에게 도전했고, 현재 이 세상에서 가장 어려운 일은 이슬람 선교라고 외쳤다. 즈웨머의 열정적 도전은 우드베리의 영혼 깊숙이 파고들었고 결국 그는 이슬람 선교를 위해 평생을 헌신했다.[16]

우드베리는 자신을 선교사로 부르시는 하나님의 소명을 분명히 인식했었다. 하지만 그는 단 한 번도 이슬람 선교를 생각해 본 적이 없었다. 우드베리가 이슬람 선교를 하겠다는 생각에 가장 결정적 영향

---

16 Woodberry, "My Pilgrimage in Mission," 3.

을 끼친 사람은 사무엘 즈웨머였다. 우드베리는 13살 때 즈웨머를 통해 이슬람 선교에 대한 도전을 처음 받았다. 그가 받은 도전에 대한 분명한 소명과 비전을 찾기까지 하나님의 또 다른 간섭과 수년의 시간이 필요했다. 그런데도 우드베리가 결국 이슬람 선교에 자신을 헌신하도록 끝까지 그의 마음을 이끌었던 비전의 원동력은 사무엘 즈웨머의 영향이었다.

사무엘 즈웨머는 60년 이상 쉬지 않고 이슬람 선교를 위해 학자, 설교가, 작가, 전도자, 변증가로 활약했다. 그는 이슬람 선교를 위해 평생을 헌신한 위대한 선교사였다.[17] 우드베리는 단 한 번 사무엘 즈웨머를 만났다. 하지만 그는 우드베리가 평생 이슬람 선교에 헌신할 수 있도록 결정적 역할을 했다. 즈웨머는 우드베리의 이슬람 선교 동인의 주역과 롤모델이었다. 여기서는 즈웨머 연구를 통해 그가 우드베리에게 남긴 이슬람 선교의 도전과 학문적 영향이 무엇이었는지, 그리고 그것이 우드베리에게 어떤 영향을 끼쳤는지를 다룬다.

(1) 사무엘 즈웨머의 초기 사역

사무엘 즈웨머의 초기 사역(아라비아 사역, 1890-1913)은 그가 아랍선교회를 통해 바레인에 주로 머물던 아라비아반도를 중심으로 이루어졌다. 즈웨머는 1867년 미국 미시간주 홀랜드에서 화란 개혁교회 목사 가정의 열다섯 자녀 중 열세 번째 자녀로 태어났다. 그는 어린 시절부터 주일학교 교사로 봉사했으며, 대학 청년시절에는 미국성서공회를 통해 하루 20마일이 넘는 거리를 걸으며 집집마다 성경 배포하는 사역을 했

---

17  Neill, 459.

다.[18] 1887년 뉴저지주립대학에 입학한 즈웨머는 신학과 의학 수업을 받으며 선교를 준비했다.

즈웨머는 학우 펠프스(Phelps), 그의 한 해 선배였던 캔틴(Cantine), 그들에게 히브리어와 아랍어를 가르쳤던 랜싱(Dr. J. G. Lansing) 교수의 도움으로 '아랍선교회'(Arabian Mission)를 출범하여 본격적인 이슬람 선교를 준비했다. 즈웨머는 졸업 이듬해 1890년 5월 29일 아이오와 교구를 통해 선교사로 안수받고 이슬람 사역을 위해 중동으로 떠났다.[19] 레바논 베이루트에 먼저 도착한 캔틴과 약 6개월간 그곳에서 언어훈련을 마친 다음 그는 1891년 1월 8일 카이로에서 출발해 수에즈 항구를 기점으로 아라비아반도의 여러 도시를 방문하며 선교 거점을 찾았다.

선교지 물색 중 즈웨머는 이라크 바스라로 오라는 캔틴의 연락을 받고 1891년 8월 바스라에 도착해 그곳에서 이슬람 선교 사역을 시작했다.[20] 1892년에는 동생 피터 즈웨머, 1894년에는 의료 선교사 제임스 윌코프(Dr. James T. Wilcoff)가 그의 선교 사역에 동참했다. 그즈음 호주에서는 두 명의 여성 선교사를 이라크 바그다드로 파송했다. 그때 이들을 도와 아랍어를 가르쳤던 즈웨머는 영국 출신 간호사 에이미 엘리자베스 윌키스(Amy Elizabeth Wilkes)와 사랑에 빠졌다. 1896년 5월 18일 이라크 바그다드에서 결혼식을 올린 이들은 바레인에 머물며 사역을 계속했다.[21]

1897년 건강 문제로 미국에서 안식년을 보낸 즈웨머 부부는 그해

---

18  J. Christy Wilson, *Apostle to Islam* (Grand Rapids, Mich.: Baker Book House), 28, 29. 사무엘 즈웨머의 일생에 관한 자세한 내용은 이곳을 보라.
19  Ibid., 30-33.
20  Ibid., 43, 44.
21  Ibid., 46, 47.

5월에 태어난 딸 케트린(Katharine)을 데리고 바레인으로 다시 돌아와 이슬람 사역을 이어갔다. 1904년 7월, 그는 네 살, 일곱 살 된 두 딸이 8일 간격으로 세상을 떠나는 아픔을 겪었다. 하지만 그들은 사역을 멈추지 않고 계속 전진했다. 그들이 이렇게 사역을 지속할 수 있었던 힘의 원동력은, 그가 선교집회에서 전한 누가복음 5:5의 내용과 같이, "밤이 맞도록 수고를 하였으되 얻은 것이 없지마는 말씀에 의지하여 내가 그물을 내리리다"라는 순종의 정신이었다.[22]

1905년 즈웨머 가족이 안식년을 위해 미국으로 돌아오면서 그의 의도와 상관없이 페르시아만 사역은 마무리가 되었다. 사무엘 즈웨머가 미국으로 떠나던 1905년까지 아랍선교회는 네 개의 선교지를 개척했다. 미국에 머무는 동안 즈웨머는 1906년 이집트 카이로에서 세계 최초의 이슬람권 선교 대회를 개최했다.[23] "기독교 선교에 있어서 무슬림 선교를 위한 새로운 시대의 시작"이라 불리는 이 선교 대회는 30여 선교단체와 교회에서 60여 명의 대표가 참석했다. 이 대회는 1910년 에딘버러세계선교대회와 1911년 이슬람 선교에 초점을 맞춘 인도 러크나우(Lucknow)컨퍼런스 개최의 토대가 되었다.[24]

즈웨머는 미국에서 개혁교회해외선교부 총무, 학생자원운동(The Student Volunteer Movement for Foreign Missions) 순회 강사로 강연과 본부 사역을 통해 많은 교회와 청년 및 기독교 지도자들에게 이슬람 선교를 도전했다. 즈웨머는 선교 현장을 떠난 약 8년간 이슬람 선교를 위해 재

---

22 이현수, "말씀에 의지하여 그물을." Accessed Sept.19, 2017. http://frontiers.or.kr/tag/%EC%82%AC%EB%AC%B4%EC%97%98-%EC%A6%88%EC%9B%A8%EB%A8%B8/. 원본 출처 확인이 어려워 재인용 내용을 사용하였다.

23 J. Christy Wilson, *Apostle to Islam* (Grand Rapids, Mich.: Baker Book House, 1952), 171. 이 대회를 위한 준비과정은 이곳을 보라.

24 McCurry et al., 23.

정과 선교사 동원에 온 힘을 쏟아 이슬람 선교 동원가와 본부 행정가 역할을 감당했다. 안식년과 미국 본부 사역을 마친 후 즈웨머는 1913년 이집트 카이로에서 다시 현장 사역을 시작했다.

즈웨머의 초기 이슬람 사역은 그 당시 전 세계적으로 일던 부흥 운동과 학생자원운동을 경험한 서구교회 관점에서 볼 때 아주 미약한 것이었다. 선교 방법도 특별한 것이 없었다. 즈웨머 사역은 미국에서처럼 열정을 가지고 노방전도와 가정방문을 통해 무슬림에게 성경을 배포하는 것이 주된 사역이었다. 하지만 즈웨머 사역은 거기에만 머물지 않았다. 그는 이슬람 세계를 연구했다. 이슬람 이해를 위한 그의 노력과 시도는 『이슬람의 요람』(*The Cradle of Islam*),[25] 『무슬림의 하나님 교리』(*The Moslem Doctrine of God*)[26] 같은 초기 저작물로 탄생했다.

즈웨머는 선교 초기 상당히 긴 시간을 언어 습득에 투자했다. 그는 서구 기독교 세계관을 가지고 자국에서 하던 전도 방법으로 무슬림에게 접근한 평범한 사역을 했다. 하지만 그는 14년의 현장 경험과 8년간의 본국 사역을 통해 자신의 사역을 재평가했다. 이 과정을 통해 그는 기독교와 이슬람을 비교 연구해 분석했고 그 결과 문화인류학적인 통찰과 이해를 통해 무슬림에게 접근하는 새로운 선교 방법을 시도했다. 즈웨머의 이슬람 초기 사역은 향후 모든 사역자에게 더욱 효과적인 이슬람 선교 방법을 계발하고 발전시키는 데 중요한 기초 이해 단계를 제공했다.

---

25 Samuel Marinus Zwemer, *Arabia* (New York: Fleming H. Revell Company, 1912). 즈웨머에 의해 1910년 발간된 그의 첫 이슬람 관련 저작물이다.

26 Samuel M. Zwemer, *The Moslem Doctrine of God* (London: Darf, 1987), 선교 초기 단계인 1905년 발간된 그의 저작물이다.

### (2) 사무엘 즈웨머의 중기 사역

사무엘 즈웨머의 중기 사역(이집트 사역, 1913-1929)은 아라비아와 본국 사역을 마치고 이집트로 사역지를 옮긴 이후부터이다. 1910년 에딘버러선교대회를 마친 후 선교 현장으로 돌아가기 원했던 즈웨머는 바레인으로 다시 돌아갔다. 바레인에 도착한 그는 자신의 역할이 더 이상 개척 사역에 적합하지 않다는 것을 깨달았다. 마침 1912년 미국연합장로교선교회는 나일선교회 출판사, YMCA, 카이로아메리카대학교 등 여러 기관을 함께 통합해 사역할 수 있는 이슬람 선교 본부를 카이로에 설립하고자 구상했다. 선교부는 즈웨머가 이 사역 대표직을 맡아주기 원했다.

즈웨머는 미국연합장로교선교회가 구상한 이슬람 선교 본부 대표직 요청을 수락했다. 이후로 그는 약 17년 동안 카이로를 선교 본부로 전 세계 이슬람 선교를 위해 동분서주하며 사역했다. 카이로는 당시 이슬람 최고의 대학교 알-아자르가 있는 북아프리카 최대의 도시였으며, 교통, 지리, 문화, 예술의 중심지로 잘 알려져 있었다. 즈웨머는 이곳을 본부로 중동, 북아프리카, 인도, 중국, 동남아시아, 남아프리카 등 전 세계 이슬람 선교 현장을 방문하며 이슬람을 연구했다. 그는 이집트 카이로 사역을 통해 이슬람 선교를 기독교 세계에 알리는 일에 절대적 역할을 했다.

카이로 사역 기간 즈웨머는 단행본을 포함해 방대한 분량의 이슬람 선교 관련 저작물을 발간했다. 즈웨머가 가장 소중하게 생각했던 저작물은 「무슬림 세계」(*The Moslem World*)이다. 1911년 처음 발행된 이 분기별 간행물의 원래 제목은 「이슬람 땅에서 기독교 선교의 진전과 무슬림의 문헌과 사상 그리고 시사 문제에 관한 논평 계간지」(*A Quarterly Review of current events, literature and thought among Mohammedans, and the progress of*

*Christian Missions in Moslem lands*)였다.[27] 즈웨머가 발행한 이 간행물은 약 40년간 그의 마음을 담은 저작물로 영어권에서 이슬람 선교에 있어 가장 권위 있는 저널로 인정받았다.[28]

### (3) 사무엘 즈웨머의 후기 사역

사무엘 즈웨머의 후기 사역(프린스턴 사역, 1929-1937)은 이집트 사역을 마치고 미국 본국으로 돌아와 프린스턴대학교를 중심으로 이루어진 사역이다. 즈웨머는 한참 사역에 매진하던 1918년 프린스턴신학교로부터 교수직 제안을 받았다. 그는 학교 측 제의를 거절하고 선교지 사역에 마음을 쏟았다. 즈웨머가 카이로 사역에서 물러나던 1929년 프린스턴신학교는 다시 그에게 교수직을 제안했고 그는 이를 수락했다. 그가 이런 결정을 내린 이유는 이슬람 선교를 위해 하나님께서 자신을 또 다른 방법으로 사용하실 것이라는 강한 신뢰 때문이었다.[29]

그는 프린스턴대학교에서 은퇴할 때까지 종교사와 기독교 선교학을 교수하며 학과장으로 사역했다. 그의 사역은 크게 3가지로 정리할 수 있다.

**첫째**, 학교에서 강의를 통해 선교사를 훈련하고 이슬람을 가르쳤다.

**둘째**, 이슬람에 관한 그의 해박하고도 풍부한 경험과 지식을 더욱 다듬고 정리해 문헌으로 남겼다. 즈웨머는 선교 초기부터 이런 문헌 작업의 중요성을 인식했다.

**셋째**, 그는 프린스턴 사역 기간에도 전 세계 여러 지역을 방문하며

---

27  Wilson, *Apostle to Islam*, 179.
28  Ruth A. Tucker, 『선교사열전』, 박해근 역 (서울: 크리스챤다이제스트, 1993), 367.
29  Wilson, *Apostle to Islam*, 209.

강의와 설교를 통해 이슬람 선교를 위한 그의 열정을 뿜어냈다.

즈웨머는 프린스턴 사역 기간 동안 수많은 단행본을 출판했다. 이 시기 그는 왕성한 문서 작업을 통해 기독교와 이슬람 그리고 이슬람 세계에 대한 기독교 선교의 현주소를 세계에 널리 알리고자 애썼다.

그의 끊이지 않는 이슬람 선교 열정은 은퇴 후에도 멈추지 않았다. 즈웨머는 선교지를 떠난 후에도 계간지「무슬림 세계」의 편집과 발행 작업을 중단하지 않고 지속했다. 이슬람 세계를 알고 그들에게 복음을 전하고자 밤이 맞도록 수고한 사무엘 즈웨머의 열정은 그가 남긴 수백의 전도지와 간행물 그리고 50권에 달하는 그의 저작물 속에 고스란히 스며있다.[30]

### (4) 사무엘 즈웨머의 공헌

사무엘 즈웨머의 선교적 공헌은 기독교 역사가들이 그를 '이슬람의 사도'라 부르는 용어에 이미 함축되어 있다. 그의 가장 큰 선교적 공헌은 이슬람 선교 동원이다. 그는 이슬람에 대해 너무나 무지하고 또 이슬람 선교를 거의 등한시했던 서구 개신교가 이슬람 세계에 눈을 돌릴 수 있도록 하는 데 결정적인 역할을 했다. 즈웨머는 이슬람 선교의 중요성을 서구교회에 알리고 기독교가 이슬람 선교를 하도록 도전했다. 그뿐만 아니라 그는 서구교회가 구체적으로 이슬람 선교를 진행할 수 있도록 조직적이고 체계적으로 그것들을 준비하고 실행한 지도자였다.

즈웨머는 '이슬람선교회'를 직접 조직했다. 그는 현장 선교사가 이슬람 선교에 대해 구체적 방안과 전략을 모색하고 논의하기 원했다. 그래

---

30 Ibid., 251-53. 즈웨머가 발행한 단행본에 관한 내용은 이곳에 나와 있다.

서 크고 작은 선교 대회가 열리도록 모금과 조직을 위해 행정력을 동원했다. 그가 시도한 모든 노력은 기독교 이슬람 선교에 있어 과거에는 전혀 없었던 일이었다. 이슬람 선교를 위한 개인적 도전과 접근은 과거에도 여러 차례 있었지만, 기독교 전체가 이렇게 구체적으로 이슬람 선교를 위해 행동에 나섰던 적은 없었다. 기독교가 행정적으로 조직되어 이슬람 세계에 접근하려는 시도는 즈웨머에 의해 처음 실행되었다.

즈웨머의 또 다른 공헌은 기독교가 이슬람 세계를 구체적이고 정확히 이해할 수 있도록 도운 것이다. 그의 기록에 의하면 그 당시 유럽은 이슬람 문헌이 이미 다양한 언어로 많이 소개된 상태였다. 미국을 중심으로 한 개신교 영어권에는 이슬람 서적이 거의 없었다. 그는 기존의 이슬람 문헌과 기록이 많이 있음에도 불구하고 언어와 문화적 이유로 그것들이 소개되지 않는 것을 안타깝게 생각했다. 즈웨머는 이슬람을 제대로 알지 못한 상태에서 선교사나 기독교인이 복음을 들고 무슬림에게 가는 것은 옳지 않다고 보았다.[31]

즈웨머는 이슬람학에서 다루는 대부분의 주제를 영어로 발간해 영어권 선교사와 기독교가 이슬람을 이해하도록 돕는 데 크게 기여했다. 그뿐만 아니라 인도, 중국, 스페인 남부, 동남아시아 등 무슬림이 사는 세계 여러 지역을 직접 방문해 이슬람 세계의 현황을 연구 조사했다. 그것은 이슬람 선교 전략을 위한 귀중한 자료가 되었다. 개신교 이슬람 선교 초기 단계에 그가 발행한 수많은 저작물은 이슬람 선교를 위해 아주 큰 도움이 되었다.

즈웨머가 남긴 중요한 선교적 공헌 가운데 하나는 이슬람 선교 방법이

---

31  Samuel Marinus Zwemer, *Islam, a Challenge to Faith* (New York: Laymen's Missionary Movement, 1907), preface.

다. 그는 과거와 같이 적대적 대결 구도가 아닌 그리스도의 사랑과 포용적 태도로 무슬림에게 접근하는 선교 방법을 제시했다. 그는 이슬람 선교를 위해 변증법적 논쟁과 공격적이고 이슬람을 무시하는 제국주의적 태도는 그리스도의 정신과 다르다고 생각했다. 즈웨머는 기독교가 그리스도의 사랑과 열정을 가지고 무슬림에게 친구로 다가가야 함을 역설했다. 그는 오랜 사역 경험을 통해 이슬람 세계와 문화를 지식과 삶으로 체득한 다음 이러한 선교 방법과 선교적 태도가 복음적인 방법이라고 생각했다.[32]

### (5) 사무엘 즈웨머의 영향

즈웨머가 우드베리에게 끼친 가장 지대한 영향은 이슬람 선교에 대한 강렬한 도전과 무슬림을 향한 사랑의 열정에 기반을 둔 선교 정신이다. 선교사 가정에서 자란 우드베리는 어린 시절부터 수많은 선교사를 만났다. 그가 미국 나이아크(Nyack)에 머물던 기간에 카네기홀에서는 매년 선교 대회가 열렸다. 이곳에 참석한 많은 선교사가 우드베리 가정을 방문했다. 어린 나이였음에도 불구하고 그는 선교사 부모로 인해 세계 선교 동향과 구체적인 선교 정보 그리고 선교 도전을 각국 선교사에게서 들었다. 그런데도 우드베리는 사무엘 즈웨머를 만나기 전까지 이슬람 선교에 대한 도전과 관심을 가져본 적이 전혀 없었다.

무슬림을 향한 즈웨머의 선교 열정과 방법은 우드베리 사역에 절대적 영향을 끼쳤다. 즈웨머는 강렬한 복음 열정과 함께 건설적이고 겸손하며 또 사랑을 통한 포용적 자세로 무슬림에게 접근했다. 그는 십자가

---

32 정승현, "'이슬람을 향한 사도' 사무엘 즈웨머의 선교이론 탐구"(a Study on the Mission Theories of Samuel M. Zwemer), 「선교와 신학」 38, No. - (2016). http://www.riss.kr/link?id=A101779708. 즈웨머 선교이론의 점진적 변화를 다루는 이곳을 보라.

영광과 권능을 가진 기독교인이 무슬림의 친구임을 증명하는 삶을 통해 복음을 전해야 한다고 믿었다. 즈웨머는 이슬람을 비롯한 타 종교에 대한 공격보다는 비록 상대가 공격적인 자세로 다가오더라도 상대를 존중하는 방식으로 복음을 전해야 한다고 주장했다.[33]

즈웨머는 선교를 위해 십자군 전쟁 같은 대결 구도적 방법을 사용하는 것은 무슬림으로 하여금 그리스도의 사랑을 도저히 받아들일 수 없게 만드는 미움과 증오의 불씨가 된다는 것을 알았다. 그는 서로의 생존을 위해 싸웠던 대결 구도적 선교 방법이 바람직하지 않다는 것을 선교 초기 단계부터 인식했다.[34] 즈웨머는 보다 바람직한 선교 방법을 찾고자 여러 문헌을 연구했다. 그가 문헌 연구를 통해 선택한 해답은 레이먼드 럴(Raymond Lull)의 선교적 접근법이었다.

서구 기독교는 이전까지 이슬람 세계에 대한 공포와 두려움이 만연했다. 레이먼드 럴의 선교 정신은 이슬람에 대한 적대감을 십자가 사랑의 열정으로 승화시킨 선교 정신이었다. 즈웨머는 럴의 선교적 접근법을 선택했다. 그가 선택한 선교 정신은 다음과 같다.

> 삼위일체 하나님의 사랑을 증거하기 위한 유일한 방법은 하나님이 우리에게 자신을 내어주신 것처럼 희생적으로 사랑을 담아 확실하고 열렬하게 다른 사람들과 하나님의 사랑을 나눠 가지는 것뿐이다.[35]

---

33 J. Christy Wilson, *Flaming Prophet* (New York: Friendship Press, 1970), 86.

34 Samuel M. Zwemer, *(the) Moslem World* (N. Y.: Eaton, 1908), 165. 이 장에는 이슬람 선교를 함에 있어서 대두되는 문제와 위험에 관한 즈웨머의 생각이 정리되어 있다.

35 송용원, "기독교 복음과 복음주의는 본질적으로 배타적인가?"『기독교사상』700호 특집(2017). Accessed Sept. 22, 2017. http://www.clsk.org/bbs/board.php?bo_table=gisang_special&wr_id=982&main_visual_page=gisang.

즈웨머가 선택한 선교 정신은 현재까지도 유효한 이슬람 선교의 중요한 기본 원리다. 그는 레이먼드 럴 연구를 통해 그리스도의 십자가 사랑에 기초한 선교 정신과 열정을 전수받았다. 무슬림을 향한 럴의 선교적 열정과 도전은 즈웨머에게만 머물지 않고 즈웨머를 통해 우드베리에게도 전수되었다. 즈웨머가 럴을 통해 전수받은 이슬람 선교 정신은 우드베리의 이슬람 선교학에 그대로 반영된 중요한 무슬림 접근법이다. 즈웨머가 럴을 통해 남긴 무슬림 접근법과 선교 열정은 그가 우드베리에게 끼친 가장 큰 선교적 영향 가운데 하나다.

2) 레이먼드 럴

레이먼드 럴(Raymund Lull, 1232-1315)이 무슬림에게 복음을 전하고자 했던 사랑의 열정은 사무엘 즈웨머를 통해 우드베리에게 지대한 영향을 끼쳤다. 럴이 무슬림에게 복음을 전하고자 애썼던 때는 십자군 전쟁으로 기독교와 이슬람이 어느 때보다 적대적 관계에 있던 시기였다. 11세기 말에 시작해 거의 200여 년 동안 지속된 십자군 전쟁(1095-1291)은 3가지 면에서 기독교 역사에 지울 수 없는 오점을 남겼다.

**첫째**, 서방교회와 동방교회 관계에 영구적 상처를 남겼다.[36]

**둘째**, 기독교와 이슬람 사이에 나타난 원한의 자국은 동방 무슬림에게 서구와 같이 잊힌 과거가 아니라 바로 어제의 사건으로 남아있다.

**셋째**, 십자군 운동은 기독교 세계의 도덕적 기온을 낮추었다.[37]

---

36 스티븐 니일은 십자군이 1204년 콘스탄티노플을 약탈하고 라틴제국을 수립한 결과가 결국 1453년 오스만 투르크에 의한 콘스탄티노플의 함락을 몰고 왔다고 보았다.
37 Neill, 136-39. 스티븐 니일에 의하면 십자군 전쟁의 만행적 태도는 이후 기독교 이단 운동을 억압하는 데 똑같은 원칙을 제공하는 기준점으로 본다.

십자군 전쟁이 한창일 때 정치적 접근이 아닌 종교적 접근을 시도한 기독교 세계의 움직임이 일어났다. 클뤼니수도원(L'Abbaye de Cluny) 원장이었던 페트루스 베네라빌리스(Petrus Venerabilis)는 무기나 폭력 그리고 증오가 아닌 말씀을 가지고 사랑과 이성을 통해 무슬림에게 다가가기 원했다. 그의 주도하에 클뤼니수도원을 중심으로 최초의 라틴어역 꾸란 프로젝트가 시작되었다.[38] 내용적 결함이 있기는 했지만 케톤의 로베르투스에 의해 최초의 라틴어 꾸란이 번역되었다. 1143년 7월에 완성된 이 꾸란은 기독교와 이슬람이 '이성적 대결'을 하는 데 필요한 도구가 되었다.[39]

　12세기 기독교 문명 운동을 주도했던 클뤼니수도회가 쇠퇴하면서 시토수도회, 프란체스코수도회, 도미니쿠스수도회 등이 생겨났다. 이때 평화의 수도사로 알려진 아시시의 프란체스코는 이슬람 세계를 직접 방문하고자 했다. 그는 무슬림을 기독교인으로 개종시켜 평화를 이루고자 했다. 하지만 1212년 오리엔트(동방)로 가려던 그의 계획이 달마티아에서 끝나고, 1214년에는 모로코로 가려던 계획마저 병 때문에 도중에 무산되었다.

　1219년에 결국 이집트에 당도한 프란체스코는 이슬람 지도자 술탄 알 카밀(Sultan al-Kamil)을 방문하고 마침내 복음의 메시지를 전할 수 있었다.[40] 비록 회심의 역사는 일어나지 않았지만, 무슬림에게 복음을 전하는 선교의 길을 처음 연 이 사건으로 말미암아 프란체스코수도회

---

38　Hagemann, 69-78. 최초의 라틴어 꾸란 형성사에 관한 내용은 이곳을 보라.

39　Ibid., 77. 이 번역본은 내용상 결함이 있기는 했지만, 꾸란의 본질적인 신앙 내용은 어느 정도 신뢰할 수 있을 만큼 재현되었다. 약 5백여 년간 계속된 여러 언어 번역작업에 가장 많이 사용된 번역본이다.

40　Ibid., 86.

와 도미니쿠스수도회는 이슬람 선교 사역에 새로운 장을 열었다. 이들의 기독교 선교가 이슬람에 대한 이해에 강조점을 두기는 했지만, 여전히 대결 구도의 접근법을 넘지는 못했다.

기독교 신학자 토마스 아퀴나스도 이슬람과의 대결을 염두에 두고 『대이교도대전』을 완성한 후 『신앙의 근거들』이라는 저서를 작성했다. 아퀴나스는 양자 간 종교적 대결을 위한 공통의 출발점을 모색했다. 그는 무슬림이 제기하는 질문에 응답하는 방식으로 기독교 신앙을 변증하고자 했다. 아퀴나스는 무슬림을 기독교 이단이나 배교자가 아닌 불신자로 표현하며 접근했다.[41] 그의 선교적 접근은 기독교적 관점에서 '안을 향한' 변증이었고, 이슬람 관점에서 기독교를 소개하는 '밖을 향한' 변증은 아니었다.[42]

토마스 아퀴나스 이후에도 도미니쿠스 수도사 몬테 크루치스의 리콜두스(Ricoldus de Monte Crucis)를 비롯해 프란체스코와 도미니쿠스 수도사들이 무슬림에게 다가가고자 하는 선교적 노력을 보였다. 이들 대부분의 선교적 접근은 꾸란에 대한 논박과 평화적 대화에서 전투적 논쟁으로 발전하는 종교적 대결 구도를 넘어서지 못했다. 이러한 시점에 레이먼드 럴이 시도했던 이슬람 선교의 선교적 시도와 접근법은 상당히 다른 모습을 보여주었다. 그는 대결 구도가 아닌 그리스도의 사랑에 기초한 평화적 접근법을 선택했다.

사무엘 즈웨머는 선교 초기에 레이먼드 럴을 연구했다. 그는 영어권에 소개되지 않았던 초기 이슬람 선교에 대한 여러 가지 자료를 수집하고 연구하던 가운데 럴에 관한 내용을 발견했다. 그리고 럴이 간직했던

---

41　Ibid., 106.
42　Ibid., 108.

십자가 사랑의 열정이 무슬림에게 진정한 복음을 전할 수 있는 유일한 길이라 생각했다. 그는 럴이 가졌던 선교 정신이 그 당시 기독교 이슬람 선교에 있어 가장 중요한 선교적 기반이 되어야 한다고 확신했다. 즈웨머는 사역 초기의 첫 저작물 『이슬람의 요람』(*The Cradle of Islam*)에 이어 두 번째로 『레이먼드 럴』(*Raymond Lull*)[43]을 영어로 출판해 영어권 교회에 소개했다. 즈웨머의 저작물을 통해 우드베리의 이슬람 연구에 영향을 끼친 레이먼드 럴의 삶과 사상은 다음과 같다.

### (1) 레이먼드 럴의 생애와 사역

레이먼드 럴(Raymund Lull)은 1235년 지중해 연안 스페인 마요르카섬의 저명한 가문에서 출생했다.[44] 그는 그 당시 젊은 프란체스코 혹은 도미니쿠스로 불린 인물이었다. 럴이 출생하고 자란 마요르카섬은 이슬람의 통치 아래 있다가 그가 출생하기 얼마 전 기독교가 탈환한 지역이었다. 바로셀로나 출신이었던 럴의 아버지는 이 전쟁에 참여해 혁혁한 공을 세웠다. 왕은 그의 공로를 인정해 그에게 이 섬을 선물로 주었다. 왕의 신임을 받던 명문 가문 출신의 럴은 왕의 자녀 제임스 2세의 교사가 되었다. 그는 장차 행정관의 길을 걸을 예정이었다.

럴은 젊은 시절부터 학문과 문학적 재능에 천재적 소질을 가지고 있었다. 궁정 생활의 향락문화에 어울려 방탕한 삶을 살던 그는 개종 경험을 통해 삶의 방향을 극적으로 돌렸다. 럴은 회심 후 환상을 통해 소명

---

43 Samuel Marinus Zwemer, *Raymond Lull* (New York and London: Funk & Wagnalls company, 1902). 이 책은 사무엘 즈웨머 단행본으로 레이먼드 럴을 영어로 소개하는 첫 저작물이다. 본 연구에서 다루는 내용과 인용은 이곳에서 사용한 자료임을 밝혀 둔다.

44 Ibid., 19. 럴의 출생년도에 관한 내용은 이곳을 보라.

을 받았다. 그것은 자기중심적 생활에서 벗어나 죽어 가는 사람들에게 그리스도의 복음을 전해야 하는 선교적 책임이었다.

처음 소명을 받은 후 그는 단호한 결단을 내렸다. 아내와 자식에게 필요한 얼마간의 재산만 남긴 후 프란체스코수도회의 전통을 따라 나머지 모든 재산을 가난한 자들에게 나누어 주었다. 그리곤 하나님께 전적으로 헌신한 삶을 살기로 선택하고 수도사가 되었다.

1266년경 럴은 이슬람 선교에 대한 소명을 처음 인식했다. 약 9년의 은퇴 생활을 정리한 후 그는 당시 기독교인을 가장 증오하고 위협했던 사라센 무슬림에게 복음을 전하기 위해 자신이 부름을 받았다는 분명한 소명 의식을 가졌다.[45] 이슬람 선교에 대한 소명을 받은 후 럴은 9년 동안 신학, 철학, 논리학, 의학같이 선교에 필요한 전문적인 학습과 아랍어를 배우고 익히기 위해 대부분의 시간을 투자했다. 이슬람 선교를 위해 그는 3가지를 생각했는데, 그것은 변증, 교육, 복음주의적 사역이었다.[46]

럴은 기독교 진리를 논리적으로 전하기 위해 60여 권이 넘는 기독교 변증과 신학 서적을 저술했다. 자신의 저술을 라틴어뿐만 아니라 자국어였던 카탈란어(Catalan)와 아랍어로도 작성했다. 럴의 저술은 이 분야에 있어서 라틴어가 아닌 다른 언어로 저술된 처음 저작물이었다.[47] 그는 전략적인 이슬람 선교를 위해 수도원을 세워야 한다고 주장했다. 복음을 전할 수 있는 사역자를 전문적으로 훈련할 수 있는 선교 훈련과

---

45  Ibid., 52, 53.
46  Tucker, 62.
47  Sidney Harrison Griffith, *The Bible in Arabic* (Princeton [N.J.]: Princeton University Press, 2013). 이슬람 발생 이전 초기 아랍어 성경 번역본에 관한 여러 가지 논쟁에 관해서는 이곳을 보라.

교육의 중요성을 역설했다. 결국, 럴은 마요르카에 수도원 학교를 개설했고 그곳에서 선교지리학과 아랍어 과정을 구성해 가르쳤다.

럴의 선교 열정은 이슬람 선교를 위한 동원과 교육에만 머물지 않았다. 그는 십자군 전쟁으로 인해 기독교와 이슬람이 적대적 관계에 있음에도 불구하고 알제리와 튀니지를 여러 차례 오가며 무슬림에게 직접 복음을 전했다. 그리스도를 향한 사랑과 잃어버린 영혼들인 무슬림에게 복음을 전하고자 했던 그의 선교적 열정은 그를 순교의 자리로 이끌었다. 럴은 북아프리카 알제리에서 공개적으로 복음을 전하다 화가 난 무슬림이 던진 돌에 맞아 1315년 결국 순교의 자리에 이를 만큼 복음의 열정이 충만한 전도자였다.

### (2) 레이먼드 럴의 공헌과 영향

레이먼드 럴이 남긴 선교적 공헌은 크게 3가지로 말할 수 있다.

**첫째, 개종에 관한 그의 사상과 저술이다.**

그는 삼위일체와 성육신의 합리성에 대한 저술을 통해 기독교 신앙을 반대하는 것에 이성적으로 맞섰다.[48] 그 당시 기독교 세계는 십자군 전쟁을 통해 무력으로 이슬람 세계에 맞서고자 했다. 하지만 그는 무력 대결이 아닌 평화적 방법으로 이슬람 세계에 접근하고자 했다. 그런 측면에서 그의 선교적 접근은 그 의미가 상당히 크다.

**둘째, 그는 누구도 들어가기 원치 않던 이슬람 세계에 들어가 복음**

---

48  J. Scott Bridger, "Raymond Lull:Meddieval Theologian, Philosopher, and Missionary to Muslims," *St. Francis Magazine* V (Feb. 2009) (2009): 9-24. http://www.stfrancismagazine.info/ja/images/pdf/Raymond-Lull-(JScott-Bridger).pdf. 이러한 럴의 생각과 사상에 대한 구체적인 내용은 이곳에 기록된 내용을 보라.

을 전했다.

그 당시 기독교와 이슬람은 전쟁으로 인해 적대적 관계에 있었다. 기독교인이 이슬람 세계를 방문하는 것은 죽음을 자초할 만큼 위험한 일이었다. 복음을 전하기 위해 이슬람 세계를 방문하는 일은 상상도 할 수 없었다. 럴은 죽음의 공포에도 아랑곳하지 않고 북아프리카 이슬람 세계를 세 번이나 방문했다. 그는 위험을 무릅쓰고 그곳에 머물며 복음을 전했다. 무슬림을 향한 럴의 선교적 헌신은 즈웨머와 우드베리에게 지대한 영향을 끼쳤다.

**셋째, 그리스도와 잃어버린 영혼을 향한 사랑의 열정이다.**

학생자원운동(SVM)의 리더 로버트 E 스피어(Robert E. Speer)는 "열정적 사랑으로 그리스도를 사랑했고 유일한 참된 선교 방법은 사랑의 방법이라는 것을 본 사람"이 럴이라고 그를 평가했다.[49] 기독교 세계가 십자군 같은 무력을 사용해 이슬람 세계를 기독교로 돌이키고자 했을 때 럴은 그리스도의 사랑을 가지고 이슬람 세계로 다가갔던 선교사였다.

> 필자는 바다 저 너머 무기와 힘으로 성지를 탈환할 수 있다고 생각하며 성지를 향해 떠나는 수많은 기사를 봅니다. 그러나 그들이 가질 수 있다고 생각했던 것을 갖기도 전에 결국 모든 것은 파멸할 것입니다. 그러기에 성지 회복은 주님의 사도들이 사랑과 기도 그리고 그들이 쏟아부었던 눈물과 피를 통해 이루었던 것처럼 그렇게 하는 방법 외의 다른 방법이 없는 것처럼 나는 보입니다.[50]

---

49 Zwemer, *Raymond Lull*, Introduction
50 Ibid., 52,53.

럴의 고백처럼 그는 그리스도의 사랑에 기초한 평화적 접근법을 이슬람 선교 방법으로 선택했다. "사랑하지 않는 자는 사는 것이 아니며 그 사랑의 생명으로 사는 자는 죽을 수 없다(He who loves not, lives not: he who lives by the Life cannot die)"라는 그의 위대한 선교 정신은 모든 선교사에게 하나님을 사랑하고 잃어버린 영혼을 향한 뜨거운 사랑의 열정을 전달한다.[51] 무슬림을 향한 럴의 사랑과 평화의 정신은 사무엘 즈웨머를 통해 우드베리에게 지대한 영향을 끼친 중요한 선교 정신이다.

럴을 "새로운 십자군" 혹은 "영적 십자군" 기사로 표현한 후대 작가는 말했다.

> 럴은 이슬람 선교를 위해 특별히 성취한 것이 아무것도 없는 것처럼 죽었지만, 죽음과 증오에 찬 얼굴로 길에서 돌을 던지던 사라센 무슬림에게 미소 짓던 럴의 사랑이 무함마드의 언월도(scimitar)를 무력이 아닌 사랑으로 정복한 진정한 영웅이었다.[52]

로버트 스피어는 럴 안에 있던 이런 참된 생명이 진정한 선교사의 정신을 보여주었다고 말한다.[53] 럴이 보여준 사랑의 열정은 그리스도의 사랑으로부터 기인한 것이다. 그 사랑의 진정한 생명력(Life)에 관한 럴의 철학과 사상은 이슬람 선교에 있어서 여전히 가장 영향력 있는 선교 정신이다.[54] 우드베리의 이슬람 선교학은 이런 선교 정신을 기반으로

---

51 Robert Elliott Speer, *Some Great Laeders in the World Movement* (New York Chicago Toronto London Edinburgh: Fleming H. Revell Company, 1967), 53.
52 Basil, 46.
53 Speer, 50.
54 J. N. Hillgarth, *Ramon Lull and Lullism in Fourteenth-Century France* (Oxford Oxford University Press, 1971). 이 책은 유럽에서 발행된 단행본이다. 이곳에서 레이먼드

이루어졌기 때문이다.

### 3) 케네스 크래그

케네스 크래그(Kenneth Cragg, 1913-2012)는 우드베리의 평화적 대화법에 가장 큰 영향을 끼친 학자다. 우드베리의 이슬람 연구에 있어서 가장 핵심적 요소 가운데 하나가 '평화와 정의'에 관한 내용이다.

우드베리가 처음 평화적 대화법에 관심을 가진 계기는 그의 레바논 방문이다. 대학 시절 자신의 소명을 확인하기 위해 레바논으로 단기 선교여행을 떠났을 때 우드베리는 무슬림과 함께 생활하며 그들의 세계관을 경험했다. 팔레스타인 난민촌을 방문하고 유대인과 무슬림 그리고 기독교인을 만나며 그들이 얼마나 서로를 미워하고 증오하며 사는지 그들의 삶의 실체를 보았다. 그는 미움, 증오, 두려움으로 얼룩진 끝없는 적대적 대결 구도가 만든 참담한 선교 현장을 직접 목격했다. 비록 짧은 단기 선교 여행이었지만 그는 그 시간을 통해 기독교 이슬람 선교에 있어 평화와 정의의 주제가 얼마나 중요한지를 깊이 생각했다.[55]

우드베리는 레바논 베이루트아메리칸대학교(AUB, American University of Beirut) 교환학생(1957-59)이었다. 그는 AUB에서 이슬람학 석사과정을 통해 정통 이슬람을 수학했다. 대학교에는 여러 훌륭한 이슬람 학자들이 있었다. 하지만 우드베리에게 가장 결정적 영향을 끼친 학자는 케네스 크래그였다.

우드베리는 대학교 학장이었던 크래그를 여름 학기에 처음 만났다.

---

럴에 대한 더 많은 자료를 다루기는 하지만 여기서는 사무엘 즈웨머의 저작물을 중심으로 선교적 관점에서 그의 생애와 사역을 다루었다.

55 Woodberry, "My Pilgrimage in Mission."

그것이 계기가 되어 크래그는 우드베리의 이슬람 선교학의 사역적 기초와 평화적 대화법을 통한 이슬람 사역의 모델이 되었다.[56] 크래그는 우드베리의 이슬람 선교학에 학문적으로 가장 큰 영향을 끼친 인물 가운데 한 명이다. 우드베리의 이슬람 선교학의 평화적 대화법에 지대한 영향을 끼친 케네스 크래그의 삶과 사역에 관한 내용은 다음과 같다.

### (1) 케네스 크래그의 생애와 사역

케네스 크래그는 1913년 영국에서 태어났다. 블랙풀문법학교(Blackpool Grammar School)를 거쳐 옥스포드대학교를 졸업한 그는 1936년 영국 성공회 신부가 된 다음 레바논에 부임해 영국시리아선교회(British Syria Mission)를 통해 제2차 세계대전 동안(1942-1947) 베이루트 아메리칸대학교에서 철학을 가르쳤다. 크래그는 성공회 신부로 철학을 가르치는 교수 사역을 하게 되었지만, 하나님은 그를 레바논으로 부르셔서 그에게 이슬람 사역에 비전을 갖게 하셨다. 이것이 계기가 되어 그는 평생 이슬람 사역에 헌신한 기독교 이슬람 학자가 되었다.[57]

세계대전이 끝난 후 옥스포드대학교로 돌아온 그는 "20세기 이슬람"(Islam in the Twentieth Century: The Relevance of Christian Theology and the Relationship of Christian Missions to Its Problems)이란 주제로 논문을 마친 다음 1950년 박사학위를 취득했다. 학위 과정을 마친 크래그는 미국으로 건너와 하트퍼드(Hartford)신학교에서 이슬람을 가르치는 교수 사역(1951-1956)을 다시 했다. 신학교에서 사역하는 동안 그는 선교사 지망

---

56 Reisacher, 18.
57 Gerald H. Anderson, *Biographical Dictionary of Christian Missions* (New York: Macmillan Reference USA, 1998), 157. 본 연구에서 다루는 크래그의 생애와 사역에 관한 내용은 이곳을 주자료로 사용했다.

생을 훈련했고 「무슬림 세계」(*The Muslim World*)를 편집하면서 그의 저서 가운데 가장 잘 알려진 『미나렛의 초청』(*The Call of the Minaret*, 1956)[58]을 출판했다.

미국에서 얼마간 교수 사역을 한 크래그는 예루살렘에 있던 성죠지 대성당으로 사역지를 옮겼고 그곳에서 몇 년간 교회 사역을 했다. 중동에서 얼마간 시간을 보낸 그는 영국 캔터베리에 있는 성어거스틴대학교(1959-1967)로 부임하여 아랍어와 이슬람을 가르치며 교수와 총장으로 근무했다. 그는 이 기간 예루살렘에서 시작한 두 개의 중요한 이슬람 선교 연구 프로그램("Operation Reach"와 "Emmaus Furlongs")[59]을 계속 개발해 완성했다. 크래그는 이후 나이지리아 이바단대학교(University of Ibadan)에서 1970년까지 이슬람 선교학을 가르치며 교수 사역을 했다.

나이지리아를 떠난 후 크래그는 이집트로 다시 사역지를 옮겼다. 그리곤 이집트가 성공회 교구의 지위를 인정받을 때까지 그곳에서 보좌주교로 임명되어 카이로에 머물렀다. 그는 신분의 특성상 중동 북아프리카 여러 지역을 돌아다니며 사역을 해야 했다. 하지만 이렇게 여러 이슬람 지역을 옮겨 다닌 경험 때문에 누구보다 이슬람 문화를 깊이 이해하는 이슬람 학자가 되었다.

마지막 선교 현장인 이집트를 떠나 영국으로 돌아온 그는 목회 사역을 다시 시작했다. 그는 목회를 하면서도 무슬림 이민자와 가까이서 사역을 했고 1981년 은퇴 후에도 이슬람과 기독교를 주제로 하는 저작 활

---

58 Kenneth Cragg, *The Call of the Minaret* (Maryknoll, N.Y.: Orbis, 1985).
59 Lutheran School of Theology, "A Center of Christian-Muslim Engagement for Peace and Justice," https://lstcccme.wordpress.com/dr-kenneth-craggs-emmaeus-furlongs-studies-for-christians-in-christian-muslim-relations. "Emmaus Furlongs"에 관한 자세한 내용은 이곳을 보라.

동을 멈추지 않았다. 크래그는 2012년 주님 품으로 떠나기 전까지 30여 권이 넘는 주요 단행물과 수많은 저작물을 남겼다.

### (2) 케네스 크래그의 공헌과 영향

케네스 크래그의 가장 중요한 선교적 공헌은 기독교가 이슬람 선교를 함에 있어 대화적 접근(Dialogical approach) 방법의 문을 열도록 한 것이다. 쉴로르프의 말대로 그는 "개신교 진영에서 이슬람과의 대화를 위한 신학적인 토대를 놓는 데 선도적인 역할을 한 사람"[60]이다.

크래그는 미국 하트퍼드신학교에서 선교사 지망생들을 대상으로 강의하던 내용을 토대로 『미나렛의 초청』[61]이라는 책을 저술했다. 그는 이 첫 번째 저작물에 자신이 생각한 기독교 이슬람 선교의 방향과 사상을 그대로 반영해 저술했다. 이슬람 선교를 향한 그의 생각과 뜻은 그의 후속 저작물을 통해 계속 이어졌다.[62] 크래그는 기독교가 무슬림에게 다가가기 위해서는 아주 정교하고도 세련된 평화적 접근법을 사용해야 한다고 보았다. 이해, 섬김, 사회적 행위, 복음 해석, 그리스도 안에서 무슬림과 회복된 관계로의 회복, 혹은 복귀를 위한 모든 사역이 여기에 포함된다고 보았다.[63]

샘 쉴로르프는 이슬람에 접근하는 크래그의 사상을 다음과 같이 해석한다.

---

60　Schlorff, 64.
61　우드베리는 이 책이 자신의 이슬람 연구에 가장 큰 영향을 미친 단행본 가운데 하나라고 말한다.
62　Schlorff, 64. 이슬람 사역의 선교학적 모델을 연구한 샘 쉴로르프도 이 책이 향후 크래그의 모든 저작물에 그가 따르려는 방향을 도식화한다고 평한다.
63　Boston University School of Theology, "Cragg, Albert Kenneth(1913-2012) British Christian Interpreter of Islam." http://www.bu.edu/missiology/missionary-biography/c-d/cragg-albert-kenneth-1913/.

크래그는 우리에게 기독교인들로서 "그 목적은 십자군들이 믿은 대로 기독교 세계가 잃어버린 것을 탈환하는 것이 아니라, 무슬림들이 잃어버린 그리스도를 그들에게 회복시켜 주는 것이다"(1956:246)라고 기록했다. 크래그는 이것을 "영적"(spiritual)이라 부르는데 이는 "영토의 복구"(territorial retrieval)와 반대되는 것이다. 그리고 "모든 다른 것을 초월하여 그리스도를 회복하는 것"(pp. 256-57)이라고 선언한다.[64]

크래그의 이슬람 접근법은 이슬람을 공격하고 기독교를 변호하던 과거의 방법과는 다른 선교적 접근법이다. 그는 이슬람을 객관적으로 정리해 이해하고 이슬람과 기독교와의 차이점을 부각해, 기독교가 전하고자 하는 성경의 진리를 무슬림이 이성적으로 판단할 수 있도록 맡기는 대화법을 선택했다. 이런 선교적 접근법은 기독교 진영뿐만 아니라 무슬림 학자들조차도 폭넓게 수용했다. 그는 기독교와 이슬람의 만남과 대화에 있어 평화와 이성적 대화를 중요한 선교 접근법으로 다루었다.

크래그는 그가 속한 성공회 종교 간 관계 신학에 지속적 영향을 끼쳤다. 그는 성공회를 넘어 전체 기독교 세계가 이슬람과 다른 종교를 대함에 있어 새로운 패러다임을 가지도록 했다. 그는 10년에 한 번씩 개최되는 성공회 주교 회의, 램버스회의(Lambeth Conferences)에 모두 세 번(1988, 1998, 2008)을 참석했고 그럴 때마다 기독교가 지향해야 할 종교 간 대화법의 중요한 요소를 호소했다. 그는 관대한 사랑을 통한 호의(Hospitality), 성육신하신 그리스도처럼 평화와 복음 사절로서의 자세,

---

64 Schlorff, 65. 인용문에 나와 있는 참고문헌은 "The Call of the Minaret"을 저자가 인용한 것이다.

그리스도를 전하는 대사(Embassy)적 태도로서의 존재를 종교 간 대화법에 있어 가장 중요한 요소라고 주장했다.[65]

크래그의 이슬람 연구와 그의 선교적 접근법은 같은 성공회 사제요 에딘버러대학교에서 아랍어와 이슬람을 가르쳤던 윌리암 몽고메리 와트(William Montgomery Watt)의 이슬람 연구와 상당히 대조를 이루었다. 크래그는 수많은 저작물을 통해 이슬람의 경전과 전통을 기독교 세계와 일반 대중에게 객관적으로 소개하고 설명했다. 이슬람 세계에 접근했던 그의 방식은 이슬람 학자들조차도 그의 학문적 자세를 존경하며 그의 저작물을 사용할 만큼 이슬람을 객관적이고 정교하며 또 조심스러웠다.

특별히 무슬림이 가장 이해하기 어려운 성육신과 기독론에 관한 내용을 크래그는 자신의 저작물을 통해 심도 있게 다루었다. 그는 십자가가 하나님의 구원을 완성하는 유일한 방법이라고 확신했다. 그러면서 무슬림의 관심 영역인 하나님의 공의와 정의를 십자가를 통해 온전히 설명할 수 있다고 주장했다. 그리고 무슬림이 성육신을 수용하는 것과 십자가를 통해서만 신적인 용서가 효력을 가진다는 사실을 믿는 것이 본질적이라 생각했다. 크래그는 복음주의 신학에 입각한 이슬람 연구를 기독교 선교사가 준비할 수 있도록 학문적 기초를 제공했다.[66]

---

65 Richard Sudworth, "Hospitality and Embassy: The Persistent Influence of Kenneth Cragg on Anglican Theologies of Interfaith Relations," *The Anglican Theological Review* 96 No.1 (2014). http://www.anglicantheologicalreview.org/static/pdf/articles/sudworth.pdf. 램버스회의에서 크래그가 미친 신학적 공헌에 관한 자세한 내용을 이곳을 보라.

66 백신종, "기독교의 이슬람 접근법에 관한 역사적 고찰과 교훈." https://www.academia.edu/27506006/%EA%B8%B0%EB%8F%85%EA%B5%90%EC%9D%98_%EC%9D%B4%EC%8A%AC%EB%9E%8C_%EC%A0%91%EA%B7%BC%EC%97%90_%EA%B4%80%ED%95%9C_%EC%97%AD%EC%82%AC%EC%A0%81_%EA%B3%A0%EC%B0%B0_A_Brief_Historical_Survey_and_

우드베리가 크래그에게 받은 가장 직접적인 영향은 이슬람 선교학이다. 크래그는 이슬람 선교를 준비하는 선교사를 위해 누가복음 24장에 기록한 엠마오 제자의 내용을 통해 "엠마오의 길"(Emmaus Furlongs)[67]이라는 제목의 선교사 훈련 프로그램을 계발했다. 총 19장으로 구성된 이 프로그램은 무슬림에게 복음 진리의 핵심인 그리스도를 나누기 위해 꼭 필요한 기독론을 중심으로 전개된다. 우드베리는 자신의 이슬람 선교학을 『엠마오 도상의 무슬림과 기독교인』(Muslims & Christians on The Emmaus Road)[68]이라는 단행본으로 편집해 출판했다.

크래그는 우드베리에게 평화적 접근법을 사용해 이슬람 세계에 다가가는 학문적 태도와 자세에 지대한 영향을 끼쳤다. 종교적 이유로 증오와 갈등이 가득한 중동에서도, 크래그는 인내와 사랑 그리고 아주 세심한 주의를 기울여 평화적이며 공손한 태도로, 하지만 냉철한 이성적 자세로 무슬림에게 다가가는 대화법을 사용했다. 인내심을 가지고 엠마오로 가던 제자와 동행하며 그들에게 자신을 알리셨던 예수와 같이 우드베리에게 사랑과 온유 그리고 평화적 방법으로 예수 그리스도를 분명하게 드러내는 복음 전도법을 삶과 학문으로 가르쳤던 크래그는 우리베리의 훌륭한 멘토였다.[69]

---

Lessons_from_the_Christian_Approaches_to_Islam_Concerning_the_Son_of_God_Translation.

67 Theology. Study #1에서 "Operation Reach"와 "Emmaus Furlongs"에 관한 배경과 취지를 다루고 있다. 엠마오의 길에 대한 세부내용은 이곳을 보라.

68 J. Dudley Woodberry, *Muslims & Christians on the Emmaus Road* (Monrovia: MARC, 1990). 우드베리는 자신이 구성하고자 하는 이슬람 연구의 핵심 주제를 단독으로 직접 집필할 수 있는 능력이 있음에도 불구하고 의도적으로 각 주제와 영역에 풍부한 현장 경험과 이론을 겸비한 학자들 자료를 엮어 이 책을 편집했다.

69 Mark Beaumont, *Christology in Dialogue with Muslims* (Eugene, OR: Wipf and Stock, 2011), 134. 무슬림 대화법에 관한 비평서인 이곳에서 제8장 크래그의 대화법에 나오는 내용을 보라.

우드베리가 크래그에게 영향을 받은 또 하나의 학문적 영역은 문화인류학과 민속 이슬람이다. 크래그 이전 기독교 이슬람 학자 대부분은 이슬람 세계를 연구할 때 주로 경전을 중심으로 한 정통 이슬람 이해에 중점을 두었다. 하지만 크래그는 무슬림 사상과 그들 전통문화를 바로 이해할 수 있어야 그들에게 더욱 존중하는 자세로 다가갈 수 있다고 생각했는데 이것은 이슬람의 세계관과 문화 구조를 깊이 연구함으로 가능한 것이다.

크래그는 문헌 연구만을 가지고 이슬람 세계를 이해하는 것은 부족하다고 생각했다. 그는 무슬림의 일상 생활에 관심을 두고, 그들이 실제로 사고하고 행동하는 것을 깊이 연구하는 문화인류학적 접근을 통해 무슬림의 세계관을 이해했다.[70] 그의 학문적 자세는 이슬람 경전과 문화 연구를 넘어 이슬람의 영성 세계, 수피즘 연구[71]에까지 이르렀다. 크래그는 이슬람 세계를 이해하기 위해 경전과 문서에 국한되지 않고 무슬림 삶 전체를 통해 이슬람 세계를 연구했다. 그의 이슬람 연구 방법은 우드베리의 민속 이슬람 연구에 촉매제 역할을 했다.

### 4) 하기브 경

하기브 경(Sir Hamilton Alexander Rosskeen Gibb, 1895-1971)은 우드베리 이슬람 학문에 가장 큰 영향을 끼친 이슬람 학자다. 우드베리는 하버드대학교 이슬람학 박사과정에 입학한 다음 이슬람학과장이었던 하기

---

70 Charles H. Kraft, 『기독교 문화인류학』, 안영권, 이대헌 역 (서울: 기독교문서선교회, 2006), 36, 37. 크래그가 시도했던 접근법이 문화인류학적 연구 방법이었다는 것은 이곳에서 확인할 수 있다.

71 Kenneth Cragg, *The Wisdom of the Sufis* (London: Sheldon Press, 1976).

브 경을 만났다. 우드베리는 이슬람을 연구할 때 무슬림 자료, 비무슬림 자료, 민속 이슬람 자료를 가지고 이슬람을 선교신학적으로 해석한다.[72] 이런 우드베리의 이슬람 연구에 비무슬림 이슬람 연구법을 제공한 이슬람 학자가 바로 하기브 경이다.

우드베리는 레바논 베이루트아메리칸대학교(AUB, American University of Beirut)에서 기독교 이슬람 학자 나비 페리스(Nabih Amin Faris), 영국인 무슬림으로 사우디아라비아 압둘 아지즈 이븐 사우드(Abdul Aziz Ibn Saud), 왕의 자문이었던 성 요한 필바이(St. John Philby), 무슬림 학자 다우드 라흐발(Daud Rahbar) 같은 이슬람 학자로부터 정통 이슬람을 사사했다. 그는 이슬람학과장이었던 나비 페리스의 지도로 "꾸란의 죄 개념에 대한 이해"(Toward The Understanding Of The Qur'anic Concept Of Sin)로 그곳에서 이슬람학 석사학위를 받았다.

이슬람학 석사과정을 마친 우드베리는 영국 옥스포드대학교와 미국 하버드대학교 이슬람학 박사과정 진로를 두고 고민했다. 마침내 미국 하버드대학교로 진로를 결정한 그는 하버드에서 하기브 경을 처음 만났다. 하기브 경은 당대 서구 최고의 이슬람 학자였으며 하버드대학교 이슬람학과장이었다. 그는 동양 언어와 역사에 뛰어난 학자로 옥스포드대학교와 하버드대학교의 학문적 정통성을 자신의 이슬람 연구를 통해 학문적으로 승계한 학자였다.

우드베리는 레바논에서 아랍 이슬람 학자를 통해 무슬림의 관점으로 이슬람을 해석하는 정통 이슬람을 사사했다. 하지만 하버드대학교에서 비무슬림의 관점으로 이슬람을 연구하는 것은 그에게 또 다른 이

---

72 D. J. Woodberry, "The View from a Refurbished Chair," *AMERICAN SOCIETY OF MISSIOLOGY SERIES* -, No. 23 (1996), http://www.riss.kr/link?id=O8054572.

슬람 연구에 대한 도전이었다. 하기브 경은 이슬람 세계에 관한 그의 해박한 지식을 우드베리에게 학문적으로 승계하는 일에 지대한 역할을 했다. 그는 우드베리가 비무슬림의 관점으로 이슬람을 이해하고 학문적으로 연구하는 데 절대적 영향을 끼친 인물이다. 하기브 경의 삶과 그가 남긴 학문적 공헌과 영향은 다음과 같다.

### (1) 하기브 경의 생애와 사역

하기브 경은 1895년 이집트 알렉산드리아에 거주하던 스코틀랜드 가정에서 태어났다. 그는 학업을 위해 다섯 살 때 스코틀랜드로 건너가 개인 교수를 통해 약 4년간 학습지도를 받은 다음 1904년 에딘버러왕립고등학교에 입학했다. 그곳에서 불어, 독어, 물리, 과학 같은 고전 과목을 중심으로 공부한 다음, 1912년 에딘버러대학교로 진학했다. 하기브 경은 대학에서 히브리어, 아랍어, 아르메니아어 같은 셈어를 전공했다. 하지만 대학 시절 발발한 제1차 세계대전으로 인해 학업을 잠시 중단하고 영국군 장교로 군에 잠시 입대했다. 전역 후 1922년 그는 런던대학교 동양아프리카학과에서 아랍어를 전공한 다음 석사학위를 취득했다.

하기브 경은 1921년부터 1937년까지 런던대학교에서 아랍어를 가르쳤다. 그는 이 기간에 자신의 저서 가운데 가장 유명한 『이슬람대백과사전』[73]을 편집했다. 1937년부터 옥스포드대학교 이슬람학과 아랍어 교수(Laudian Professor)로 18년간 재직한 그는 1955년부터 은퇴할 때까지 하버드대학교에서 이슬람과 동양학 그리고 셈어를 가르치며 아랍어 교수(*The James Richard Jewett Professor of Arabic*)로 재직했다. 그가 이슬람학과

---

73　H. A. R. Gibb, *The Encyclopaedia of Islam* (Leiden: Brill, 1954).

장으로 있을 때 우드베리는 그를 포함한 저명한 이슬람 학자를 사사해 박사학위를 받았다.

하기브 경은 이슬람과 연관된 수많은 단행본과 저작물을 남겼다. 그의 수많은 저작물 가운데 특별히 주목할 내용은 『이슬람 사회와 서구』 (Islamic society and the West),[74] 『현대 이슬람 동향』(Modern Trends in Islam)[75] 같은 저작물이다. 서구 문명이 이슬람 사회에 끼친 영향으로 인해 18세기 이슬람 세계에 일어난 사회적 변화와 이슬람 사회의 변화를 그는 지속해서 연구하고 분석했다. 그의 관심과 연구 주제는 나중에 우드베리로 하여금 현대 이슬람주의를 연구하는 데 큰 영향을 끼쳤다. 하기브 경은 『이슬람대백과사전』 편집을 통해 정통 이슬람과 현대 이슬람 세계의 변화를 학문적으로 병행 연구하며 이슬람 세계를 연구하였다.

### (2) 하기브 경의 공헌과 영향

하기브 경이 우드베리에게 끼친 가장 큰 공헌과 영향은 비무슬림 학자가 정통 이슬람을 다루는 연구 방법 사사다. 당시 하기브 경이 구성한 하버드대학교 이슬람학과는 조지 마크디시(George Makdisi),[76] 세예드 호산 나스르(Seyyed Hossain Nasr),[77] 안나마리 쉬멜(Annemarie Schimmel),[78]

---

74 H. A. R. Gibb and Harold Bowen, *Islamic Society and the West* (London: Oxford University Press, 1957).
75 Hamilton Alexander Rosskeen Gibb, *Modern Trends in Islam* (New York: Octagon, 1978).
76 George Makdisi는 미국, 레바논, 프랑스 소르본에서 수학했다. UM, 하버드를 거쳐 나중에는 UPenn에서 동양연구학과장을 지냈다.
77 Seyyed Hossain Nasr는 이란 출신 학자로 MIT를 거쳐 하버드에서 수학했다. 하버드, 에딘버러, 프린스턴 등 유수한 대학교를 거쳐 죠지워싱턴에서 이슬람 교수로 지냈다.
78 Annemarie Schimmel은 19살에 박사학위를 받은 독일 출신 천재 동양학자다. 그녀는 이슬람과 수피즘에 뛰어난 학자로 하버드에서 교수로 봉직했다.

로버트 벨라(Robert Bellah),[79] 윌프레드 캔트웰 스미스(Wilfred Cantwell Smith)[80] 같은 학자가 교수했다. 우드베리는 이런 세계적인 학자로부터 이슬람 세계의 다양한 분야를 객관적 시각으로 바라보며 연구하는 방법을 사사했다. 그는 하기브 경이 구성한 하버드대학교 이슬람 연구 방법을 통해 비무슬림의 관점으로 이슬람을 연구하는 당대 최고의 학문적 깊이를 갖출 수 있었다.

우드베리는 그의 박사 논문을 준비하며 '이집트 무슬림 형제단'[81] 창시자 하산 알 바나(Hassan al-Banna)가 시작한 이슬람 원리주의 이론을 연구 주제로 삼아 1968년 박사학위를 취득했다. 그는 이 과정을 통해 이슬람 원리주의 사상과 또 현대 무슬림 원리주의자가 서구 세계에 대해 향후 어떤 태도를 취할 것인지를 알고 있었다. 우드베리가 정통 이슬람과 현대 이슬람 세계의 동향과 새로이 일어난 이슬람주의[82]와 이슬라미스트[83]에 관힌 이슬탐 원리주의를 초기 단계부터 깊이 연구할 수 있도록 돕는 데 하기브 경의 영향은 지대했다.

하기브 경이 하버드대학교 이슬람 연구를 통해 우드베리에게 끼친

---

79 Robert Bellah는 하버드출신 사회학자로 막시즘을 연구한 공산당원이기도 했다. 그는 특별히 종교사회학자로 하버드를 비롯해 UC버클리에서 가르쳤다.
80 Wilfred Cantwell Smith는 캐나다 출신 비교종교학자다. 프린스턴 출신으로 하버드 세계종교학센터 원장이었다.
81 '무슬림 형제단'은 이집트를 넘어 아랍권에서 가장 영향력 있고 또 가장 큰 이슬람 단체다. 이들은 아랍 민족주의를 넘어 범이슬람주의를 추구하는 정치, 종교, 사회 단체다. 이슬람 테러 집단의 대명사로 불리는 이슬람 원리주의자의 효시가 바로 하산 알 바나가 이끄는 무슬림 형제단이다.
82 Bassam Tibi, 『이슬람주의와 이슬람교』, 유지훈 역 (서울: 知와 사랑, 2013). 이슬람과 이슬람주의는 종교와 종교화된 정치에 있어서 차이점을 보인다. 이것에 대한 더 자세한 내용은 이 단행본을 보라.
83 「미주한국일보」, "한국인 이슬라미스트." Accessed Oct. 6, 2017. http://www.koreatimes.com/article/20140916/874660. 이슬람주의를 추구하는 자들에 대한 지칭이다.

영향과 공헌은 앞에서 살펴본 것처럼 정통 이슬람과 현대 이슬람을 비무슬림의 시각을 통해 객관적으로 다루며 접근하는 법을 우드베리에게 계승한 것이다. 우드베리는 현대 이슬람 동향을 그에게 사사했다. 현대 사회에 중요한 쟁점이 되는 이슬람주의에 대한 우드베리의 깊은 통찰력과 이해 그리고 그것을 다룰 수 있는 그의 학문적 능력은 하기브 경이 우드베리에게 끼친 공헌이다. 하기브 경은 우드베리가 자신의 이슬람 선교학을 개발할 때 객관적 관점으로 이슬람을 연구할 수 있는 학문적 방법론에 큰 영향을 끼쳤다.

### 5) 민속 이슬람

민속 이슬람은 우드베리의 이슬람 선교학에 가장 큰 도전과 새로운 패러다임을 제공했다. 우드베리는 이슬람 세계를 더 깊이 이해하기 위해 다른 학문을 통한 이슬람 연구의 필요성을 이미 알고 있었다. 그가 본격적으로 민속 이슬람에 관해 관심을 두고 이 분야 이슬람 연구를 시작하게 된 계기는 1978년 글렌아이리컨퍼런스와 그 회의 결과물로 탄생한 『복음과 이슬람』(*The Gospel and Islam*)을 통해서다.[84] 민속 이슬람이 우드베리의 이슬람 선교학에 끼친 영향은 다음과 같다.

민속 이슬람을 한마디로 정의하기는 쉽지가 않다. 그런데도 민속 이슬람이 중요한 이유는 일반 무슬림의 삶과 문화에 가장 밀접하게 연결되어 있기 때문이다. 민속 이슬람은 정통 이슬람에 자국 문화의 원시적이고 정령 숭배적인 토속 신앙이 이슬람으로 통합되어, 일반 무슬림의 삶에 깊이 뿌리를 내리고 있는 이슬람 형태를 말한다.

---

84  Woodberry, interview.

민속 이슬람의 6대 요소를 요약하면 다음과 같다.[85]

① 능력: 귀신, 천사, 마나(Mana, 비인격적인 힘)
② 능력을 가진 사람: 이맘, 마술사
③ 능력의 대상: 주문, 부적
④ 능력의 장소: 메카, 성인의 무덤
⑤ 능력의 시간: 무함마드 생일, 성지순례 기간
⑥ 능력의 의식: 쿠란을 이용한 기도 및 기도문 암송

정통 이슬람은 이슬람 신앙의 5가지 기둥인 신앙고백, 기도, 구제, 금식, 성지순례와 6가지 믿음 조항인 알라, 천사, 경전, 선지자, 심판의 날, 운명 예정 같은 신앙 내용을 믿는다. 민속 이슬람은 정통 이슬람에서 다루지 않는 신앙과 실천을 나눈다. 정통 이슬람과 민속 이슬람을 이해하기 쉽도록 도표로 비교 설명하면 다음과 같다.

| 정통 이슬람 | 민속 이슬람 |
| --- | --- |
| 인식, 진리 지향 | 감성, 마음 |
| 법률적 | 신비적 |
| 삶의 궁극적 이슈:<br>기원, 천국, 지옥, 목적 | 일상의 염려:<br>건강, 인도, 성공, 번영 |
| 쿠란 | 초자연적 능력 |
| 종교적 관례 | 신비적 계시 |
| 제도적 | 영감적 |
| 자비를 구하는 | 조정하는 |

〈표 1〉 정통 이슬람과 민속 이슬람 비교(Rick Love 2000:22)

---

85 Rick Love, *Muslims, Magic and the Kingdom of God* (Pasadena, Calif.: William Carey Library, 2000), 24.

무슬림은 원래 유일신을 믿기 때문에 다른 신의 존재를 인정하지 않는 것처럼 보인다. 무함마드는 유일신 알라를 섬기는 것과 다른 영의 세계를 믿고 따르는 것을 별개의 것으로 여겼다. 자신의 삶에 연관된 축복과 저주 등에 정령이 관여한다고 생각하고 초자연적 능력에 의존하는 관습은 정통 이슬람보다 일반 대중에게 있어 훨씬 넓게 퍼져 있는 사상이다. 무슬림 세계관은 이런 영계 의식에 물들어 있고 조금씩 모양은 다르지만 애니미즘적 영향은 거의 모든 무슬림 세계관에 공통으로 자리 잡고 있다.[86]

우드베리는 이슬람 최고의 정통 학문을 연구했다. 그는 자신이 배우고 익힌 최고의 정통 학문을 통해 이슬람 세계를 충분히 알고 있다고 생각했었다. 하지만 이슬람의 본고장인 중동 선교 사역을 통해 자신이 알던 정통 이슬람과 대중이 실제로 믿고 실천하는 이슬람 신앙 사이에 상당한 차이가 있음을 발견했다. 위 도표처럼 일반 무슬림의 관심은 죄의 문제가 아니라 악령과 공포 그리고 두려움으로부터 자신을 지키고 보호할 수 있는 누군가를 찾는 것에 더 관심이 많다는 것을 이해하게 되었다.

10여 년 동안 선교 현장에서 지냈던 우드베리는 민속 이슬람 연구의 중요성을 인식했지만, 그것에 관한 연구의 필요성을 절감하지는 못했다. 하지만 글렌아이리컨퍼런스에 참여한 것이 민속 이슬람 연구의 중요성을 다시 한번 깊이 인식하는 계기가 되었다. 그는 대부분의 무슬림이 민속 이슬람의 영적 세계 속에 사로잡혀 살고 있기에 민속 이슬람 연구는 무슬림에게 복음을 제시하는 데 너무나 중요하다는 사실을 그

---

86  Phil Parshall, 『무슬림 전도의 새로운 방향』, 채슬기 역 (서울: 예루살렘중동선교회, 2003), 110.

때 분명히 확인했다.[87]

이것이 그의 이슬람 연구에 새로운 패러다임을 갖게 했다. 우드베리는 『복음과 이슬람』을 통해 민속 이슬람을 본격적으로 연구하기 시작했다. 그리고 마침내 민속 이슬람이 복음의 가교가 될 수 있다고 판단하고 이슬람을 문화인류학적 관점으로 다시 연구하기 시작했다. 그의 이슬람 연구에 큰 영향을 끼친 『복음과 이슬람』의 내용은 다음과 같다.

6) 복음과 이슬람

『복음과 이슬람』(The Gospel and Islam)은 우드베리의 이슬람 연구에 혁신적 계기를 제공했다.[88] 본 단행본은 1978년 세계 최초로 무슬림 전도를 위해 북미주 컨퍼런스를 개최한 후 출판된 저작물이다. 로잔세계선교위원회 요청으로 개최한 글렌아이리컨퍼런스를 마친 후 위원회는 그곳에서 발표한 40편의 기고문을 편집해 출판했다. 그것이 이슬람 선교 개요서(Compendium), 『복음과 이슬람』[89]이다. 그 당시 사우디아라비아에서 사역하고 있던 우드베리는 이 컨퍼런스의 성찬 예배 인도와 설교자로 초청받았다.

글렌아이리컨퍼런스는 이슬람 선교에 있어 세계 역사를 바꿀 만큼 중요한 행사였다. 세계 최초로 무슬림 전도를 위해 개최한 이 북미주 컨퍼런스는 많은 결과물을 낳았다. 그 가운데 하나가 이슬람 선교 전문가의 사역 보고와 기고문 발표다. 이 컨퍼런스를 위해 주최 측은 약 6개월

---

87  Swartley, 231.
88  Woodberry, interview.
89  MacCurry.

동안 40편의 기초 원고를 이슬람 선교 전문가로부터 수집했다.[90] 컨퍼런스 기간 기독교 이슬람 선교에 관련된 선교사, 학자, 선교회 대표 등 각 분야의 전문가들이 무슬림 전도에 가장 중요하다고 생각되는 다양한 주제의 기고문을 발표했다.

우드베리는 이 컨퍼런스에 참석해 다양한 주제와 사역 실제를 들으며 이슬람 연구 방법에 대한 생각 전환이 일어났다. 그는 자신이 선교 현장에서 고민했던 민속 이슬람이 복음을 전하는 가교가 될 수 있다는 새로운 이해와 통찰을 가졌다. 컨퍼런스에서 다룬 내용을 통해 선교사가 무슬림과 복음을 나눔에 있어 가장 많이 대면하는 주제의 실체를 분명히 인식했다. 그는 이슬람 선교에 있어 민속 이슬람에 대한 연구가 얼마나 중요한지 이곳에서 다시 한번 분명히 확인했다.

우드베리는 이슬람 세계를 이해하기 위해 정통 이슬람을 연구했지만, 그것만으로는 충분하지 않았다. 대부분의 무슬림의 삶은 민속 이슬람과 더 많이 연결되어 있기 때문이었다. 우드베리는 무슬림의 삶을 이해하기 위해 문화인류학적 연구를 통해 이슬람 세계의 또 다른 면을 연구하기 시작했다. 이런 그의 연구에 결정적 영향을 미친 것이 바로 글렌아이리컨퍼런스와 이 컨퍼런스를 통해 출판한 이슬람 개요서(Compendium) 『복음과 이슬람』(*The Gospel and Islam*)이다.

### 7) 복음주의 영향

복음주의 신학은 우드베리의 이슬람 선교학에 많은 영향을 끼쳤다. 우드베리의 이슬람 연구는 철저히 복음주의 신학에 기초한다. 그의 복음주

---

90 Ibid., 39. 이 책에 기재된 40편의 소논문 주제는 이곳을 보라.

의 배경은 화란계 이민자였던 그의 가족 배경에서 기인한다. 중국 선교사였던 그의 조부모와 부모는 모두 화란 개혁주의 신학 배경을 가졌다.

그들은 미국의 대표적 복음주의 선교단체 CMA(Christian and Missionary Alliance) 선교사였으며, 우드베리는 CIM선교회가 운영하던 선교사 자녀 기숙학교에서 성장했다. 그는 어린 시절부터 복음주의 신학 교육의 영향을 받으며 자랐다.

우드베리는 미국으로 돌아온 다음 탁월한 복음주의 교육가 프랭크 배렐린이 학교장으로 있던 스토우니브루크기숙학교에서 청소년 시절을 보냈다. 대학 시절 소명을 발견한 그는 사명을 감당하기 위해 신학교육의 필요를 느꼈다. 그래서 그 당시 미국의 대표적 복음주의 신학교로 알려진 풀러신학교에 입학했다. 우드베리는 그곳에서 두 명의 중요한 멘토를 만났는데 그중 한 명이 풀러신학교 설립자 찰스 E. 풀러였고 다른 한 명은 에드워드 존 키넬이있나.

### (1) 찰스 E. 풀러

찰스 E. 풀러(Charles E. Fuller, 1887-1968)는 우드베리의 이슬람 선교학에 있어 복음주의 신학과 분명한 기독교 복음 전도의 중요성에 가장 큰 영향을 끼친 인물이다. 풀러는 당대 미국 최고의 방송 전도자였다. 그 당시 세계 최초의 정규 라디오 방송국이 1920년 미국에서 KDKA라는 이름으로 탄생했다. 그 후 1930년대 FM 주파수 기술이 발명되면서 AM에 이어 최초의 FM 방송국이 개설되었고 라디오는 일반인의 삶에 더욱 넓게 보급되었다. 복음 전도자였던 풀러는 이 신기술 방송 매체를 통해 더 많은 사람에게 복음을 전하고자 했다.[91]

---

91 Daniel P. Fuller, *Give the Winds a Mighty Voice* (Waco, Tex.: Word Books, 1972). 여기서 다루는 풀러에 관한 자료는 풀러의 아들이 기록한 이 책을 원자료로 사용했다.

풀러는 1924년 본인의 모교인 바이올라대학교 방송국을 통해 처음 방송 설교를 시작했다. 자신의 교회 예배 실황도 복음 전도의 목적으로 송출하며 방송기술과 복음전도를 접목해 사용했다.[92] 그의 멈출 수 없는 복음 전도 열정은 1930년부터 그로 하여금 KREG라디오방송국을 기점으로 본격적인 방송 사역을 시작하도록 이끌었다.[93]

한국에서 처음 라디오 방송국이 설립된 것이 1926년 사단법인 경성방송국이었고 그 이듬해인 1927년 첫 방송을 개시했다. 이러한 시대적 상황을 고려할 때 풀러는 무선 전파 기술이 가져다준 라디오 신기술의 엄청난 영향력을 복음 전도에 적극적으로 활용할 만큼 열린 생각을 가진 지도자였다.[94] 1960년 방송사역 35주년 기념회를 가진 후에도 그는 방송을 중단하지 않았다. 그가 진행했던 "추억의 부흥 시간"(Old Fashioned Revival Hour)이라는 프로그램은 1963년 ABC방송국이 가장 영향력 있는 종교 프로그램으로 선정할 만큼 인기가 있었다. 풀러는 이 프로그램을 내릴 때까지 약 40년간 방송 사역을 멈추지 않았다.[95]

풀러는 복음 전파에 누구보다 열정적이었기에 기독교 사역자 양성에 많은 관심을 가졌다. 그는 LA침례신학교 교수, 갈보리교회 담임, 그 외 1928-32년 동안 바이올라대학교 이사장이라는 중책을 기쁜 마음으로 맡았다. 그의 방송 설교를 듣고 성경을 더 알기 원하는 사람들이 보낸 편지만 매일 1만 통이 넘었다. 어느 날 그는 하나님으로부터 복음을 필요로 하는 사람들을 위해 더 많은 기독교 사역자 양성에 대한 강렬한 부담을 받았다. 그렇게 해서 1947년 시작한 사역이 바로 풀러신학교 사

---

92  임윤택, 『풀러』(아이러브처치, 2009), 92.
93  Fuller, 75-79.
94  임윤택, 『풀러』, 104.
95  Fuller, 187.

역이었다.[96]

우드베리는 풀러신학교에 입학해 풀러를 처음 만났다. 풀러는 어느 날 라스베이거스에서 열린 영적대각성집회에 네 명의 학생을 초청했고 그중 한 명이 우드베리였다. 우드베리는 그 집회에 참석해 풀러의 설교를 듣고 깊은 감명을 받았다. 풀러의 설교는 단순하고 소박하면서도 생명을 변화시키는 아주 강력한 메시지였다. 우드베리는 풀러의 설교를 통해 앞으로 자신이 전하게 될 복음의 내용과 복음 전달 방법에 대한 깊은 통찰과 영향을 받았다.[97]

### (2) 에드워드 존 카넬

에드워드 존 카넬(Edward John Carnell, 1919-1967)은 우드베리가 기독교 복음을 효과적으로 전하기 위해 다양한 학문을 변증법적으로 전하는 것에 영향을 끼친 학자다. 카넬은 그 당시 내표적 복음주의 기독교 변증가였다. 그는 휘튼대학과 웨스트민스터신학교를 거쳐 하버드와 보스턴대학교에서 종교철학과 철학을 연구해 박사학위를 받았다. 카넬은 기독교 변증에 관한 여러 권의 책을 저술했는데 특별히 그의 변증법적 접근법은 많은 사람에게 영향을 끼쳤다.

카넬은 풀러신학교 총장 재임 기간(1954-1959) "신학교의 영광"(The Glory of Theological Seminary)이라는 글을 통해 신학 교육에 대한 자기 생각을 밝혔다[98]. 그는 신학교가 영광으로 삼아야 할 가장 중요한 핵심 요

---

96　Ibid., 189.
97　Woodberry, "My Pilgrimage in Mission," 6.
98　Edward John Carnell, *The Glory of Theological Seminary* (Pasadena, CA, USA: Fuller Theological Seminary, 1970).

소가 '사랑'이라고 말했다.[99] 그가 신학교 총장으로 가졌던 정신은 풀러 신학교가 지향하고 추구했던 신학 교육의 중요한 이념이 되었다. 카넬은 풀러신학교 총장 취임 전에 이미 신학 교육에 대해 많은 생각을 했었다. 이러한 자기 생각을 변증법적으로 다루어 『사랑의 왕국과 삶의 긍지』(The Kingdom of Love and the Pride of Life)라는 저작물로 출판하였다.[100]

우드베리는 카넬의 진가를 찰스 풀러와 마찬가지로 라스베이거스 영적대각성집회를 통해 처음 알았다. 그는 최고의 지성과 학문을 사용해 복음을 전하는 카넬의 설교를 통해 깊은 감명을 받았다. 카넬의 복음 전도 설교는 일반적인 설교와 달랐다. 그의 설교는 기독교적 관점에서 비기독교인에게 일방적으로 메시지를 전달하는 방법이 아니었다. 카넬은 비기독교적 관점에서 복음을 객관적으로 생각할 수 있는 메시지를 선포했다. 이러한 카넬의 변증법적 설교는 우드베리의 복음 전도 방법에 큰 영향을 주었다.[101]

우드베리는 영적대각성집회에서 카넬이 전하는 메시지를 통해 기독교를 모르는 사람이 그들의 시각으로 기독교에 접근할 수 있도록 변증하는 탁월한 접근법을 보았다. 카넬이 전한 메시지는 기독교를 모르는 사람이 처음 복음을 접할 때 맞닥뜨리게 되는 수많은 쟁점과 인간 삶에 관련된 복잡한 주제를 포함했다. 그는 비기독교적인 주제를 객관적으로 다루며 사람들을 복음으로 인도했다. 카넬은 무슬림에게 복음을 나눔에 있어 그들이 객관적으로 기독교 신앙에 접근할 수 있도록 도와야 한다는 우드베리의 이슬람 선교학에 지대한 영향을 끼쳤다.

---

99 Ibid., 5, 6.

100 Edward John Carnell, *The Kingdom of Love and the Pride of Life* (Grand Rapids: Eerdmans, 1960).

101 Woodberry, "My Pilgrimage in Mission," 6.

## 3. 우드베리의 이슬람 연구 방법

우드베리의 이슬람 연구 방법론은 우드베리의 이슬람 선교학의 핵심이다. 우드베리는 이슬람 선교를 위한 새로운 이슬람 연구 방법을 개발했다. 그는 자신이 개발한 이슬람 연구 방법으로 여러 저작물을 출판했다. 그가 남긴 여러 저작물 연구는 우드베리의 이슬람 연구 방법을 이해하는 데 가장 중요한 기초가 된다. 여기서는 그의 이슬람 연구 방법을 연구 분석해 요약 기술한다.[102]

### 1) 연구 방법 개발 배경

19세기 후반까지 중동과 근동 지역에서의 이슬람 선교는 별로 기록할 만한 이야깃거리가 없었다. 기독교는 좀 더 생산적인 지역에 비교해 무슬림 세계를 등한시했다고 기독교 역사 학자 스티븐 니일(Stephen Neil)은 주장했다.[103]

개신교는 사무엘 즈웨머가 1906년 카이로에서 개최한 세계 최초의 이슬람권 선교 대회 이후부터 이슬람 선교에 관심을 두기 시작했다. 카이로선교대회는 기독교 선교에 있어 이슬람 선교를 위한 새로운 시대의 시작을 알리는 선교 대회였다. 개신교는 카이로선교대회를 시작으로 에딘버러선교대회, 인도 러크나우선교대회 같은 세계적인 선교 대

---

[102] 본 연구에 사용한 저작물은 우드베리가 필자에게 직접 전달한 저작물이다. 우드베리는 지난 50년간 이슬람 사역을 하면서 그가 추구했던 이슬람 연구의 핵심 내용을 정리해 필자에게 전달했다. 그가 필자에게 설명과 더불어 전달한 이 저작물은 그의 연구 방법을 이해함에 있어 시작, 과정, 결과를 단계적으로 보여준다.

[103] Neill.

회를 계속 개최했다.

여러 차례 선교 대회가 열렸지만, 로잔세계선교위원회가 본격적으로 이슬람 선교에 관심을 두기 전까지 이슬람 세계는 여전히 기독교 선교의 불모지였다. 로잔세계선교위원회는 세계 최대 미전도종족 집단인 이슬람 세계에 관심을 두고 그들을 전략적 선교 대상으로 재조명했다. 로잔세계선교위원회 노력으로 이슬람 선교에 역사를 바꿀 만한 중요한 사건이 1978년에 일어났다. 그것은 북미주에서 열린 글렌아이리이슬람선교컨퍼런스였다. 이 컨퍼런스는 황무지 같던 이슬람 선교에 개신교가 새로운 물줄기를 내어 생수를 공급하는 역할을 했다.

글렌아이리컨퍼런스 이후 이슬람 선교에 작은 지각 변동이 일어났다. 컨퍼런스 이후 선교위원회는 중요한 결정을 내렸는데 하나는 무슬림 전도를 위한 이슬람 개요서 출판이고, 다른 하나는 이슬람을 전문적으로 배우고 연구할 수 있는 연구 기관의 설립이었다.[104]

이 콘퍼런스 이전에는 이슬람 선교를 위해 전문적인 훈련과 정보를 받을 기회가 많지 않았다. 이슬람 선교를 준비하는 선교사는 이슬람에 대해 거의 무지하거나 자신이 수집하고 연구한 단편적인 이슬람을 아는 것이 전부였다. 대부분의 선교사가 이슬람에 대한 이해가 전혀 없이 본국에서 생각하던 선교를 상상하며 선교지에 왔다. 그나마 이슬람에 대한 사전 지식과 이해를 습득한 경우는 무슬림이나 비무슬림이 운영하는 교육 기관을 통해 정통 이슬람을 학습한 경우다.

컨퍼런스를 준비한 돈 맥커리는 이 컨퍼런스가 끝난 다음 선교위원회 결정으로 '윌리암 캐리 국제대학교' 캠퍼스에 1979년 '사무엘 즈웨

---

104  MacCurry. 글렌아이리컨퍼런스 내용과 결과물은 이곳을 보라.

머 연구소'를 설립했다.[105] 풀러신학교도 1978년부터 이슬람 연구 과정을 개설했다. 1976년까지 풀러신학교 교수였던 랄프 윈터는 1977년 '윌리암 캐리 국제대학교'를 설립하면서 '사무엘 즈웨머 연구소'와 함께 이슬람 연구 프로그램을 학위 과정으로 시작했다. 글렌아이리컨퍼런스는 이슬람권 선교사와 기독교 지도자가 이슬람을 배우고 연구할 수 있는 기독교 이슬람 선교 연구 과정을 개설하는 데 중요한 역할을 했다.[106]

그 당시 풀러선교대학원, '윌리암 캐리 국제대학교', '사무엘 즈웨머 연구소'는 모두 LA 근교 파사데나에 있었다. 이 세 기관은 세계 선교를 위해 매우 긴밀한 관계를 유지했었다. 특히 풀러선교대학원 교수였던 랄프 윈터는 1976년 미국세계선교센터(US Center for World Mission)을 설립한 후 1977년 '윌리암 캐리 국제대학교'을 다시 설립했다. 풀러선교대학원과 '윌리암 캐리 국제대학교' 그리고 미국세계선교센터는 세계 선교를 위해 서로 많은 것을 공유하고 도우며 향후 미국 주도의 세계 선교에 큰 공헌을 했다.

우드베리는 글렌아이리컨퍼런스를 다녀온 후 여러 가지로 이유로 사우디아라비아 사역을 정리하고 RBC로 옮겨 신학교 사역을 했다. 그 당시 풀러선교대학원 교수로 재직하고 있던 폴 히버트와 찰스 크래프트는 이제 막 개설한 이슬람 연구 프로그램 교수에 우드베리가 적임자라고 생각했다. 이들은 파사데나에서 시작한 이 사역에 우드베리가 동

---

105 '윌리암 캐리 국제대학교'와 미국세계선교센터(US Center for World Mission)는 랄프 윈터 박사에 의해 설립되었다. 두 기관은 같은 캠퍼스에 위치해 있었고, 이 센터는 미국 세계 선교의 허브와 같은 역할을 했다. 전 세계 수많은 선교단체의 미국 본부 사무실 이곳에 있었다. '사무엘 즈웨머 연구소'는 랄프 윈터의 도움으로 이곳 캠퍼스에 연구소를 개설할 수 있었다.
106 글렌아이리컨퍼런스를 계기로 개신교는 이슬람을 일반과정, 학사과정, 석사과정으로 이수할 수 있는 정규 학위 프로그램을 북미주에 개설했다.

참해 달라고 요청했고, 글렌아이리컨퍼런스 이후 기독교 이슬람 선교를 연구하는 방법에 큰 생각의 전환이 일어났던 우드베리는 이 제의를 기꺼이 받아들였다.

우드베리는 파사데나로 사역지를 옮긴 후 글렌아이리컨퍼런스에서 발표해 출판한 이슬람 개요서, 『복음과 이슬람』을 기초로 자신의 해박한 이슬람 지식을 더해 이슬람 개론 교과 과정을 구성했다. 이 프로그램은 기독교 이슬람 선교를 위해 기독교 지도자와 이슬람권 선교사를 훈련하기 위한 목적으로 개설되었다. 그는 자신이 개발한 이 학위 과정을 '사무엘 즈웨머 연구소', '윌리암 캐리 국제대학교', 풀러선교대학원을 통해 교수했다.

우드베리는 글렌아이리컨퍼런스에서 얻은 통찰력을 가지고 기독교 이슬람 선교를 위한 이슬람 연구법을 더 깊이 개발하기 원했다. 1985년 풀러선교대학원 교수로 사역지를 옮긴 후 그는 본격적인 기독교 이슬람 연구를 시작했다. 1987년 로잔세계선교위원회는 무슬림에게 복음을 전하기 위해 반드시 고려해야 할 주제에 관한 논의를 위해 이슬람 세계 곳곳에서 사역하는 전문가를 네덜란드로 초청했다. 위원회는 우드베리에게 이슬람 선교를 위한 연구 방향과 주제를 제시해 달라고 요청했고, 그것이 본격적인 계기가 되어 그는 풀러선교대학원을 통해 복음주의 신학교 가운데 가장 방대한 이슬람 연구 프로그램을 개발했다.

2) 연구 방법과 핵심 자료

우드베리는 풀러신학교에서 이슬람을 교수하는 동안 자신만의 독특한 이슬람 연구 방법을 개발했다. 그가 만든 이슬람 연구 방법은 기존의 이슬람 연구와 차이가 있다. 그는 기독교가 무슬림에게 효과적으로 복음을 전하기 위한 이슬람 연구 방법을 개발했다. 우드베리는 자신의 이슬람 연구를 '의자의 네 다리'로 설명한다. 여기서는 우드베리의 이슬람 연구의 핵심 이론을 연구 분석해 기술한다.

우드베리는 자신이 추구하는 이슬람 연구 방법을 "개장(改裝)한 의자에서 본 관점"(The View from a Refurbished Chair)[107]이라는 제목의 취임사를 통해 밝혔다. 그는 자신이 풀러선교대학원 학장과 이슬람학 석좌교수에 취임할 때 이 글을 발표했다. 풀러선교대학원장에 취임하면서 향후 자신이 풀러선교대학원을 통해 발전시켜 나가고자 하는 이슬람 선교학의 연구 방법을 "의자"(The Chair)로 표현해 설명했다.[108]

우드베리의 이슬람 연구의 핵심 이론은 4가지 요소로 구성된다. 그는 이것을 의자의 네 다리(The Legs of the Chair)로 표현했는데, 그가 말하는 의자의 네 다리는 AD 972년 이집트 카이로에 세워진 세계 최초의 대학 알-아자르(Al-Azhar) 모스크에 놓여 있던 의자의 네 다리를 말한다. 그 당시 알-아자르는 전 세계에서 모인 학생들로 가득 차 있었다. 강의를 듣고자 하는 학생들은 모스크 기둥 옆에 있는 의자를 마주하고 원형을 이루어 바닥에 둘러앉았다. 그러면 학자는 학생들 앞에 놓인 의자에 앉아 자신이 가르칠 주제를 교수했다.[109]

알-아자르모스크에 있던 기둥과 의자는 학자의 권위와 신분을 알려주는 중요한 상징이었다. 학자의 권위와 명성에 따라 바닥에서 가죽 매트, 가죽 매트에서 쿠션, 그리고 마지막 단계에 이르면 쿠션에서 의자로 올라가 앉게 된다. 의자에 앉는 학자는 자기가 강연하는 분야에 있어 최고의 권위와 명성을 가졌음을 의미한다.

---

107 Woodberry, "The View from a Refurbished Chair."
108 Ibid., The Chair.
109 Ibid., The Making of the Chair.

우드베리는 자신이 개발한 기독교 이슬람 연구를 통해 모든 기독교 이슬람 연구가 이러한 단계에 이르기를 원했다. 그는 정통 이슬람 학자가 앉던 의자에 이슬람 선교를 열망하는 모든 사역자가 앉기를 바랐다. 그의 이슬람 연구법을 통해 이슬람을 연구하는 모든 사람이 이러한 권위와 명성을 갖기 원했다. 그는 수많은 구도자가 알-아자르모스크 바닥에 앉아 의자에서 교수하던 학자의 강연에 귀 기울였던 것처럼 수많은 무슬림 구도자가 기독교 사역자들이 나누는 복음에 귀 기울여 복음을 듣기 소망했다.

우드베리의 이슬람 연구의 핵심 이론인 4가지 요소, 즉 의자의 네 다리는 다음과 같다.

### (1) 무슬림 자료

의자를 지탱하는 첫 번째 다리는 무슬림 자료다. 우드베리의 이슬람 연구의 첫 번째 요소는 무슬림 자료(Muslim Sources)를 사용해 이슬람을 연구하는 방법이다. 이것은 정통 이슬람을 연구하는 학문적 태도와 내용뿐만 아니라 이슬람 교리와 신조에 충실한 정통 무슬림의 실천적 요소도 포함한다. 정통 이슬람 연구는 종교 현상학자가 말하는 무슬림의 종교적 경험 공감을 가지고 이슬람을 보려고 시도하는 것이다. 이 연구법을 통해 우드베리가 얻고자 하는 것은 복음 전도자가 자신의 관점으로 이슬람에 접근하는 것이 아니라 무슬림 시각으로 이슬람 세계를 이해할 수 있도록 하는 것이다.[110]

우드베리는 이슬람을 경전과 문서로만 분석하고 연구하는 것의 한계를 지적한다. 기독교는 과거에 이슬람 세계를 이러한 방법으로 접근

---

110　Ibid., Leg 1: Muslim Sources.

했다. 기독교적 관점으로 이슬람을 해석해 오류를 찾았고 그것을 통해 이슬람을 비판하고 공격했다. 기독교적 관점으로 무슬림에게 접근할 때 무슬림은 복음 증거자에게 오만과 편견의 장벽을 느낀다. 무슬림의 관점에서 이슬람을 연구할 때 무슬림은 마음을 열고 자신의 종교를 이해하려는 기독교 증거자의 말에 귀를 기울일 것이다. 우드베리 연구 방법은 이 점에 있어 다르다.

우드베리는 무슬림이 생각하는 이슬람 세계를 이해하기 위해 "기독교 복음 전도자는 무슬림이 이슬람을 이상적으로 정의하고 그것을 신봉하는 것처럼 기꺼이 그렇게 할 의지가 있어야 한다"[111]고 생각했다. 그렇게 할 때 무슬림이 자신의 종교 이슬람에 대해 어떤 생각과 감정을 가지고 있는지 알 수 있고, 무슬림의 관점과 정서로 이슬람을 바라볼 수 있기 때문이다.

### (2) 비무슬림 자료

의자를 지탱하는 두 번째 다리는 비무슬림 자료다. 우드베리의 이슬람 연구의 두 번째 요소는 비무슬림 자료(Non-Muslim Sources)를 사용해 이슬람을 연구하는 방법이다. 두 번째 다리는 목수가 공들여 의자 다리를 조각하듯 서구 동양학자와 비무슬림 학자가 공들여 연구한 이슬람 자료를 가지고 이슬람을 연구하는 방법이다.

> 그들은 사본 편집, 색인과 대백과사전 편집 그리고 흩어진 많은 자료를 수집하고 해석하는 작업을 통해 이슬람 이해에 엄청난 보탬을 주었다. 아직 양쪽 학자들은 다른 쪽 학문을 빌려쓰기보다 자기만의 연

---

111 Ibid.

구 방법을 주로 사용하는 경향이 있다. 심층 연구를 하는 동양학자는 역사와 언어학 도구를 사용하며 행태론보다 원문을 강조한다. 그렇기 때문에 그들은 종종 그들이 연구하는 것에 대한 종교적 경험이나 공감대가 없다.[112]

비무슬림 학자들은 이슬람을 연구하지만 정작 그들이 연구하는 분야들은 서로 큰 연관성을 갖지 않는다. 필수 언어학을 연구한 이슬람 학자가 역사 자료로 연구를 전환할 때 행태과학은 거의 사용하지 않는다. 종교 역사 학자는 이슬람 추종자의 삶과 경험, 헌신에 초점을 두지만, 철학적이고 역사적인 훈련에는 관심이 없다.

기독교 선교사와 신학자는 이슬람을 연구할 때 기독교인이 경험한 신학적 카테고리 안에서 자기에게 익숙한 방법으로 이슬람을 연구해 왔다. 그래서 기독교인이 말하는 이슬람은 자기들이 아는 이슬람이 아니거나 기독교인이 잘못된 이슬람을 억지로 만들었다고 무슬림은 생각한다. 우드베리는 이슬람 연구에 있어서 통합적 연구의 중요성을 강조한다. 그렇게 할 때만 기독교 복음 전도자가 이 모든 도구를 사용해 무슬림에게 복음을 더 효과적으로 전할 수 있기 때문이다.

(3) 민속 이슬람 자료

의자를 지탱하는 세 번째 다리는 민속 이슬람 자료다. 우드베리의 이슬람 연구의 세 번째 요소는 민속 이슬람(Popular Beliefs and Practices)을 통해 이슬람을 연구하는 방법이다. 세 번째 다리는 일반 대중이 믿는 토속 신앙과 관행이 이슬람화된 민속 이슬람을 가지고 이슬람을 연구하

---

112  Ibid., Leg 2: Non-Muslim Sources.

는 방법이다.

이집트 카이로에 위치한 이슬람 최고의 대학 알-아자르에는 정통 이슬람을 공부하는 학생들이 가득하다. 하지만 알-아자르 바로 길 건너편에는 수피 종단의 대표적인 모스크인 후세인모스크가 세워져 있다. 그리고 이 후세인모스크에는 지식이 아닌 능력을 갈망하는 무슬림 추종자들이 가득하다. 그들은 민속 이슬람의 관행을 추구한다. 이것이 이슬람 세계의 현실이다. 이슬람을 연구하는 대부분 이슬람학자는 정통 이슬람을 연구한다. 하지만 거리에 있는 수많은 대중의 삶을 실제로 지배하는 이슬람의 관행은 일상생활과 토속적 관습에 깊이 뿌리를 내리고 있다.

이슬람 학자들 가운데 민속 이슬람을 연구하는 사람은 거의 없다. 이와 반대로 문화인류학자는 민속 이슬람에 대해 많은 것을 알지만 정작 정통 이슬람을 거의 모른다. 이슬람을 연구할 때 정통 이슬람을 깊이 연구하는 것이 이슬람을 바로 이해하는 것으로 생각하는 경우가 많다. 이것은 이슬람 세계를 바르게 이해한 것이 아니다. 왜냐하면 정통 이슬람만이 이슬람 세계의 전부가 아니고 정통 이슬람이라 생각하는 많은 관행과 믿음의 기둥들조차도 사실은 아라비아반도를 비롯해 이슬람이 전파된 지역의 토속 관행이 이슬람에 융합된 것이기 때문이다.[113] 이슬람 세계를 바르게 이해하기 위해서는 민속 이슬람을 반드시 알아야 한다.

민속 이슬람은 무슬림의 삶과 일상에 깊이 뿌리를 내리고 있다. 민속 이슬람을 이해하지 못하면 이슬람 세계를 온전히 이해할 수 없다. 무슬림에게 복음을 전하고자 하는 복음 전도자는 무슬림이 원하는 가장 큰 필요와 관심사가 무엇인지를 정확히 이해할 필요가 있다. 일반 무슬림

---

113  김아영, 58.

의 관심은 죄의 문제가 아니다. 그들은 악령과 공포 그리고 두려움으로부터 자신을 지키고 보호해 줄 수 있는 누군가를 찾는다.

### (4) 선교학

의자를 지탱하는 네 번째 다리는 선교다. 우드베리의 이슬람 연구의 네 번째 요소는 선교적 관점으로 이슬람을 연구하는 것이다. 마지막 네 번째 다리는 의자를 완성하는 과정에서 필요하다. 의자를 완성하기 위해 마지막 다리를 맞추는 작업은 도목수(都木手)가 직접 한다. 우드베리는 이것을 선교라 말한다. 이슬람을 연구하는 기존의 수많은 프로그램이 있음에도 불구하고 우드베리가 또 하나의 이슬람 연구 프로그램을 다시 시작한 이유는 선교 때문이라고 주장한다. 우드베리의 이슬람 연구의 가장 중요한 목적과 연구 초점은 선교다. 사실 이 마지막 다리를 위해 나머지 세 다리가 존재한다고 그는 말한다.[114]

네 번째 다리는 나머지 세 다리와의 연결이 필요하다. 나머지 세 다리의 도움이 없이 의자는 불안정한 상태가 된다. 우드베리는 "나머지 셋은 이해를 위한 것이지만 어떤 요구에 헌신이 없는 이해는 무책임한 것"[115]이라고 말한다. 기독교 이슬람 선교를 위해 우드베리가 개발한 이슬람 연구는 기존의 이슬람 연구와 다르다. 이슬람을 이해하는 것이 연구 목적이 아니다. 그의 이슬람 연구 목적은 무슬림에게 복음을 전하기 위한 것이다.

---

114 Woodberry, "The View from a Refurbished Chair." 더 자세한 내용은 The Legs of the Chair에 나오는 내용을 보라.

115 Ibid., Leg 4: Mission.

3) 우드베리 선교학

우드베리의 이슬람 선교학은 우드베리가 개발한 이슬람 연구 방법을 선교신학으로 정립한 것이다. 그의 이슬람 선교학은 그의 선교학을 중심으로 이루어졌다. 우드베리 선교학의 뿌리는 풀러선교대학원의 학문적 전통에서 찾을 수 있다.

초기 풀러선교대학원 선교학 과정은 선교와 관련 있는 여러 가지 학과목을 한곳에 모아놓은 선교 관련 학과목 채집장 같았다. 우드베리는 1992년 풀러선교대학원 원장으로 취임하며 전 학장이었던 폴 피어슨 박사의 제안으로 새로운 선교학 커리큘럼을 구상했다. 그는 풀러선교대학원 선교학의 핵심 장점(Core Competencies)을 말씀(Word), 세상(World), 교회(Church/Kingdom)로 정의했다.

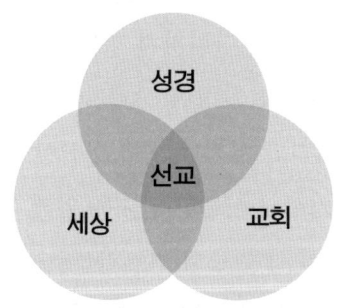

〈그림 3〉 풀러선교대학원 선교학 핵심 과정

우드베리는 그 당시 5가지 핵심 과정으로 구성된 풀러 선교학을 말씀, 세상, 교회라는 3가지 핵심 과정으로 재구성했다. 우드베리가 재구성한 선교학 교육 과정은 선교에 초점을 맞춘 것이다. 그는 말씀, 세상, 교회를 연구하는 과정의 중심에 선교학을 두었다. 우드베리는 이들 세 과정의 교집합에 해당하는 내용을 풀러 선교학의 핵심 과정으로 규정

하고 풀러 선교학의 학문 방향을 정립했다.[116]

우드베리 학문의 중심은 선교다. 그는 여러 학자가 정교하게 만든 학문의 다리를 선교에 사용한다. 그는 선교의 대위임령을 완성하기 위해 세상 모든 학문을 사용함에 주저함이 없다. 우드베리는 선교를 위한 견고한 학문적 의자를 만들기 원했다.

> 그리스도가 목숨을 버리신 것은 교회가 아닌 세상을 위함이었다. 그리스도가 살아 있는 희생 제물, 어린양으로 보내진 곳은 하나님 나라가 아니라 세상이었다. 지구상에 있는 수많은 교회들과 교회를 둘러싼 수천의 다양한 문화들의 미래상을 그리면서 교회는 어느 곳에 있든지 그 문화 상황에 꼭 맞는 교회가 되고, 왕의 언약 백성인 본연의 모습을 더 아름답게 드러낼 수 있도록 새로운 길을 모색하여야 할 것이다.[117]

우드베리가 지향하는 학문 연구의 초점은 예수 그리스도의 복음을 세상 모든 사람에게 전하는 것이다. 그는 이슬람 선교의 새로운 길을 모색하기 위해 사용 가능한 모든 학문을 수용한다. 우드베리의 이슬람 선교학은 지난 수 세기 동안 기독교 세계와 적대적 관계에 있던 이슬람 세계에 그리스도의 복음을 전하려는 선교적 열망에 기초한다. 그것이 교회가 세상에 존재하는 목적이기 때문이다.

교회의 목적은 말투리아(marturia)에 있다. 여러 의미들이 가진 말투리

---

116 Woodberry, "School of World Mission Newsletter."
117 Charles Van Engen, 『모이는 교회, 흩어지는 교회』, 임윤택 역 (서울: 도서출판 두란노, 1994), 161.

아의 의미 범주 안에 교회의 목적이 있다. 예수 그리스도를 이 세상에서 실재로 보여지고 만져지는 역사적 사실로 세상 사람들이 경험할 수 있게 해주는 것이다.[118]

우드베리는 자신이 수학한 이슬람 학문을 풀러선교대학원 선교학을 통해 이슬람 선교학으로 발전시켰다. 그가 열망하는 것은 세상의 모든 무슬림에게 그리스도의 복음을 전하는 것이다. 그는 자신이 평생 연구한 이슬람 학문을 어떻게 사용할지 알았다. 우드베리는 자신이 연구한 학문 연구의 목적과 본질을 잊지 않았다. 우드베리는 이슬람 선교를 위해 이슬람 학문을 선교신학 방법으로 접근해 자기의 이슬람 선교학을 정립했다.

### 4) 우드베리 연구의 실제

우드베리는 이슬람 연구에 탁월한 학자다. 그는 이슬람 최고의 학문을 가지고 선교지에서 오랜 시간을 보냈다. 누구보다 이슬람에 대해 글로 쓸 것이 많은 학자다. 그는 많은 이슬람 저작물을 발행할 수 있는 충분한 능력을 갖춘 학자임에도 자신의 이름으로 많은 저작물을 발행하지 않았다.

우드베리는 자기 이름으로 발행하는 출판물에 큰 관심이 없다. 오히려 편집인 역할을 더 즐겼다. 우드베리는 자신의 연구에 적절한 최고의 학자가 이루어 놓은 학문적 업적과 현장 경험을 도입해 연구 자료로

---

118 Charles Edward van Engen,『하나님의 선교적 교회』, 임윤택 역 (서울: 기독교문서선교회, 2014), 165. "말투리아: 나의 증인이 되리라"는 용어는 행 1:8에 나오는 단어를 벤 엥겐이 선교학 용어로 이곳에서 사용한다.

사용한다. 수많은 이슬람 연구 자료를 자신이 직접 다룰 수 있지만, 이슬람 선교를 위해 최고의 전문가와 학자가 공들여 이룬 경험과 학문을 존중하며 그것들을 편집해 사용한다.

우드베리는 자신의 연구 방법에 초점을 맞춘다. 그는 많은 자료(무슬림 자료, 비무슬림 자료, 민속 이슬람 자료)를 가지고 이슬람을 연구한다. 가능한 모든 자료를 사용해 현대 무슬림에게 더욱 유용한 복음 전도 방법을 찾는다. 그것을 이슬람 선교학의 중요한 자료로 사용한다. 그는 모든 복음 전도자가 기독교 이슬람 선교를 위해 그것을 효과적으로 사용하기 원한다.

우드베리는 자신이 개발한 이슬람 연구 실제를 저작물로 발행했다. 『엠마오 도상의 무슬림과 기독교인』(*Muslims & Christians on the Emmus Road*),[119] 『씨앗에서 열매로』(*From Seed to Fruit*)[120]는 우드베리가 편집해 발행한 두 주요 저작물이다. 우드베리의 이슬람 연구 실제에 있어 또 하나의 중요한 저작물은 『존중하는 이해를 통한 무슬림 전도』(*Toward Respectful Understanding & Witness Among Muslims*)[121]다. 이 책은 우드베리 이슬람 사역 50주년을 기념하기 위해 출판한 헌정도서로 우드베리의 이슬람 선교학의 핵심 주제를 편집해 발행한 도서다.

『엠마오 도상의 무슬림과 기독교인』(*Muslims & Christians on the Emmus Road*)은 우드베리의 이슬람 연구의 실제를 다루는 첫 작품이다. 우드베리는 이 저작물 연구를 로잔세계선교위원회 요청으로 제작했다. 로잔

---

119　Woodberry, *Muslims & Christians on the Emmaus Road*.

120　John Dudley Woodberry, *From Seed to Fruit : Global Trends, Fruitful Practices, and Emerging Issues among Muslims*, 2nd ed. (Pasadena, CA: William Carey Library, 2010).

121　Reisacher.

위원회는 이슬람 선교 전략과 방향을 세계 모든 교회에 제시하기 원했다. 우드베리는 선교위원회가 자신에게 요청한 내용으로 이슬람 선교를 위한 선교 방향과 그에 필요한 연구 주제를 선택했다.『엠마오 도상의 무슬림과 기독교인』은 로잔위원회가 제시하는 개신교 이슬람 선교의 정책과 연구 방향을 제시하는 저작물이다.

『씨앗에서 열매로』(*From Seed to Fruit*)는『엠마오 도상의 무슬림과 기독교인』을 발표한 다음 약 20년이 지난 후 우드베리 이름으로 편집해 발행한 후속 저작물이다. 이 저작물은『엠마오 도상의 무슬림과 기독교인』을 통해 우드베리가 제시한 이슬람 사역과 연구가 선교 현장에서 실제로 어떻게 진행되고 있는지 그 결과를 평가한 저작물이다. 동료 사역자와 전문가에 의해 약 3년 동안 수집하고 연구 분석한 결과를 이 두 번째 저작물에 담았다.[122] 그가 제시했던 연구 주제와 내용 그리고 사역 방향의 진행 과정과 결과를 다루었다는 점에서 큰 의미가 있다.

우드베리 이슬람 사역 50주년을 기념하기 위해 발행한 헌정도서,『존중하는 이해를 통한 무슬림 전도』(*Toward Respectful Understanding & Witness Among Muslims*)는 우드베리의 이슬람 연구의 선교적 유산을 한눈에 볼 수 있는 저작물이다. 우드베리를 가장 잘 알고 또 그와 학문적 맥락을 같이 하는 여러 학자가 헌정한 연구 논문을 그의 제자 에블린 레이자허(Evelyne Reisacher)가 편집해 출판한 작품이다. 현재 풀러선교대학원 교수로 재직 중인 그녀는 풀러선교대학원을 대표해 우드베리 이슬람 사역 희년을 기념하는 헌정도서로 본 저작물을 편집했다. 본서에는 그가 평생 헌신해 이룩한 이슬람 연구의 선교적 유산이 고스란히 녹아있다.

---

122  이 책은 2008년 첫 출판되었다. 하지만 다시 정보를 첨가하여 2011년 두 번째 수정판을 출판했다. 본 연구는 그의 두 번째 자료를 다루었다.

## 제5장

# 우드베리의 이슬람 선교 연구

본 장은 우드베리의 이슬람 연구의 실제를 조사하기 위한 연구다. 우드베리의 이슬람 연구의 실제는 그가 개발한 여러 가지 이슬람 연구 프로그램과 저작물로 구분할 수 있다. 본 연구는 그의 저작물 가운데 두 권의 저작물,『엠마오 도상의 무슬림과 기독교인』(*Muslims & Christians on the Emmus Road*) 그리고『씨앗에서 열매로』(*From Seed to Fruit*)의 내용을 연구 분석해 다룬다.[1]

『엠마오 도상의 무슬림과 기독교인』은 로잔세계선교위원회가 우드베리에게 요청해 구성한 기독교 이슬람 선교 방향의 연구 제안서다. 우드베리는 전 세계 이슬람권 사역자와 전문가를 대상으로 본 저작물을 편집했다. 여기에는 무슬림 전도를 위해 기독교가 해야 할 사역 방향과 이슬람 연구 방법 그리고 다양한 연구 주제가 담겨있다.『씨앗에서 열매로』는『엠마오 도상의 무슬림과 기독교인』을 발행하고 약 20년 후 제

---

1 본 연구에서 다루는 두 저작물은 우드베리가 필자에게 직접 전달한 기초 자료다. 그는 이 두 저작물을 자신이 개발한 이슬람 연구의 핵심 자료로 필자에게 전달했다.

작된 편집본이다. 로잔세계선교위원회를 통해 우드베리가 제시한 내용이 선교 현장에서 구체적으로 어떻게 진행되었는지 그 과정을 다룬다. 이 자료는 우드베리의 이슬람 연구 실제의 진행 과정을 제공한다.

## 1. 엠마오 도상의 제자

우드베리의 『엠마오 도상의 무슬림과 기독교인』에는 우드베리의 이슬람 연구 방향의 핵심 주제와 내용이 고스란히 녹아 있다. 우드베리는 누가복음 24장에 기록된 '엠마오로 가는 두 제자'를 모티브로 무슬림 전도를 위해 자신이 생각하는 이슬람 연구 주제와 방향을 이곳에서 다루었다. 그리곤 도서 제목을 『엠마오 도상의 무슬림과 기독교인』 (Muslims & Christians on the Emmaus Road)으로 정했다. 그가 사용한 이 모티브와 제목은 자신의 멘토 케네스 크래그가 1960년대 이미 사용한 것이다.[2] 이 사실을 잘 알고 있던 우드베리는 크래그가 사용한 모티브와 제목을 그대로 계승해 자신이 구성한 이슬람 연구서의 제목으로 차용했다. 그렇게 함으로 본 논문 제4장에서 다루었던 학자들의 학문적 연계성과 발전을 지속시켰다.

우드베리가 본 저작물에서 구성한 이슬람 연구는 크래그의 그것과 다르다. 로잔세계선교위원회는 기독교 이슬람 선교를 위해 이에 필요한 연구 방향과 선교 방법을 세계 교회에 제시할 필요를 느꼈다. 위원회는 우드베리가 '사무엘 즈웨머 연구소'와 함께 이러한 목적으로 저작물

---

2 케네스 크래그가 처음 시작한 이슬람 선교 연구 프로그램 "Emmaus Furlongs"는 본 논문 '케네스 크래그' 항을 보라.

을 준비하도록 요청했다.³ 로잔위원회는 무슬림에게 복음을 전하기 위해 반드시 고려해야 할 주제를 논의하기 위해 1987년 여름, 이슬람권 선교 현장에 흩어져 사역하는 전문가들을 네덜란드로 초청했다. 그렇게 해서 탄생한 저작물이 바로 『엠마오 도상의 무슬림과 기독교인』이다.⁴

우드베리는 이 책을 여섯 영역의 주제로 나누어 편집했다. 무슬림 전도에 있어 복음 전도자가 반드시 알아야 하고 또 지속해서 연구해야 할 필요가 있다고 선정한 것들이다.

① 다양한 사람들(Varieties of People)
② 경전적 관점(Scriptural Perspectives)
③ 증거 유형(Forms of Witness)
④ 옛 방식과 새 의미(Old Forms and New Meanings)
⑤ 영적 권위부여(Spiritual Empowering)

이러한 5가지 주제에다 마지막으로 심층 연구를 위한 연구 자료와 훈련 센터를 소개하는 "이해를 위한 자료"(Resources for Understanding)로

---

3 Woodberry, *Muslims & Christians on the Emmaus Road*, Editor's Preface.
4 *Muslims & Christians on the Emmus Road*는 *The Gospel and Islam*과 성격이 다른 저작물이다. 로잔세계선교위원회가 1978년 글렌아이리컨퍼런스를 통해 발행한 *The Gospel and Islam*은 개요서(Compendium) 성격을 가진다. 로잔위원회는 본 저작물 발간 후 약 10년이 지난 다음 무슬림 전도 방향을 더 전략적으로 세계 교회에 소개할 필요를 느꼈다. 그래서 그 연구 방향을 우드베리에게 요청했다. 우드베리는 이미 첫 번째 저작물을 바탕으로 자신의 이슬람 개론 과정을 완성해 교수하고 있었다. 그러기에 이 저작물은 그러한 개론서 성격보다는 향후 이슬람 사역에 필요한 주제를 자신의 연구 방법과 의도에 맞게 디자인한 저작물이다.

구성되어 있다.[5]

우드베리는 자신이 제시하는 기독교 이슬람 연구를 통해 복음 전도자가 도목수(都木手)와 같이 무슬림 전도에 있어 가장 필요한 주제를 앎으로 사역에 필요한 자신의 의자를 만들기 원했다. 그리고 그 의자를 통해 무슬림과 함께 길을 걷기 원했다. 길을 걸으며 예수님께서 엠마오로 가는 제자에게 하셨듯이 무슬림에게 성경을 풀어주기를 원한 것이다. 그는 『엠마오 도상의 무슬림과 기독교인』이라는 자신의 저서를 통해 그리스도의 정신을 이렇게 말했다.

> 아주 오래전 중동 친구들 곁으로 다가오셔서 그들과 함께 걸으며 대화를 나누셨던 예수님은, 오늘날 우리가 무슬림 동반자들과 함께 뒤따라 걸어야 할 우리의 모델이다. 예수님은 "가까이 이르러 저희와 동행"하시며, 그들에게 물으신 다음 "모든 성경에 쓴 바 자기에 관한 것을 자세히 설명"하셨다. 예수 그리스도와의 이 흥미로운 만남에 관한 이야기는 무슬림에게 복음을 전할 때 결정적인 주제에 반응하기 위한 자연스러운 수단으로서 적합하다.[6]

그럴 때 그들의 눈이 열릴 것이다. 그들은 떡 뗌의 의미를 발견하고 하늘로부터 임하는 능력으로 말미암아 하나님을 경험하고 마음이 뜨거워지는 역사를 경험할 것이다. 이것은 우드베리가 생각하며 꿈꾸었던 의자의 네 번째 다리에 속하는 영역이다.

우드베리는 '사무엘 즈웨머 연구소'와 '윌리암 캐리 국제대학교' 그

---

5  Woodberry, *Muslims & Christians on the Emmaus Road*, Contents.
6  Ibid., Editor's Preface.

리고 풀러선교대학원을 통해 이슬람 개론 교과 과정을 이미 만들었다. 그러기에 이 저작물은 이슬람을 소개하는 개론서가 아니다. 본 저작물은 자신을 포함한 모든 복음 전도자가 무슬림 전도를 위해 함께 연구해야 할 이슬람 사역 방향과 그것을 위한 연구 방법에 대한 거시적 연구 제안서라 볼 수 있다. 그가 다루고자 하는 주제와 연구는 세계 각국에서 모인 전문가에 의해 현장에서 철저히 검증된 주제와 내용을 기반으로 한다. 본 저작물은 전 세계 기독교 이슬람 사역자를 염두에 두고 제작한 그의 첫 편집본이다.

### 1) 다양한 사람들

"다양한 사람들"(Varieties of People)에 관한 영역은 복음 전도자가 복음을 나누고자 하는 대상, 즉 무슬림에 대해 객관적 이해를 돕기 위한 주제를 다룬다. 우드베리는 "저희가 서로 이야기하며 문의할 때에…너희가 길 가면서 서로 주고 받고 하는 이야기가 무엇이냐?"(눅 24:15-17)라는 메시지로 이 주제와 관련된 내용을 다룬다.

우드베리는 본 영역에서 다루고자 하는 이슬람 세계의 다양성에 관한 주제와 내용을 아래와 같은 네 편의 소논문으로 구성했다.

① 케네스 크래그(Kenneth Cragg)의 "현대 이슬람 동향"(Contemporary Trends in Islam)
② 폴 히버트(Paul Hiebert)의 "능력 대결과 민속 이슬람"(Power Encounter and Folk Islam)
③ 간하배(Harvie Conn)의 "도시화와 그 영향"(Urbanization and its Implications)

④ 무하마도우 멘사(Muhammadou Mensah)의 "빈민 가운데 총체적 사역"(Holistic Ministry Among the Poor)

이슬람 세계는 너무나 넓고 다양하다. 모든 무슬림을 동일하게 일반화할 수 없다. 복음 전도자는 다양한 무슬림과 동행하며 그들과 대화를 나누기 위해 어떤 길이 열려있는지 그것을 볼 수 있는 안목과 이해가 필요하다. 정통 이슬람 이해만으로는 무슬림이 주고받으며 나누는 삶의 이야기를 이해함에는 상당히 제한적일 수밖에 없다. 본 영역에서 다루는 주제는 기독교가 이슬람 세계의 이해를 위해 앞으로 연구해야 할 주제와 내용을 더 넓고 깊은 관점으로 바라볼 수 있도록 도와준다. 이슬람 세계의 외면과 내면을 모두 포함한다.

### (1) 현대 이슬람 동향

게네스 크래그가 다룬 현대 이슬람 동향(Contemporary Trends in Islam) 이해는 이슬람 선교에 있어 중요한 주제다. 선교와 복음은 우리 마음과 열정대로 하는 것이 아닌 복음과 말씀의 제약 가운데 하는 것이다. 크래그는 "선교에 있어 태도(manner)가 메시지다"라고 말한다.[7] 십자가와 성육신적 사랑을 강조했다.

그가 주장하는 복음과 말씀의 제약은 복음을 들을 무슬림이 기독교에 대한 뿌리 깊은 반감과 거절감 때문이다. 복음 전도자의 옳은 행위와 의도조차 무슬림에게 독이 될 수 있다. 그렇기 때문에 복음 전도자는 기독교에 대한 무슬림의 상처 난 감정을 깊이 이해할 필요가 있다.

현대 이슬람 동향 이해를 위해 크래그는 3가지 내용을 강조했다.

---

7  Ibid., 21.

**첫째**, 무슬림이 기독교인을 대하는 부정적이고 억울한 마음과 '독립성'에 대한 측정이다.

**둘째**, 항상 그런 것은 아니지만 현대 사회에 긴장감을 주는 이슬람 원리주의에 대한 연구다. 그들은 세속화, 테크놀리지, 물리, 사회과학 같은 새로운 영역에 대응하기 위해 민감한 반응을 보인다. 이것들은 이슬람 세계가 받아들일 수도 또 거절할 수도 없이 그들 삶 속에 파고들며 새로운 긴장 관계를 일으키는 이슈다.[8]

**셋째**, 그는 반감에 대한 인식 연구를 제시했다.

기독교에 대한 무슬림의 반감은 정치와 같은 '미움의 관계'(hate relationship)도 있지만, 과학 기술과 현대 생활에 즐거움을 주는 '애증의 관계'(love-hate relationship)도 있다. 이런 것들은 무슬림의 삶과 가치관에 영향을 미친다. 이 모든 서구 과학 기술과 교육 영향이 이슬람 세계에 분열을 제공한다고 보는 것이 보수 무슬림의 생각이다.

크래그는 이슬람 원리주의뿐만 아니라 이슬람을 구분 짓는 다양한 이슬람 세계를 이해하라고 조언한다. 이슬람 세계는 이슬람이 통치하는 이슬람 정부를 꿈꾸는 무슬림이 있다. 정치와 이슬람은 역사적으로 늘 함께했었기 때문이다. 그런 반면 이슬람과 정치를 분리해 종교로서의 이슬람만 따르기를 더 좋게 여기는 무슬림도 있다.

현대 이슬람은 과학 기술이 날로 발전하고 있는 이러한 상황을 어떻게 할 수 없기 때문에 여기에 대항해 싸울 수도 있지만 그럴수록 더 근본적인 문제에 부닥친다. 그러기에 무슬림도 자기들이 봉착한 문제를 인식하고 있다. 복음 전도자는 이러한 상황을 기회로 생각할 수 있다.

---

8 Ibid., 22.

하지만 이슬람의 약점을 통해 기독교가 이슬람과 꾸란을 무시하는 태도로 접근하는 방법과 자세는 버려야 한다고 강조했다. 오히려 기독교는 이런 상황에서 인내의 자세를 가져야 한다는 것이 크래그의 주장이다. 전도자가 올바른 주제를 가지고 무슬림에게 사랑과 인내의 태도로 나가는 자세가 십자가의 복음을 전함에 더 강력한 메시지가 된다.[9]

### (2) 능력 대결과 민속 이슬람

폴 히버트(Paul Hiebert)는 이슬람 선교에 있어 능력 대결과 민속 이슬람(Power Encounter And Folk Islam) 연구의 중요성을 다음과 같이 말했다.

> 부분적으로, 무슬림이 복음을 거부하는 것은 단순히 이슬람 교리나 이슬람과 기독교 사이에 일어난 역사적 충돌 때문에 기인하는 것은 아니다. 다른 부분도 있는데, 민속 이슬람은 대중이 필요로 하는 것을 공급했지만 기독교는 그것들을 다루지 못하며 너무 자주 실패했기 때문이다.[10]

히버트는 민속 이슬람을 '도심'(inner city), 정통 이슬람을 '외곽'(suburb)으로 표현하며 민속 이슬람의 현상학 연구를 설명했다. 정통 이슬람은 구조적이지만 민속 이슬람은 구두에 의한 전통을 따라 내려온다. 특히 산당이나 무속인같이 귀신과 관련된 것이 많다. 민속 이슬람은 정통 이슬람과 달리 무슬림 일상생활에 밀접히 관련되어 있다. 그러기에 정통 이슬람은 궁극적 질문과 진리에 초점이 맞추어져 있지만, 민

---

9 Ibid., 40. 이런 크래그의 정신은 제4장 '케네스 크래그' 편에서 이미 다루었다.
10 Ibid., 45.

속 이슬람은 매일 풀어야 하는 삶의 문제에 도움을 준다. 이 둘은 항상 모순되고 상충하지만, 이슬람 이름으로 동시에 존재한다.

이슬람에서 능력 대결은 항상 일어난다. 이것은 내면적 전투와 외면적 전투 모두를 포함하는 지하드(jihad)[11]다. 기독교 역시 내외적 대결이 항상 있다. 대부분의 무슬림에게 민속 이슬람은 아주 중요하다. 하지만 복음 전도자인 선교사는 민속 이슬람과 관련해 특별한 대답이나 해결책을 제시한 적이 거의 없다. 그래서 히버트는 이것에 대한 성경적 대답과 해결책을 복음 전도자가 반드시 연구해야 한다고 주장했다.

이슬람은 능력에 초점을 맞춘다. 그들은 하나님의 능력을 확인하기 원한다. 복음 전도자는 마법이나 악한 영에 시달리는 것으로부터 무슬림을 구원하시는 하나님의 능력을 보여줄 필요가 있다. 하지만 이것은 십자가의 능력이지 검이나 무력에 의한 능력이 아니다. 하나님의 전쟁은 사탄과 악에 대한 전쟁이다. 그렇지만 이러한 능력이 하나님에게서 온 것인가 아닌 것인가를 구별할 수 있는 신학적 분별력이 필요하다. 악령에 시달리는 무슬림의 삶을 이해하기 위한 민속 이슬람과 그것을 대적하기 위한 능력 대결은 이슬람 선교에 있어 중요한 연구 주제다.

### (3) 도시화와 그 영향

간하배(Harvie Conn)[12]는 도시화와 그 영향(Urbanization and its Implications)을 다루었다. 도시화는 이슬람 동향에 많은 영향을 미치는 영역이다.

"이슬람 문명은 항상 도시화 문명이 지배적이었다."[13]

---

11 성전 '지하드'에 대해서는 앞에 설명한 내용을 보라.
12 한국 선교사였던 하비 콘(Harvie Conn)의 한국명이다.
13 Ira M. Lapidus and Studies California University Committee for Middle Eastern, *Middle Eastern Cities* (Berkeley: University of California Press, 1969), v. 재인용.

이슬람 발생은 도시를 기반으로 한다. 이슬람 확장에 도시는 큰 역할을 했다. 아랍인은 새로운 도시를 만들고 많은 것이 도시를 중심으로 이루어졌다. 15-6세기에 이런 도시화가 중동에서 감소했고 19세기 말 결국 이슬람 세계의 생명력은 유럽 확장주의 때문에 사라지고 만다.

1920년부터 지난 30년 동안 중동과 무슬림이 사는 지역에 엄청난 속도의 도시화가 일어났다. 유전 발견, 경제 개발, 인구 증가, 도시 이주 등이 주된 요인이다. 1920년 약 87만이었던 카이로 인구는 800만이 넘는 대도시로 변했다.[14] 무슬림 도시는 북미와 유럽보다 최소 두 세배 이상 인구수가 늘어났다. 간하배는 전도 전략 수립에 아주 중요한 특성을 보이는 도시화 현상 연구를 이곳에서 제시했다.[15]

도시화에는 과정이 있다. 전통을 중시하는 시골 사람이 도시로 이주한다고 반드시 세속화를 대변하는 도시화에 쉽게 동화된다는 보장은 없다. 삶의 방식과 태도는 바뀔 수 있지만, 종교는 변함이 없다고 보아야 한다. 미국으로 이주한 무슬림 역시 기독교인이 되는 경우는 아주 적다. 이슬람은 종교뿐 아니라 사회적으로 함께 엮여 있기 때문이다. 도시화한 무슬림이 복음에 더 수용적일 수 있다는 일반적 생각은 너무 안일한 생각일 수 있다.[16] 도시 전략을 세우기 위해서는 연구가 필요하다.

간하배는 도시에 거주하는 다양한 무슬림 그룹에 복음을 전할 때 필요한 전략 제안과 도시의 장점을 설명한다. 어디를 가야 복음에 수용적인 사람을 만날 수 있는지, 기독교 복음에 가장 호의적인 수용그룹은 어

---

Ibid., 61.
14 이것은 기고문 작성 당시의 인구 수치다. 2017년 현재 카이로 인구는 약 950만 명 정도다.
15 Woodberry, *Muslims & Christians on the Emmaus Road*, 65, 66. 전도 전략 특성에 관한 6가지 내용은 이곳을 보라.
16 Ibid., 67-71. 도시화에 대한 일반적 개념 수정에 관한 내용은 이곳을 보라.

편지 도시 전략의 많은 내용을 구체적으로 제시했다.[17] 세계적인 도시 선교 학자 간하배는 도시 선교 연구를 통해 도심 속에 자리하고 있는 이슬람 세계의 수많은 모습과 동향을 복음 전도자가 어떻게 연구해야 할지를 이곳에서 구체적으로 다루었다.

(4) 빈민 지역 개발 사역

선교 현장에서 지역 개발 사역을 하는 멘사(Muhammadou Mensah)[18]는 빈민 가운데서 이루어지는 지역 개발 사역(Holistic Ministry Among the Poor)[19]의 중요성을 기술했다. 그는 개발 사역의 장단점을 비교하며 이 사역을 통해 복음에 문이 열리는 이슬람 선교 현장의 모습을 보고했다. 개발 사역의 단점이 있음에도 불구하고 이 사역을 통해 기독교인을 대하는 무슬림의 태도 변화를 지적했다. 그는 개발 사역이 필요한 이유를 무슬림의 세계관과 성경에서 찾아냈다.

멘사는 자유주의와 복음주의 방식의 장점을 사용한 통전적 선교가 무슬림 세계관에 접근할 때 더욱 용이하다고 보았다. 그는 성경에 나오는 '평화의 언약'과 '하나님 나라' 개념을 개발 사역의 기초로 삼았다. 역사와 자연을 다스리는 하나님의 통치, 하나님의 통치에 의한 샬롬, 평화의 세상에 대한 하나님의 약속이 있기 때문이다.[20]

멘사는 무슬림 세계관을 이해하고 개발 사역을 이해하는 데 도움이

---

17  Ibid., 72-79. 간하배가 제안하는 6가지 제안은 이곳을 보라.
18  '무함마두 멘사'는 보안상 이유로 저자의 실명이 아님을 일러둔다.
19  'Holistic Ministry'라는 용어는 "통전적 사역"으로 번역하기도 한다. 특히 선교신학에서는 "통전적 선교"라고 널리 사용한다. 여기서는 신학적 이유보다 일반인에게 익숙한 "개발사역"으로 번역해 사용했다.
20  Woodberry, *Muslims & Christians on the Emmaus Road*, 95-98.

될 8가지 내용을 제시했다.[21] 그뿐만 아니라 개발 사역을 통해 무슬림의 삶과 사고방식, 행동 변화를 통해 그들 세계관이 바뀌는 것이 왜 중요한가를 기술했다. 이 모든 과정에 필요한 내용이 상황화다. 하나님 나라의 도래를 꿈꾸는 선교 사역을 함에 있어 개발 사역과 그것을 위한 상황화 연구는 이슬람 선교에 있어서 중요한 주제다.

2) 경전적 관점

"경전적 관점"(Scriptural Perspectives)은 복음을 전할 때 무슬림이 쉽게 수용할 수 있는 이슬람 경전 사용에 관한 영역을 다룬다. 우드베리는 이것을 "모세와 모든 선지자의 글로 시작하여 모든 성경에 쓴 바 자기에 관한 것을 자세히 설명하시니라"(눅 24:27)는 메시지로 접근한다. 그는 다음의 글들을 다룬다.

① 콜린 체프만(Colin Chapman)의 "무슬림을 위한 복음 재고"(Rethinking the Gospel for Muslims)
② 콜린 체프만(Colin Chapman)의 "계시하시는 하나님"(The God Who Reveals)
③ 더들리 우드베리(J. Dudley Woodberry)의 "인간 본성의 이견"(Different Diagnoses of the Human Condition)
④ 에버트 허퍼드(Evertt Huffard)의 "문화적으로 그리스도와 관련된 주제"(Culturally Relevant Themes About Christ)
⑤ 라일 벤더 월프(Lyle Vander Werff)의 "그리스도 이름 경배"(The

---

21 Ibid., 98-100.

Names of Christ in Worship)

우드베리는 경전과 관련된 주제를 통해 무슬림이 쉽게 이해하고 수용할 수 있는 경전 사용법과 연구 방향성을 제시한다. 복음을 전할 때 복음의 수용자인 무슬림과 "효과적인 커뮤니케이션을 이루고자 한다면, 이런 간격에 교량을 놓아야 한다."[22] 우드베리는 무슬림이 쉽게 이해하고 수용할 수 있는 성경 내용이 무엇인지 복음 전도자가 연구하기 원한다. 그것이 하나님의 말씀을 가지고 무슬림에게 다가갈 수 있는 교량이 될 수 있기 때문이다.

### (1) 무슬림을 위한 복음 재고

콜린 체프만(Colin Chapman)은 "무슬림을 위한 복음 재고"(Rethinking the Gospel for Muslims)를 통해 수신자가 복음을 거부할 수 있는 문제도 있지만, 전달자의 문제도 충분히 고려할 것을 제시했다. 성경은 처음에 동양적 사고방식을 가진 사람을 대상으로 기록했다. 그렇기 때문에 그는 그레코로만 영향을 뒤로하고 다시 한번 더 무슬림이 이해할 수 있는 동양적 사고로 복음을 전해야 한다고 주장했다.[23]

체프만은 사도행전 17장에 나오는 바울처럼 무슬림 사고방식을 이해하고 어떻게 하면 그들에게 복음을 전할 것인가를 고민하라고 도전한다. 그렇게 함으로 양자가 대화할 수 있는 공통 기반이 형성된다고 생각하기 때문이다. 바울이 아테네에서 그리스 사람과 변론할 때처럼 그들이 믿고 따르는 것 가운데 성경적이고 하나님 말씀에 일치하는 주제

---

22 Charles H. Kraft, 『기독교 커뮤니케이션론』, 박영호 역 (서울: 기독교문서선교회, 2001), 4.
23 Woodberry, *Muslims & Christians on the Emmaus Road*, 105.

를 사용해서 복음을 전하면 자신의 변론에 힘을 더할 수 있다.

이와 같은 방법으로 무슬림에게 접근할 때 변증론이 들어갈 자리가 생긴다.[24] 그는 바울이 하나님 중심으로 이야기를 시작해 예수와 부활로 귀결하는 방법을 좋은 모델로 추천한다.

복음 전도자가 예수 중심의 대화법에서 창조주 하나님, 유일하신 하나님, 통치하시는 하나님, 계시하시는 하나님, 사랑하시는 하나님, 심판하시는 하나님, 용서하시는 하나님과 같이 하나님 중심의 대화법에 능숙해지라고 도전한다. 체프만은 복음 전도자가 예수 안에서 하나님이 행하신 일을 해석할 수 있는 성경해석법 연구를 제시했다.[25]

(2) 계시하시는 하나님

콜린 체프만은 "계시하시는 하나님"(The God Who Reveals)을 통해 다음과 같은 내용을 다루었다.

> 이 장에서 우리는 바울이 아레오바고 설교에서 사용한 방법을 통해 이것을 어떻게 더 구체적으로 복음 전도에 적용할 수 있을지를 다루고자 한다. 무슬림에게 가장 익숙한 다음 3가지 주제는 하나님과 그의 선지자, 하나님과 그의 말씀, 그리고 하나님과 그의 자비다.[26]

체프만은 하나님의 선지자가 가진 7가지 특징을 이슬람의 관점에서 다루었다.[27] 그는 특별히 예레미야를 무함마드와 비교해 연구했다. 예

---

24　Ibid., 117-21.
25　Ibid., 121-25.
26　Ibid., 127.
27　Ibid., 128-29.

레미야는 하나님께 부름을 받았고 하나님의 심판에 관해 이야기했다. 무함마드도 예레미야와 같았다. 체프만은 예레미야와 무함마드를 비교한 13가지 내용을 기술한다.[28] 그는 하나님이 선지자를 선택한 이유와 선지자 역할이 무엇인지 무슬림에게 설명하면서 복음에 접근한다. 이런 복음 전도법은 예수를 믿고 그를 아는 사람만이 대답할 수 있는 많은 질문을 무슬림으로부터 끌어낼 수 있다.

성경과 꾸란은 예수님을 '말씀'(Word)이라 칭한다. 하지만 그 해석은 다르다. 만약 복음 전도자가 무슬림이 해석하는 말씀의 의미와 우리가 전하고자 하는 말씀의 의미를 정확히 이해하지 못한다면, 그들에게 정확한 복음을 전달할 수 없다. 복음 전도자는 언제든지 무슬림에게 다음과 같이 말할 수 있어야 한다.

> 당신이 예수는 하나님의 말씀입니다. 혹은 하나님 말씀의 일부라고 말할 때 당신이 무슨 의미로 그렇게 말하는지 우리는 이해합니다. 우리가 이해하는 그 명칭의 의미를 당신에게 설명해도 될까요?[29]

복음 전도자는 말씀이신 예수 그리스도를 무슬림에게 성경(요한복음)을 통해 자연스럽게 나눌 수 있어야 한다는 것이 체프만의 주장이다.[30] 하나님의 자비를 이해하는 것은 무슬림 전도에 있어서 정말 중요하다. 무슬림은 기도마다 자비로우신 하나님을 부르기 때문이다. 대부분 기독교인은 하나님의 법과 심판을 먼저 이야기한 다음 하나님의 은혜를 가르친다. 예수는 '돌아온 탕자,' '탕감받은 자,' '선한 사마리아인의 비

---

28 Ibid., 129-31.
29 Ibid., 135. 이 주제에 관한 자세한 내용은 본문을 보라.
30 Ibid., 136, 37.

유'를 통해 하나님의 사랑을 강조하셨다. 특히 돌아온 탕자는 하나님의 자비와 용서를 구하는 무슬림의 모습과 비슷하다.[31]

체프만은 이슬람 세계관에 자리하고 있는 감추어진 비밀을 성경을 통해 해석하는 방법을 연구했다. 유대인이나 이방인에게 감추어졌던 복음의 비밀, 예수가 그들에게 전해졌던 것처럼 무슬림에게도 예수를 성경적으로 해석해줄 수 있는 연구가 필요하다.

(3) 인간 본성의 이견

더들리 우드베리는 "인간 본성의 이견"(Different Diagnoses of the Human Condition)을 통해 기독교인과 무슬림이 달리 생각하는 인간 조건을 다루었다. 인간 본성과 죄성에 대한 무슬림의 이해는 기독교인의 그것과 다르다. 이슬람에서 인간은 죄성을 가진 존재가 아니다. 인간은 타락한 존재기 아니기 때문에 구원이 아닌 인도가 필요할 뿐이다. 이슬람은 기독교와 다른 인간 이해를 가지고 있다. 우드베리는 이런 인간 이해의 다름에 관한 몇 가지 주제를 다루었다.

무슬림은 인간 본성을 긍정적으로 본다. 아담은 반역자가 아니라 태만했다. 아담은 타락한 것이 아니라 하나님의 명령을 잊어버린 것이다. 하나님께서는 속죄 없이 아담을 용서하셨고 비록 에덴동산에서 쫓겨나기는 했지만 타락한 것이 아니기 때문에 아담에게는 변화가 아닌 인도자의 인도가 필요하다. 꾸란에는 아담을 시작으로 노아, 아브라함, 모세 등 많은 선지자가 나온다. 극소수를 제외한 대부분 사람은 선지자를 믿지도 따르지도 않았다고 기록한다. 이것이 사실이면 많은 사람이 옳은 인도를 거절하는 것에 대해 대답을 해야 한다.

---

31  Ibid., 138-43.

꾸란은 인간 죄성에 관한 내용을 꾸란 30:30, 12:53과 같이 여러 구절에 분명히 기록하고 있다. 그러나 죄에 관한 주제는 무슬림과 기독교인 사이에 더욱 큰 차이가 있다. 죄는 하나님 언약에 불순종하고 법을 어기는 것이다. 기독교는 이것을 영성화 하지만 이슬람은 그렇지 않다. 꾸란은 마음의 태도를 중요시한다. 꾸란 외에도 인간 죄성에 관한 내용은 이슬람 전통과 신학 그리고 철학 등에 스며있다.[32] 우드베리는 복음 전도자가 무슬림과 대화할 때 인간 이해를 비롯해 서로가 가진 세계관의 전제 조건이 다름을 이해하라고 말했다.

### (4) 문화적으로 그리스도와 관련된 주제

에버트 허퍼드(Evertt Huffard)는 "문화적으로 그리스도와 관련된 주제"(Culturally Relevant Themes About Christ)를 다루었다. 무슬림은 예수 부활 사건을 거부한다. 그것은 역사적 사건보다는 문화적 가치 때문이다. 무슬림이 가진 이런 생각을 이해하기 위해선 그들이 가지고 있는 사상과 관점을 먼저 알아야 한다.

"바울은 역사적 현실을 통해 예수의 죽음과 부활에 관한 복음을 나누었다."[32]

허퍼드는 바울처럼 복음 전도자가 무슬림과 기독교인 사이에 가로놓인 높은 장벽을 넘어 어떻게 성경적 관점으로 무슬림에게 복음을 전할 수 있는지 그 방법을 다루었다.

기독교 신학은 서구의 영향으로 자유, 평등, 사랑에 대한 주제가 중요하다. 이것은 서구의 세계관이 개인주의적 성향이 강하다는 뜻이다. 이와 반대로 이슬람 신학은 공동체, 명예, 권위, 충성이 강한 영향을 끼

---

32 Ibid., 149-59.

친다. 서구에서는 수평적이지만 무슬림은 수직적 관계를 추구한다. 이런 세계관은 삶의 모든 영역에 끼친다. 서구에서는 사랑하기 때문에 결혼한다. 하지만 무슬림은 결혼한 후 사랑을 배울 수 있다. 서구인은 사랑이 식으면 이혼한다. 하지만 무슬림에게 이혼은 자신과 가족에게 수치를 의미한다.

기독교인에게 십자가와 사랑보다 더 중요한 주제는 없다. 하지만 무슬림은 하나님이 선지자를 고통 가운데 죽게 버려둔다는 것을 불명예라 생각한다. 그들은 '하나님이 예수를 천국으로 데리고 갔다'는 자신들 생각이 십자가 죽음을 생각하는 기독교인보다 예수를 더욱 존중히 여기는 태도라 생각한다. 이런 무슬림 세계관은 설령 꾸란에 예수와 십자가 내용이 없다고 해도 같을 것이라고 허퍼드는 말했다.[33]

복음서와 사도행전은 사랑보다 '영광,' '축복,' '은혜' 같은 단어와 주제가 더 많이 나타난다. 축복과 은총은 꾸란과 무슬림에게 아주 중요한 주제다. 그것들은 탄생에서부터 죽음까지 항상 인간이 필요로 하는 것이다. 이런 주제는 무슬림과의 대화에 중요한 가교 역할을 한다. 허퍼드는 무슬림에게 문화적으로 익숙한 성경 용어와 주제를 가지고 성경 해석하는 방법을 제시했다.[34]

### (5) 그리스도 이름 경배

라일 벤더 월프(Lyle Vander Werff)는 "그리스도 이름 경배"(The Names of Christ in Worship)라는 주제를 다루었다.

"기독교 무슬림 대화와 기독교 무슬림 전도에서 중심축은 '메시아' 정

---

33 Ibid., 166, 67.
34 Ibid., 167-73.

의에 관한 질문이다."[35]

기독론 주제는 이슬람과 기독교 사이에 분리점이 되기도 하지만 연합을 가져다줄 수도 있다. 월프는 이 주제를 가지고 무슬림에게 복음 전하는 방법을 제시했다.

무슬림은 구도자며 하나님을 두려워한다. 그들은 예수를 알지만, 그분이 어떤 신분인지 모른다. 복음 전도자는 예수가 어떤 분인지 무슬림이 정확히 알 수 있도록 도와주어야 한다. 예수를 전하기 위해 복음 전도자는 본인이 먼저 예수 중심의 삶을 살아야 한다. 그럴 때 무슬림은 전도자의 삶을 다스리는 예수가 누군지 궁금증을 가지고 그분을 알고 싶어 한다.

무슬림이 알라의 이름을 계속 반복해 읊조리며 경배를 표함과 유사한 형태로 전도자는 삶을 통해 예수를 드러낼 필요가 있다. 그것은 기도, 찬양, 손 올림, 무릎 꿇음 등 다양한 형태로 그분을 경배하는 모습이다. 무슬림은 99가지 하나님 이름을 반복하여 묵상한다. 예배를 드릴 때도 99가지 이름을 읊는다. 무슬림은 이런 방식으로 경외하는 대상을 표현한다. 월프는 복음 전도자도 이와 유사한 방식으로 메시아 예수를 경배하며 무슬림에게 그분을 증거할 필요가 있다고 주장했다.[36]

### 3) 증거 유형

본 영역에서 다루는 "증거 유형"(Forms of Witness)은 무슬림 전도의 실제를 소개한다. 우드베리는 "그들의 눈이 밝아져 그인 줄 알아 보더

---

[35] Ibid., 175. "Who is the Christ?"라는 질문은 이슬람과 기독교 모두에게 중요한 기독론 주제다.
[36] Ibid., 175-91. 특별히 p. 190에 나오는 메시아의 뜻과 의미에 관한 내용을 보라.

니…길에서 된 일과…자기들에게 알려지신 것을 말하더라"(눅 24:31, 35)는 메시지를 통해 선교 현장의 다양한 사례를 소개하며 무슬림 전도의 실제를 다루었다.

우드베리의 이슬람 연구는 문헌적 연구만을 고집하지 않는다. 그는 무슬림 전도와 개종으로 인해 발생하는 사회 신학적 변화에 대한 연구 결과를 통해 복음 전도자가 다양한 사회 신학적 관점도 동시에 준비할 것을 제시했다.

### (1) 내가 나누는 방법

"내가 나누는 방법"(Here is How I Share)은 여섯 명의 사역자가 경험한 선교 현장의 다양한 전도 사례를 다루었다.

"무슬림은 다양한 관점을 표현하고 또 여러 가지 욕구를 표출할 수 있다."[37]

그들의 생각과 감정은 사회적 관계를 통해 드러난다. 남녀노소, 빈부격차, 사회계층에 상관없이 인간은 자신의 삶을 나누는 사회적 유기체다. 선교사는 성경공부 같은 영적 관계로만 무슬림을 만날 수 있다. 하지만 이슬람 문화에서 사람을 사귀고 삶을 나눌 수 있는 최적의 장소는 오히려 커피 전문점 같은 곳일 수 있다. 무슬림은 이런 곳에서 자기 생각과 삶을 나눌 수 있는 친구에게 삶의 문제와 고민을 자연스럽게 나눈다. 이곳은 누구나 쉽게 만나고 우정을 나누며 진심으로 자신의 삶을 나눌 수 있는 생활 공간이기 때문에 그렇다.

무슬림은 전 세계에 흩어져 살고 있다.

---

[37] Ibid., 197.

"약 485만 무슬림 여성이 세계 50여 국에 살고 있다."[38]

그들은 같은 무슬림임에도 불구하고 자기가 사는 문화권에 따라 관심사와 고민이 다를 수밖에 없다. 지역에 상관없이 무슬림 여인은 자신이 직면하는 수많은 고민과 문제를 나눌 친구가 필요하다. 그것은 자신의 개인적 삶을 누군가와 나눌 수 있을 만큼 친밀한 관계가 형성되었을 때 가능하다.

이슬람 세계에서 가족 공동체는 아주 중요하다. 그들은 그들 중 한 명과 깊은 유대 관계를 가진 외부인을 자기 친척처럼 환영한다. 이슬람 세계에서 친척 관계를 통한 소개와 만남은 외부인이 그들 공동체로 가장 빠르고 쉽게 접근할 수 있는 효과적 방법 가운데 하나다. 무슬림을 만나 대화할 때 대화 상대에 따라 각기 다른 수준의 신학과 문화적 상황을 고려해야 한다. 이런 접근법은 나라와 지역 그리고 문화에 따라 적절히 연구할 필요가 있다.[39]

"예수 그리스도의 복음은 어떤 민족에게나 그 사정에 맞게 매력적으로 제시되어야 한다. 이것은 아주 민감한 주제이기 때문이다."[40]

### (2) 개종에 따른 사회와 신학적 변화

"개종에 따른 사회와 신학적 변화"(Social and Theological Changes in Conversion)는 토쿰보 아데예모(Tokumboh Adeyemo)가 다룬 현장 사례 연구다.

이 연구는 나이지리아 남서부 요루바(Yoruba) 민족 가운데 있던 세 개의 경쟁적 종교를 조사한 것에 기초한다. 연구 조사한 종교는 아프리

---

38 Ibid., 205. 본 연구에 사용한 숫자는 연구 당시 통계치다.
39 Ibid., 197-218. 구체적 사례연구 내용은 이곳을 보라.
40 Parshall, 40.

카 토속 종교, 이슬람, 기독교다. 주된 연구 목적은 구원 사상과 개종을 연구 조사한 것인데, 특별히 개종 경험에 있어 연속성과 불연속성의 문제에 초점을 둔 사회신학적 관점에 대한 것이다.[41]

아프리카 토속 종교는 이들 삶 모든 곳에 스며있다. 그들 세상이 드럼이면 이것은 마치 드럼의 진동과 같다. 영, 조상, 동물 등 모든 자연만물을 섬기는 정령 숭배 사상이다. 이들은 우주와 사회적 악령을 물리치는 것에 초점을 둔다. 주술사와 약제사 그리고 조상이 구원자 역할을 한다. 그들에게 구원이란 처방된 형벌이 이행된 다음, 공동체에 다시 귀속되는 것이다. 토속 종교 사이에 개종은 큰 의미가 없다.[42]

요루바 무슬림은 지옥을 면하고 천국에 가기 위해 모든 신을 떠나 오직 알라에게 돌아가야 한다고 가르친다. 그들에게 죄는 세습되지도 않고 필연적인 것도 아니다. 선택할 수도 있고 신성한 가르침을 통해 거부할 수도 있다고 생각한다. 이슬람은 구원 대신에 알라의 뜻에 순종하는 자를 위한 용서를 가르친다. 그들에게 개종은 알라 외에 다른 신은 없고 무함마드를 그의 사도로 받아들이는 것이다. 그들은 기독교인보다 토속 종교 추종자에게 훨씬 편협하다. 순결을 추구하고 요루바 사람과 동화되어 살며 때론 기독교적 관행도 섞어서 행한다.[43]

요루바 기독교인에게 구원의 요소는 믿음으로 성령에 의해 성취되는 내적 변화를 의미한다. 기독교로의 개종은 삶에 많은 변화를 일으킨다. 그들 사회에서 구원론적으로 이슬람과 기독교 모두가 옳을 수는 없다. 이슬람은 기독교 주장에 동의하지 않는다.[44]

---

41　Woodberry, *Muslims & Christians on the Emmaus Road*, 219.
42　Ibid., 220-24.
43　Ibid., 225-27.
44　Ibid., 227-30.

### 4) 옛 방식과 새 의미

"옛 방식과 새 의미"(Old Forms and New Meanings)는 상황화에 관련된 영역을 다룬다. 상황화란 모든 인간 공동체와 각 사람을 그 사람 자신들의 언어, 문화적, 종교적, 사회적, 정치적, 경제적 모든 차원에서 구체적인 상황을 심각하게 생각하고 이해하며, 복음이 그 상황에 있는 사람들에게 무엇이라 말하는지 분별하고자 하는 노력이다. 여기에는 고정 관념에 사로잡힌 성급한 판단보다는 실험하고 관찰하며 상황을 깊이 분석하는 것이 필요하다.[45] 이와 관련하여 다음의 글들을 살펴볼 것이다.

① 데니스 그린(Denis Green)의 "상황화 가이드라인을 위한 히브리서"(Guidelines from Hebrews for Contextualization)
② 필 파샬(Phil Parshall)의 "상황화에서 배운 교훈"(Lessons Learned in Contextualization)
③ 무슬림 개종자인 라피크 웃딘(Rafique Uddin)의 "상황화 예배와 증거"(Contextualization Worship and Witness)
④ 플로런스 앤터블린(Florence Antablin)의 "기독교 건축물의 이슬람적 요소"('Islamic' Elements in Christian Architecture)

우드베리는 누가복음 24:28-31, 35에 나오는 내용을 상황화 원리의 모티브로 적용했다. 예수께서 두 제자와 함께 유하시며 그들과 함께 음식 잡수실 때 떡을 가지사 축사하시고 떼어 그들에게 주셨다. 예수께서 떡을 떼심으로 자기들에게 알려지셨다. 이처럼 무슬림은 자기의 옛 방

---

45  Parshall, 41. *The Gospel and Islam*, 146. 재인용.

식을 통해 새로운 복음적 의미를 찾을 수 있다.

> 비그리스도인들에게 복음을 전하고 젊은 신자들을 훈련시킬 때, 해당 인들이 속해 있는 문화 사회적 환경을 고려해 그들이 속해 있는 환경으로부터 시작할 필요가 있다.[46]

이것은 아주 민감한 문제이기 때문에 많은 연구가 필요하다.[47] 그래서 우드베리는 이 주제를 복음 전도자가 더 깊이 연구하기 원했다.

### (1) 상황화 가이드라인을 위한 히브리서

"최근 몇 년 무슬림 전도에 있어 문화적으로 적절한 접근을 하는 것이 더 지지받으며 증가하고 있다는 사실이 목격되고 있다."[48]

무슬림 전도법은 점진적으로 변화하며 '접근방법'을 모색하는 기간을 가졌고, 결국 '패러다임'의 전환을 거쳐 상황화 모델을 점점 더 많이 채택하는 과정에 있다.[49] 상황화 모델이 좋기는 하지만 반드시 고려해야 할 사항도 있다. 종교 혼합주의가 그중 하나다.

상황화는 다음과 같은 문제를 일으킬 수 있다.

무슬림 개종자는 진정한 개종을 원하는가 아니면 새로운 이슬람 분파인가?

그들이 유지할 수 있는 이슬람 예식은 무엇이며 또 무엇을 버릴 것인가?

---

46 Paul G. Hiebert and Eloise Hiebert Meneses, 『성육신적 선교 사역』, 안영건, 이대헌 역 (서울: 기독교문서선교회, 1998), 18.
47 Parshall, 40. 상황화 연구의 민감함은 필 파샬의 설명을 읽어 보라.
48 Woodberry, *Muslims & Christians on the Emmaus Road*, 233.
49 Schlorff, 29.

데니스 그린은 이런 내용을 다룸에 있어 히브리서가 좋은 길잡이가 된다고 주장했다.[50] 히브리서 수신자는 유대인과 이방인 모두일 수 있지만, 수신자가 구약을 우선하는 점에서 유대적 배경을 가진 자라 생각했다. 그들은 일반적 유대 관행을 따르지 않는 자로 보이기에 기독교도인지 아닌지는 확실치가 않다. 그들을 변환의 중간 과정에 있는 자들로 볼 수도 있다. 그들은 영적 미숙함과 옛 습관으로 인해 핍박을 받았다. 그래서 히브리서 저자는 성숙과 인내 그리고 기독교 공동체를 주요하게 다루었다.[51]

히브리서와 연관된 유대인은 무슬림과 비슷한 점을 가지고 있다. 이 둘은 혈통적으로 같은 아브라함의 자손이고 유대교의 영향을 받은 이슬람은 유대교와 비슷한 점이 많다.

**첫째**, 토라와 꾸란은 한 분 하나님을 기록한다.
**둘째**, 경전을 받는 데 천사의 역할이 있다.
**셋째**, 선지자가 많다.
**넷째**, 심판 날에 대한 주제가 비슷하다.
**다섯째**, 유대 공동체와 이슬람 움마 공동체의 성격이 비슷하다.
**여섯째**, 둘 다 법을 중요시한다.

이외에도 여러 가지 비슷한 점이 많이 있다.[52]

히브리서는 완전한 변환에 걸림돌이 생겨 온전한 변환이 일어나지 않는 '고인 상황화'(Stagnated Contextualization) 연구에 도움이 된다. 예수

---

50  Woodberry, *Muslims & Christians on the Emmaus Road*, 233, 34.
51  Ibid., 234-40.
52  Ibid., 241-45.

의 완전한 대속, 오직 믿음에 의한 구원, 기독교 공동체와 같은 내용을 온전히 수용하지 않는 모습이 나온다.

이슬람 상황화에 있어서도 이와 비슷한 내용이 있다. 무슬림이 꾸란과 성경을 함께 사용하는 문제, 사회적 핍박과 분리를 피하기 위한 이슬람 행사 참여, 기도나 예배를 이슬람 형식 그대로 사용하는 것과 같은 형태다. 이것이 그들에게 기독교인으로의 성숙과 변환에 장애가 될 수 있다.[53]

그린은 히브리서를 상황화에 대한 경고로 보았다. 상황화 없는 변환은 이슬람에 관해 몹시 어려운 결정을 내리게 할 수도 있다. 그렇기 때문에 상황화를 함에 있어서 반드시 성경적 원칙이 있어야 한다고 주장했다.[54]

(2) 상황화에서 배운 교훈

필 파샬(Phil Parshall)은 "상황화에서 배운 교훈"(Lessons Learned in Contextualization)을 다루었다. 그는 먼저 "상황화를 배웠다고 말할 수 있는 사람이 있나?"[55]라고 물었다. 오늘날같이 많은 무슬림이 그리스도께 돌아온 적이 없었고 또 이런 상황화 전략을 사용해 본 적이 없었다. 파샬은 상황화 전략과 연관된 5가지 영역에 대해 연구할 것을 제안했다.

① '신학적 다양성'이다.

현대 신학은 불필요한 요소를 다루거나 흑백논리에 너무 초점을 맞

---

53 Ibid., 245-47.
54 Ibid., 247, 48. 데니스 그린(Denis Green)은 여기서 일반적 원칙을 제시했다. 필 파샬이나, 폴 히버트 등은 상황화 신학에 대한 더 자세한 내용을 다른 저작물에서 다루었다. 샘 쉴로르프는 이에 대한 평가를 자신의 저작물을 통해 역사적으로 다루었다.
55 Ibid., 251.

추는 경향이 있다. 해석학에 있어 비서구와 다양한 종교적 배경을 가진 타문화적 관점이 충분하지 않다. 상황화 신학은 한 가지 방식이 아니라 다양한 신학적 접근이 필요하다.[56] 상황화 신학에 있어 중요한 논쟁 주제는 다음과 같은 것이다.

• 세례

세례는 무슬림 사회에 부정적 인식 요소가 더 강하다.[57] 이 주제는 무슬림 전도에 있어 아주 민감하고 중요한 주제다. 긍정적 요소보다 부정적 요소가 더 많기 때문이다. 하지만 물세례는 성경적 가르침이며, 보편적이고, 또 역사적으로 전 세계 교회가 지키고 있는 성례전이다. 그렇기 때문에 세례는 희석되지 않는 성례전 모습으로 무슬림에게 더욱 분명한 성경적 의미를 부여할 필요가 있다.[58]

• 동질

많은 사람은 동질집단 개종자 교회야말로 무슬림에게 가장 현실적 대안이 될 수 있다고 생각한다. 개종자가 이슬람 사회의 일반 사회 경계선 안에 머물 수 있기 때문이다. 하지만 사회적 단절만 생각할 것이 아니라 부복 기도나 금식 등 다른 상황화 방법을 통해 개종자가 사회에서 빛과 소금의 역할을 할 수도 있다.[59]

---

56　Ibid., 252.
57　Parshall, 231. 필 파샬(Phil Parshall)이 무슬림 전도에 있어 "세례"를 다루는 내용을 읽어 보라.
58　Woodberry, *Muslims & Christians on the Emmaus Road*, 253.
59　Ibid., 253, 54.

• 용어

중동과 인도네시아 기독교인은 하나님이라는 용어로 '알라'를 사용한다. 꾸란에서 예수는 '이싸'로 표기한다. '예수' 이름을 '이싸'로 호칭하는 것에 대한 논쟁이 있다. 기독교와 이슬람에서 사용하는 용어로 인한 논쟁이 아직도 여전하다. 이것은 충분한 논의가 필요한 주제다.[60] 금식과 능력 대결 또한 깊이 있게 다루어야 할 주제다.

② '삶의 방식과 재정'이다.

선교사가 무슬림과 같은 삶의 양식을 선택하는 것만이 반드시 옳은 방법인가?

이에 대한 논의 역시 중요하다. 현지인이 선교사를 바라보는 관점이 다르고 선교사 역시 이것 때문에 갈등이 있다. 선교사가 학교나 병원을 시작하는 데는 많은 재정이 필요하다. 기독교와 관련 있는 이런 건물이 무슬림에게 오히려 더 반감을 줄 수도 있다. 장기적으로 보았을 때 무엇이 더 효과적일지는 충분한 논의가 필요한 주제다.[61]

③ '이슬람 비판'이다.

무슬림의 신앙과 문화를 고려할 때 이슬람을 비판하는 것은 주의할 필요가 있다. 이것이 갈등과 충돌을 야기하기 때문이다.

기독교는 복음 증거를 위해 반드시 이슬람을 비판해야만 하는가?

예수만 증거하는 것으로 충분하지 않은 다른 이유가 있는가?

복음 증거를 위한 이슬람 비판은 신중히 다루어야 할 주제다.

---

60 Ibid., 254, 55.
61 Ibid., 256-59.

④ '성육신적 영성'에 관한 내용이다.

이것은 복음 전도자의 삶을 통해 반영되는 복음 전파에 관한 주제다.[62] 기독교인이 행동과 삶에 있어 모범적이고 생동감 있게 그리스도께 순종하며 사는 모습을 보여주는 것은 기독교의 가치와 진정성을 드러내는 중요한 방법이다.

⑤ '시들어 가는 상황화 사역'의 다양한 사례들을 이곳에서 다루며 상황화 사역을 위한 교훈으로 삼고자 했다.[63]

(3) 상황화 예배와 증거

우드베리는 무슬림이었다가 기독교로 개종한 현지인 이야기를 통해 상황화의 실제를 소개했다. 라피크 웃딘(Rafique Uddin)은 자신의 경험을 토대로 "상황화 예배와 전도"(Contextualization Worship and Witness)의 실제를 전했다.

예배는 오직 하나님께 드리는 것이다. 하나님과의 영적 교감이 그 중심이다. 예배를 통한 영적 교감에는 예배자가 속한 문화가 많은 영향을 끼친다. 자기 문화 반영이 없는 예배는 영적 교감을 갖기 어렵기 때문이다.[64] 전도란 복음, 즉 '좋은 소식'을 나누는 것이며 이것은 전하는 자와 받는 자 모두가 좋다는 생각을 하고 있을 때 좋은 소식이 되는 것이다. 여기서 중요한 것은 수신자 중심의 복음 전달이다. 웃딘은 개종한 무슬림이 이슬람 사회에서 할 수 있는 3가지 역할을 나누며 상황화가 고려

---

62  본 주제는 폴 히버트(Paul G. Hiebert)의 "성육신적 선교 사역"이나 다른 곳에서 더 자세히 다루기 때문에 본 연구에서는 특별히 다루지 않는다.
63  Woodberry, *Muslims & Christians on the Emmaus Road*, 263-65.
64  Ibid., 268, 69.

되지 않은 복음 전도의 한계를 설명했다.[65]

웃딘은 무슬림에서 개종한 다섯 쌍의 부부에게 성육신적 전도 훈련을 시켰다. 그들은 이슬람 방식대로 하루 다섯 번 기도와 라마단 금식을 통해 하나님께 예배했는데 이에 무슬림은 긍정적 반응을 보였다. 웃딘은 이슬람 형태의 예배를 드리고도 새로운 기독교적 의미를 부여함으로 영적 성숙에 도움을 받았다는 결론을 내렸다. 또한 하나님께 영광 돌리는 예배에 참석했을 때 옛 방식의 기도와 예배가 효과적으로 사용될 수 있다고 보고했다.[66]

### (4) 기독교 건축물의 이슬람적 요소

우드베리는 상황화 주제를 다루며 이슬람이 기독교 문화에 미친 영향도 함께 다루었다. 기독교는 역사적으로 이슬람보다 훨씬 앞선다. 그렇기 때문에 이슬람이 기독교에 신학적으로 영향을 미친다는 것은 거의 불가능하다. 하지만 문화는 변하는 것이다. 이슬람은 기독교 문화에 영향을 미칠 수 있다. 이런 사실은 상황화 연구의 개연성을 보여준다. 플로런스 앤터블린(Florence Antablin)은 "기독교 건축물의 이슬람적 요소"('Islamic' Elements in Christian Architecture)를 통해 기독교 건축물에 나타나는 이슬람 문화를 다루었다. 그렇게 함으로 상황화 주제의 역동성을 고찰하도록 했다.

이슬람과 기독교는 오랜 세월 동안 정복 전쟁을 통해 서로의 영토를 정복하고 탈환하는 역사를 가지고 있다. 이런 과정에서 양자의 건축 양식은 서로에게 영향을 끼쳤다. 양자의 건축 요소가 공존하기도 하고 합

---

65　Ibid., 270, 71.
66　Ibid., 271, 72.

병되기도 했다. 현대의 많은 건축물이 항상 수용자의 의도만 전달하는 것은 아니다. 교회와 모스크에 대한 정의가 반드시 건물로 정의될 수는 없다. 어디든지 무슬림이 기도하는 곳이 모스크란 말이 있다. 교회는 건물이 아니라 사람이기 때문이다.[67]

### 5) 영적 권위부여

"영적 권위 부여"(Spiritual Empowering)는 무슬림에게 복음이 전해져 위로부터 임하는 능력에 관한 영역을 다룬다. 필 파샬에 의하면 무슬림 전도에 있어 "기도는 기독교 신앙에서 가장 많이는 얘기하면서도 제일 적게 쓰이는 자원이다."[68] 성경에도 기록하고 있는 것처럼 "유대인은 표적을 구하고 헬라인은 지혜를"(고전 1:22) 찾는다. 서구 기독교 교육을 받은 대부분 사역자는 무슬림에게 복음을 전할 때 지적인 것에 의존하는 경향이 강하다. 동양 문화를 가진 무슬림이 복음을 받아들이겠다는 의지적 결단에 이르기까지 전도의 모든 과정이 너무 서구적이다.

우드베리는 성경적 권위와 능력을 서구 방식으로 무슬림에게 전달하려고 할 때 생기는 한계를 이곳에서 다루었다. 그는 누가복음 24:49-50, 52-53에 나와 있는 것처럼 무슬림이 위로부터 임하는 능력을 힘입어 큰 기쁨으로 하나님을 찬송하는 능력 있는 그리스도인이 되기 원했다. 이와 관련하여 제시한 기도의 주제는 다음과 같다.

① 비비안 스테이시(Vivienne Stacey)의 "구마와 치유 실제"(The Practice

---

67  Ibid., 285.
68  Parshall, 300.

of Exorcism and Healing)

② 콜린 체프만(Colin Chapman)의 "무슬림을 위한 기도의 성경적 근거"(Biblical Foundations of Praying for Muslim)

③ 크리스티 윌슨(J. Christy Wilson, Jr.)의 "무슬림을 위한 기도 경험"(The Experience of Praying for Muslims)

**(1) 구마와 치유 실제**

스테이시(Vivienne Stacey)는 무슬림을 대상으로 32년 동안 사역했던 경험을 통해 기독교인이 민속 이슬람을 너무 과소평가한다고 말했다. 많은 무슬림이 어둠의 세력에 영향을 받고 살기에 복음 전도자가 복음을 전할 때 지식으로 설득하는 것만으로는 충분하지 않다고 그녀는 주장했다. 능력 증거가 때론 지역 교회에 더욱 설득력 있는 증거 방법이기 때문이다.[69]

또한 스테이시는 아시아 이슬람 국가에서 일어난 사례를 보고했다. 한 지역 교회 목사가 말씀을 전파한 후 항상 성령의 인도로 사람들을 위해 기도했을 때 그 광경을 지켜본 무슬림 가족과 친척이 그곳에 머물다가 목사의 가르침과 치유를 경험한 이야기다.

아버지가 건넨 부적을 받고 병들었던 딸이 고침을 받고, 젊었을 때 자기 경쟁자가 건넨 부적 약물을 마시고 13년간 지병에 시달렸던 딸의 아버지가 치유받은 이야기 등이다.[70] 성경에 이런 종류의 구마 사역은 나오지 않지만, 건물을 놓고 기도와 묵상, 예배를 드렸을 때 변화가 목격된 것을 보고했다.[71]

---

69　Woodberry, *Muslims & Christians on the Emmaus Road*, 292, 93.
70　Ibid., 293-97.
71　Ibid., 298-300. 이 내용은 많은 신학적 논쟁이 있을 수 있는 주제다. 하지만 저자는

치유는 무슬림 사역에 있어 아주 중요한 주제다. 병에는 너무나 많은 원인이 있고 그중 일부는 귀신과 악령에 의한 것이다. 그러기에 기도가 중요하다. 기도는 이슬람 문화에서 우리의 존재를 드러내는 아주 좋은 방법이다. 병원에서 치료받는 사람을 위해 기도하는 모습을 보임으로 우리가 하나님을 의지하며 하나님의 영광을 구하는 자들이라는 것을 사람들에게 보일 수 있다. 이렇게 공적 기도를 통해 하나님을 의지하고 그분의 도움을 간절히 구하며 하나님의 영광을 구하는 모습은 총체적 사역이 될 수 있다.[72]

### (2) 무슬림을 위한 기도의 성경적 근거

콜린 채프만(Colin Chapman)은 성경과 이슬람을 연결하기 위해서는 성경적이고 신학적으로 생각하며, 무슬림의 관점으로 이해하고, 의사소통의 과정을 되돌아보라고 제시했다. 그는 기도에 대한 주제를 성경에 나오는 '주기도문'과 꾸란의 기도문 '개경장'[73] 비교를 통해 다루었다.

우리는 하나님을 아버지라 표현하고 무슬림은 알라를 주인(master)으로 표현한다. 우리는 하나님의 나라가 이 땅에 임하길 기도하며 하나님

---

본인과 무슬림 이웃이 경험한 내용을 이곳에 기록하고 있다.
72 Ibid., 300-03.
73 알-파티하(Fatiha)라 불리는 "개경장"은 꾸란의 첫 번째 장으로 기독교의 주기도문처럼 이슬람에서 사용된다. 다음과 같은 기도문을 무슬림은 기도 시간에 낭송한다. "[1]은혜로우시고 자비로우신 하나님의 이름으로 [2]모든 찬양은 모든 세상의 주 하나님께 속하노라. [3]그분께서는 은혜로우시고 자비로우시며 [4]심판의 날을 관장하시는 분이시니라. [5]저희가 오직 당신께만 경배하며 오직 당신으로부터 구원을 간구하나이다. [6]저희를 바른 길로 인도하소서. [7]당신의 은총을 내리시고 당신께 거역하지 아니하였으며 또 사악에 물들지 아니하였던 자들의 길로 저희를 인도하소서"(꾸란 1장 한글번역본, 이슬람 국제출판국 참조). 아랍어 원본과 한국어 번역본은 번역본에 따라 차이가 있다.

의 의를 알아가는 것에 우리를 맞추어 나가지만 무슬림은 알라가 이슬람을 통해 통치한다고 표현한다. 무슬림은 죄가 없는 존재이기 때문에 인도를 간구하지만 우리는 죄 사함을 구한다. 무슬림에게 죄 사함을 위한 간구는 받아들이기 어려운 관점이다.[74]

채프만은 사도행전 4장을 통해 교회에서 드리는 기도를 언급했다. 사도행전 4:29에 나오는 기도 가운데 위협에 대한 내용이 있다. 교회는 종종 무슬림 근본주의자들이 저지르는 위협을 생각하며 기도하지만, 기독교인이 무슬림에게 입힌 상처와 피해는 생각하지 못하는 경우가 많다. 교회가 할 수 있는 것과 하나님만이 하실 수 있는 것을 구별하여 기도하는 균형 잡힌 기도가 필요하다. 특별히 능력 대결을 위한 기도는 사회적 억압, 지적 장애, 영적 세력이 결합해 무슬림이 그리스도께 나가는 길을 가로막을 때 종종 하나님의 응답이 될 수 있다.[75]

채프만은 영적 전쟁과 능력 대결을 에베소서 6장 말씀을 통해 다루었다. 악령이나 귀신을 대적하면서 우리가 에베소서 6:12을 통해 바울이 이야기한 것처럼 이슬람이 아닌 영적 전쟁에 집중하길 권고했다. 어둠을 대적해 싸우기 위해 영적 전신갑주를 입을 필요가 있다.

기도는 전신갑주와 같은 무기는 아니다. 하지만 모든 대결에 사용할 무기가 기도임에는 틀림이 없다.[76] 복음 증거에 무엇보다 가장 중요한 것은 기도다. 바울은 복음 증거를 위해 기도 부탁을 했다. 우리의 기도는 이슬람을 대적하기보다 더 효과적으로 무슬림에게 복음을 전할 수 있도록 하나님의 지혜를 구하는 기도가 되어야 한다.[77]

---

74 Woodberry, *Muslims & Christians on the Emmaus Road*, 306-13.
75 Ibid., 314-18.
76 Ibid., 319,20.
77 Ibid., 320,21.

### (3) 무슬림을 위한 기도 경험

크리스티 윌슨(J. Christy Wilson, Jr.)은 오랜 아프가니스탄 사역을 토대로 이슬람 선교에 있어서 "무슬림을 위한 기도 경험"(The Experience of Praying for Muslims)"을 통해 왜 기도가 필요한지를 다루었다. 그는 모든 것을 가능케 하시는 하나님께서 그 뜻을 이루시도록 우리가 기도해야 한다고 말했다. 전 세계 무슬림에게 복음이 전해져야 하는데 그것을 위한 중요한 도구가 기도라고 주장했다.[78]

윌슨은 도저히 복음의 역사가 진전되지 않을 것 같던 아프가니스탄에 기도를 통해 하나님께서 복음의 문을 여신 일을 소개했다. 그는 무슬림 나라에 있는 대학에 기독교 학생이 등록할 수 있는 길이 열리길 기도했다. 자비량 선교사가 일할 수 있도록 법령이 개정되길 기도했다. 하나님께서는 이런 여러 종류의 기도에 신실하게 응답하셨다. 그는 기도를 통해 하나님께서 그 나라 가운데 행하신 수많은 이야기를 나누면서 이슬람 선교를 위한 기도의 중요성을 강조했다.

## 2. 씨앗에서 열매로

『씨앗에서 열매로』(From Seed to Fruit)"[79]는 『엠마오 도상의 무슬림과 기독교인』을 출판한 지 약 20년이 지난 다음 우드베리의 이름으로 발행된

---

78 Ibid., 323,24.
79 Woodberry, *From Seed to Fruit : Global Trends, Fruitful Practices, and Emerging Issues among Muslims*. 우드베리는 본인 이름으로 발행된 본 저작물 작업의 공헌을 참여자에게 돌렸다. 본 저작물은 우드베리의 이슬람 연구 실제의 과정과 결과를 다룬 저작물이다. 이러한 그의 학문적 태도는 본 저작물 평가에 대한 신뢰도를 높인다.

책이다. 로잔세계선교위원회는 우드베리가 제시한 이슬람 선교 방향이 선교 현장에서 구체적으로 어떻게 진행되고 있는지 그 현황을 파악하기 원했다. 본 작업은 릭 러브를 포함한 우드베리의 풀러신학교 제자들이 많은 역할을 했다. 여기서는 이 책을 사용해 그 과정과 단계를 연구 분석하도록 한다.

『씨앗에서 열매로』에서 다루고 있는 내용을 제대로 이해하기 위해서는 약 한 세기 전으로 거슬러 올라가 기독교 이슬람 연구의 역사적 과정과 흐름을 전체적으로 이해할 필요가 있다. 이런 종류의 연구는 카이로에서 열린 이슬람 선교 대회를 그 시작으로 볼 수 있다. 이슬람의 사도라 불리는 사무엘 즈웨머가 준비한 카이로선교대회는 최초의 이슬람 선교 대회였다. 1906년 봄(4.4-9), 29개 선교회를 대표하는 62명 리더와 60명 공식 방문자가 이 선교 대회에 참석했다. 참가자는 선교 대회 동안 "이슬람 상황," "무슬림 가운데 기독교 사역 범위," "실제 진행하고 있는 사역 내용" 같은 연구 주제를 나누었다. 우드베리는 카이로선교대회를 본격적인 이슬람 연구의 시작점으로 간주했다.[80]

1910년 이슬람 선교에 상당히 집중한 에딘버러세계선교대회가 열렸다. 하지만 이집트 카이로선교대회에서 다루지 못했던 주제를 연속해서 논의하지는 못했다. "무슬림 사역을 위한 사역자 양성," "여성을 위한 사역" 등 더 다양한 분야의 이슬람 선교 주제를 다룬 것은 그 이듬해, 1911년 1월 23-28일 러크나우에서 열린 이슬람 선교 대회였다.

세계대전과 같은 국제 정세 변화로 인해 개신교 선교가 주춤하면서 얼마간의 시간이 흘렀다. 마침내 1974년 로잔세계선교대회가 열렸고 이후 1978년 콜로라도 스프링스 글렌 아이리에서 이슬람 선교 대회가

---

80　Ibid., Introduction.

다시 열렸다. 이 대회 준비를 위해 전 세계 기독교 이슬람 선교의 상황을 파악할 수 있는 여러 가지 연구 자료들이 수집돼다. 그때 수집된 대분의 연구 자료는 무슬림 사역과 연관 있는 선교 전문가들이 연구한 자료였다. 그 당시만 해도 무슬림 배경을 가진 신자나 이들이 따로 드리는 예배나 공동체 모임 같은 것이 거의 없었다. 그래서 연구는 "인류학," "교회 성장학," "여러 종족의 상황화," "성서 교훈으로부터 결실을 봄 직한 사역"을 다루는 데 그칠 수밖에 없었다.

1978년 글렌아이리선교대회 이후 기독교 이슬람 연구에 대한 이해와 무슬림 미전도종족에 대한 관심은 로잔위원회 무슬림 분과(The Muslim Track of the Lausanne Committee)를 통해 계속 이어졌다. 위원회는 태국 파타야(Pattaya), 네덜란드 자이스트(Zeist), 필리핀 마닐라(Manila)에서 이슬람 선교 대회를 지속해 열었고 이슬람 연구는 증진되었다.[81] 예수 그리스도를 따르는 무슬림 숫자 역시 눈에 띄게 증가하기 시작했다.[82]

위원회는 이슬람 세계에 나타나는 변화를 조사하기 위해 12개 이상의 기독교 기관으로부터 선교 전문가들을 초청했다. 지난 몇 년간의 성장에 비추어 그들로 하여금 "예수 공동체 그룹 증가"와, "무슬림 민족," "복음 증거 접근성"에 대한 정보 수집과 사역 실제를 나누도록 주선했다. 그들이 수집한 내용을 가지고 전 세계 기독교 이슬람 전문가 약 500여 명이 2007년 봄 동남아시아에 모여 심도 있게 토론했다. 수천 명이 참가한 전체 과정은 약 3년이 걸렸다. 거기서 다룬 결과물을 분석해 편

---

81 전병희, 『로잔운동과 이슬람』 (대전: 대장간, 2012). 이들 회의에 관한 자세한 내용은 이 책 1부에 나오는 내용을 보라.
82 Woodberry, *From Seed to Fruit : Global Trends, Fruitful Practices, and Emerging Issues among Muslims*, The Shoulders on Which We Stand 내용을 보라.

집한 내용물이 바로 『씨앗에서 열매로』다.[83]

『씨앗에서 열매로』는 이슬람 세계에서 '예수 공동체'(Jesus-Fellowships)[84]를 개척한 전문가, 향후 이슬람 선교 사역에 중요한 결정을 내릴 수 있는 단체장, 이들 양쪽 그룹에서 모인 충분한 숫자의 전문가들이 함께 토론한 결과물을 담고 있다.[85] 이 책은 수천 명이 설문조사, 토의, 사례 연구와 증언에 참여해 만든 팀 프로젝트의 결실이다. 참가자 가운데 상당수는 이슬람 선교 현장의 민감성 때문에 익명으로 동참했다.[86] 우드베리는 이 회의에서 다룬 주제를 크게 4가지로 영역으로 분류해 다루었다.

**첫째**, "세계 동향"(Global Trends)이다. 총 일곱 장(1-7장)에 걸쳐 무슬림 종족 인구통계분석과 복음 접근성에 대한 정보를 다룬다.

**둘째**, "열매 맺는 사역"(Fruitful Practices)이다. 총 여덟 장(8-15장)에 걸쳐 94개의 사역에 대한 평가와 분석을 다룬다.

**셋째**, "열매 맺는 사역에 나타난 신흥 이슈"(Emerging Issues In Fruitful Practices)다. 총 아홉 장(16-25장)에 걸쳐 상황화에 따른 마찰과 신학적 이슈 등을 다룬다.

**넷째**, "세계 동향에 나타난 신흥 이슈"(Emerging Issues In Global Trends)"다. 총 여섯 장(26-31장)에 걸쳐 무슬림 전도와 실제에 필요한

---

83 이 책의 초판 작업은 일 년이 걸리지 않았지만, 필자는 초판을 수정 보완한 두 번째 작업까지의 기간을 고려해 약 3년으로 계산하였다.

84 Reisacher, 231. '예수 공동체'란 용어는 선교신학적 용어로 상황화 모델에 사용하는 용어다. 무슬림 가운데 자기 공동체를 떠나지 않고 예수를 믿고 따르는 신자 공동체를 칭하는 용어다. 더 자세한 내용은 이 책 제13장 존 트라비스의 저작물을 보라.

85 Woodberry, *From Seed to Fruit : Global Trends, Fruitful Practices, and Emerging Issues among Muslims*, Introduction, The Present Volume.

86 Ibid., Acknowledgments.

새로운 이슈를 다룬다.

1) 세계 동향

세계 동향은 일곱 장에 걸쳐 이슬람 세계의 현황과 앞으로 남은 과업에 대한 구체적인 정보를 다루었다. 무슬림 종족(MPGs) 인구통계분석과 복음 접근성 정보를 위해 현지 사역자들은 기독교 세계대백과사전(The World Christian Encyclopedia), 남침례교 국제선교부 교회개척 진행지표(The Church Planting Progress Indicators of The International Mission Board), 여호수아 프로젝트(The Joshua Project) 자료를 가지고 자신이 일하는 사역지 자료와 비교 분석한 정보를 업데이트했다.[87] 연구를 통해 지난 40년간 무슬림 배경을 가진 이들 가운데 그리스도를 따르기로 한 신자의 수가 이슬람이 생겨난 이래로 지난 세기까지 기독교로 돌아온 모든 수보다 더 많다는 것이 밝혀졌다. 그들 중 많은 이들이 기존 형태의 교회가 아닌 새로운 기독교 공동체 형식으로 존재한다는 사실도 발견했다.

세계 동향을 장별로 기술한 내용은 다음과 같다.

**제1장**은 우리가 씨를 뿌려야 할 땅에 대한 연구다. 『세계기도정보』의 저자 패트릭 존스톤(Patrick Johnstone)은 세계 인구 조사 자료를 가지고 기독교와 이슬람 현황을 비교했다. 그는 특히 비서구권에서 성장하고 있는 복음주의 기독교의 미래 성장 동향에 주목했다. 무슬림 배경 기독교인(MBB)[88]과 무슬림 종족 그리고 그들 가운데 진행되는 교회 개척

---

87 "The Global Trends Research Group"은 무슬림 종족에 대한 인구통계 정보, 그들의 기독교 증인에 대한 접근성, 기독교 모임이 언제, 어떤 방식으로 그들에게 의미 있는 만남을 제공하기로 약속했는지에 대한 정보를 계속 업데이트하고 있다.

88 "MBB"는 Muslim Background Believers의 약자다.

사역에 대한 구체적 내용을 다루었다.

복음을 전함에 있어 251개가 넘는 종족군이 있지만, 패트릭은 특히 15개의 "유사문화권"(Affinity Bloc)[89]이라는 개념을 소개했다. 유사문화권 집단은 아랍이나 말레이 종족같이 유사 문화를 가지고 있기 때문에 이해나 수용에 있어 특별한 장벽 없이 복음이 전파될 수 있는 가장 큰 단위의 종족을 가리킨다. 그는 유사문화권을 쿠르드인, 베르베르인처럼 더 작은 종족 단위로 나누었다. 우드베리는 이런 분류와 명칭이 사역 간 협력을 돕는 데에 크게 유용하다고 보았다.[90]

**제2장**은 기경되지 않은 땅에 어떻게 사역을 시작할 것인가에 대한 연구다. 제프 리버만(Jeff Liverman)은 무슬림 미전도 종족 사역을 위한 효과적 참여법과 적절한 관점을 제시했다. 그는 사역자가 아직도 남겨진 이들에게 복음을 전하는 과업 완수에 앞서 자신에게 놓인 과제를 먼저 연구 분석하는 실제적인 기준들을 제시했다.[91]

**제3장**은 죽지 않는 씨앗, 말씀을 효과적으로 전하는 것에 대한 연구다. 안드레아(Andrea)와 리쓰 그레이(Leith Gray)는 효과적인 성경 말씀 나눔 사역에 있어 무슬림을 변화시키는 데 하나님이 사용하셨던 7가지 요소를 구체적으로 다루었다. 성경은 복음 전도를 위해 현지어로 번역하는 것이 목표가 아니라 번역된 성경은 삶을 변화시키는 것이 최종 목표가 되어야 한다는 주장이다.[92]

---

89  이 책에서 패트릭 존스톤이 사용하는 "Affinity Bloc"(유사문화권)은 도널드 맥가브란이 말하는 "Homogeneous Units"(동질집단)과는 다르다. 이 용어를 한국어 "유사문화권"으로 사용한 이유는 언어학보다 선교신학적 해석에 기초했기 때문이다.

90  Woodberry, *From Seed to Fruit : Global Trends, Fruitful Practices, and Emerging Issues among Muslims*, 1-14.

91  Ibid., 15-23.

92  Ibid., 25-37.

**제4장**은 비서구권 사역자에 대한 연구다. 그레그 리빙스턴(Greg Livingstone)은 남겨진 이슬람 세계에 앞으로 복음 전파 사역을 완성할 비서구권 사역자의 잠재력과 문제점을 다루었다. 그는 아프리카 지역 지도자와 그들이 이슬람 지역에 살 수 있도록 기독교가 이들을 후원한 유망한 사례들을 소개했다.[93]

**제5장**은 여성 사역자에 대한 연구 보고다. 수 에니겐버그(Sue Eenigenberg)는 이슬람 선교 역사에 있어 여성들이 감당했던 주요 역할과 무슬림 사역에 여성들이 차지한 독특한 위치와 역할을 기술했다. 이슬람 사역에 있어 중요한 사역 동반자로 그들의 가치와 역할에 대한 존중과 미래를 다루었다.[94]

**제6장**은 첫 열매와 미래 추수에 관한 연구다. 짐 헤니(Jim Haney)는 무슬림 사역을 통해 일어난 구체적 열매에 대한 통계 자료를 제공했다. 그는 MBB가 나눈 구체적 정보를 기술하며 미래 추수를 위해 주목해야 할 이슈로 종족에 대한 정보 향상, 사역 모니터링, 보내진 사역자에 대한 관심, 무슬림 배경을 가진 신자들(MBBs)로부터 배우기 등을 제시했다.[95]

**제7장**은 곡물과 잡초가 동시에 존재하는 선교 현장의 2가지 경향에 대한 연구 보고다. 짐 헤니(Jim Haney)는 이슬람주의자의 기승처럼 부정적 요소뿐만 아니라 자유주의 운동, 이슬람 혁명의 실패, 무슬림 이민자, 더욱 개방된 양자 간 대화 등 복음 전파에 있어 긍정적 요소가 동시에 존재하는 이슬람 선교 현장의 양쪽 경향을 모두 기술했다.[96]

---

93　Ibid., 39-50.
94　Ibid., 51-60.
95　Ibid., 61-69.
96　Ibid., 71-75.

## 2) 수확적 사역

수확적 사역(Fruitful Practices)을 위해서는 씨를 뿌리고, 물을 주며, 모으고, 재생산하는 여러 가지 작업이 필요하다. 이 작업을 위해 37개국 56개 기관에서 280명의 전문가가 모였다. 이들은 738개의 공동체를 개척했고, 5,800명의 현장 사역자로부터 조사해 모은 94개의 실례를 소그룹 토의 형식으로 평가했다.[97] 본 작업은 공동으로 진행한 사례 연구와 더불어, 지금까지 진행한 실례들에 어떤 성과가 있었고, 그것이 어떻게 진행되었으며, 또 그 중요 정도는 어떠한지를 평가하고 결정했다. 그 내용은 녹음과 기록을 통해 회의와 분석 과정을 다시 거친 후 본 저작물 작업에 참여한 주요 집필자에게 보내졌다.

수확적 사역의 특이점은 '예수 공동체' 개척 사역이다. 지형학적으로 이 사역이 활발하게 일어나고 있는 곳은 40% 정도가 사회적 격변과 자연재해를 겪고 있는 지역이었다. 공동체의 형태와 성격은 토착어를 사용하지 않는 전통 교회 신자부터 비밀 신자까지 다양한 모습을 보인다. 예수 공동체는 'C3 - C5'[98] 범주에 속하는 신자들로 무슬림 언어와 종교적이지 않은 토착 문화 형태를 유지한다. 이들은 자신을 기독교인이라 부르는 신자에서부터 예수 그리스도를 주와 그리스도로 영접하기는 했지만, 사회적으로 무슬림 공동체에 머무는 '메시아적 무슬림'(Messianic Muslims)까지 다양하다.

본 연구에서는 생산적 사역의 기반, 여러 가지 수확적 사역을 논의하면서 정한 사역의 범위, 각 사역의 중요도 정도를 주로 다루었다. 각 장

---

97  Ibid., Fruitful Practices.
98  "C1 - C6 스펙트럼"에 대한 용어 사용과 정의는 존 트라비스의 저작물을 보라..

의 중요한 내용은 다음과 같다.

**제8장**에서 단 알렌(Don Allen)은 눈으로 보고, 귀로 들으며, 배우는 자세로 이 사역을 시작하라고 말한다. 수확적 사역을 어떻게 시작할 수 있는지 그 접근 방식에 대한 기반을 이곳에서 구체적으로 설명했다. 알렌은 하나님께서 하고 계신 일을 배움으로써 우리도 그분을 따라갈 수 있다고 생각하고 성경을 통해 어떻게 이 수확적 사역을 시작할 수 있는지 이에 대한 접근법을 설명했다.[99]

**제9장**에서 데이비드 그린리(David Greenlee)와 팜 윌슨(Pam Wilson)은 복음의 씨를 뿌림에 있어 문화적 중요도에 관한 연구 내용을 기술했다. 그들은 복음을 나누는 사역에 있어 사역자가 전하고자 하는 수많은 내용 전달보다 MBB가 그들 '마음의 언어'로 나누는 짧은 삶의 간증이 훨씬 더 중요하다고 분석했다. 수많은 언어들보다 마음 언어를 사용한 팀에서 더 많은 교회 개척이 일어났다.

또 다른 분석은 우리의 일반 통념과 달리 여성에게 복음을 전하기에 가장 적합한 때는 개인적 만남을 통해서가 아니라 파티나 여럿이 함께 어울려 서로 질문하고 의견을 나눌 수 있는 때라는 것이다. 수확적 사역은 이렇게 다양한 문화적 중요도를 인식하는 것에 중점을 두었다.[100]

**제10장**에서 존 베커(John Becker)와 에릭 시무유(Erik Simuyu)는 물 주기와 같은 제자화 사역을 다루었다. 그들은 새 신자에게 필요한 모델링과 관계 형성, 문화적으로 적합한 행동에 대한 제자화를 다루었다. 효과적이고 재생산적인 사역을 위해 적절한 지역 설정, 다른 신자들과의 관계 형성과 정체성, 세례와 같이 제자화에 필요한 구체적 내용을 다루었

---

99 Woodberry, *From Seed to Fruit : Global Trends, Fruitful Practices, and Emerging Issues among Muslims*, 79-89.
100 Ibid., 91-102.

다. 특별히 제자 훈련은 개종 이전에 이미 어떤 상황에 속함과 동시에 일어난다고 보고했다.[101]

제11장은 재생산한 공동체 모임에 관한 연구 보고다. 에릭(Eric)과 로라 아담스(Laura Adams)는 교회나 공동체 모임을 다시 개척할 때 이미 신뢰가 형성된 관계 네트워크 안에서 진행하라고 말했다. 그들은 무슬림 배경을 가진 신자가 자신의 배경과 성령의 인도하심 아래 성경을 해석할 수 있도록 허락하는 것의 중요함을 강조했다. 에릭과 로라는 무슬림 공동체와 그 지역 안에 존재하는 전통 교회 사이에 일어나는 정체성 문제도 지적했다.[102]

제12장은 지도자를 준비시키는 과정에 관한 드보라 비비자(Debora Viveza)와 드와이트 사무엘(Dwight Samuel)의 연구 보고다. 그들은 문화적으로 적합한 지도자를 세우는 것과 관계를 통한 모델링 학습의 중요성을 강조했다. 특별히 지도자 양육과 지역 리더 선출에 있어 학력과 같은 자격 요건보다 성품이나 폭넓은 사역 경험을 통해 지도자를 멘토링하는 것이 더 중요하다고 강조했다.[103]

제13장은 사역자 팀 동원과 모임에 관한 앤드류(Andrew)와 레이첼 차드(Rachel Chard)의 연구 보고다. 그들은 팀을 구성하는 방법에 대해 자세한 내용과 과정을 다루었다. 8명 이상의 팀으로 일할 때 적어도 하나의 공동체를 세울 수 있는 높은 확률이 있다. 그리고 12명 이상의 팀으로 모이면 다수의 공동체를 세울 수 있다는 가연성을 말했다. 또한, 언어기술이 뛰어난 멤버가 언어를 배우고자 하는 사람과 연합한 팀도

---

101　Ibid., 103-13.
102　Ibid., 115-28.
103　Ibid., 129-38.

다수의 모임을 개척할 수 있다는 개연성 관계를 다루었다.[104]

**제14장**은 여러 명의 필자가 수확적 사역의 광범위한 목록을 간단한 설명과 함께 기술했다. 8장에서 13장까지는 주로 과제(접근, 복음 증거, 제자화, 공동체 개척, 리더 세우기, 팀)별로 연구 보고서를 다루었다. 하지만 14장은 이들을 다시 사회, 구도자, 신자, 리더, 하나님, 의사소통방법, 팀, 믿음 공동체로 주제를 재분류해 그 관계성을 다루었다.[105]

**제15장**에서도 여러 명의 필자가 수확적 사역에 상당히 효과적으로 입증된 7가지 주제를 다루었다. 그것은 능통한 현지어로 소망을 나눔, 이야기로 마음과 생각을 끎, 모범적인 삶의 평판, 신뢰로 발전한 관계의 사회 연결망, 성경을 사용한 말씀 인용, 믿음과 공동체 그리고 지도력을 통한 의도적 재생산, 거룩한 희생으로서의 기도다.[106]

### 3) 수확적 사역과 신흥 이슈

수확적 사역이 무슬림을 그리스도께 인도함에 큰 역할을 했지만 상황화 신학으로 인한 새로운 이슈가 생겼다. 신흥 이슈는 무슬림보다 기독교 사역자들 사이에 더 큰 이견을 보이기도 했다. 특히 '내부자 운동'(Insider Movements)에 관한 것은 더욱 심했다. 우드베리는 이런 신흥 이슈를 새, 돌짝, 태양, 토양으로 비유했다. 수확적 사역에 일어난 신흥 이슈는 다음과 같은 내용을 다룬다.

**제16장**에서 존(John)과 안나 트라비스(Anna Travis)는 "예수를 따르는

---

104 Ibid., 139-51.
105 Ibid., 153-67. 이 장은 초판에 실을 수 없었던 여러 개인의 보고를 분석해 2차 편집본에 다시 첨부한 내용이다.
106 Ibid., 169-81.

자들이 선택하는 정체성에 영향을 주는 요소"를 필 파샬의 공헌과 함께 다루었다. 트라비스는 C1 - C6를 소개했다. 그는 MBB 그룹에 대한 관점이 C1에서 C6까지 상당히 다르지만 서로 다른 관점은 상호협조적이라고 보았다. MBB의 배경, 이슬람과 전통 기독교인에 대한 태도, 가족과 이웃을 그리스도께로 인도하는 가장 좋은 방법에 대한 이해 등이 관점에 영향을 주는 주요 요소라고 지적했다. 트라비스는 이들 주제에 관한 사례 연구를 이곳에서 다루었다.[107]

제17장에서 데이비드 게리슨(David Garrison)과 세네카 게리슨(Seneca Garrison)은 "운동이 되도록 모임을 용이하게 하는 요소"란 주제로 교회 개척 사역에 있어서 피해야 할 5가지 요소와 7가지 교훈을 설명했다. 특별히 교회 개척 운동에 있어서 중요한 5가지 요소를 주장했다.

① 복음을 전할 수 있는 효과적인 방법
② 효과적인 복음 전도
③ 즉각적인 기초 제자 양육
④ 효과적인 모임 형성
⑤ 지속적 리더 개발[108]

제18장은 "성경 이야기와 구어로 성경 사용하기"에 관한 내용이다. 잭 콜게이트(Jack Colgate)는 한 모임에 참석한 사람들을 연구한 결과 그들 가운데 75%가 구어체로 학습하는 것을 더 선호한다는 연구 보고서를 인용했다. 애니 워드(Annie Ward)는 이와 관련해 지식층조차도 다른

---

107　Ibid., 185-94.
108　Ibid., 195-203.

사람에게 더 잘 나누는 데 문자보다 말하기를 더 선호한다는 사례 연구를 보고했다. 무슬림 가운데 성경 인물에 익숙한 사람은 자신이 알고 있는 선 지식 위에 많은 이야기를 세울 수 있다는 내용을 다루었다.[109]

**제19장**은 "외국인이 현지 지도자 세우기"라는 주제로 북아프리카, 중앙아시아, 그리고 중동에서 온 사역자들이 그 내용을 다루었다. 이들은 다양한 지도자 이양 방식을 설명한 다음 지도력 이양이 잘 이루어지려면 공동체에서 교량 역할을 할 수 있는 영향력 있는 "화평의 남녀" 멤버가 있어야 한다고 지적했다.[110]

**제20장**에서 람지 헤리스(Ramsay Harris)와 메이던(J. R. Meydan)은 MBB와 후원 문제 딜레마에 관한 내용을 다루었다. 여러 가지 사례 연구를 통해 인도주의적 지원, 지역개발, 구호 활동의 가치, 관용의 중요성을 인정하면서도 무슬림과 함께 일하는 것에 관련된 특별한 이슈를 지적했다. 그들은 현명치 못한 후원이 유발했던 심각한 문제의 실례를 보고했다. 그리고 앞으로 계속될 토의를 위해 도움이 될만한 재정후원의 윤리코드를 제시했다.[111]

**제21장**에서 김철수는 대중 무슬림의 일반적 세계관과 그에 따른 필요를 개괄적으로 다루었다. 그는 믿음을 방해하고 제자훈련 할 때도 영향을 미치는 주술과 내적 상처 요소를 다루는 치유 기도의 전인적 접근과 능력 대결(power encounters) 사역을 묘사했다. 대부분 사역자가 사역하는 대상은 대중 무슬림이다. 그들 믿음과 삶의 방식에는 이슬람뿐만 아니라 이슬람 이전의 주술 의식이 많이 포함되어 있다.[112]

---

109　Ibid., 205-14.
110　Ibid., 215-24.
111　Ibid., 225-37.
112　Ibid., 239-49.

**제22장**에서 단 알렌(Don Allen)과 아흐라함 두란(Ahraham Duran)은 씨를 뿌리러 현장으로 나오기 전에 팀으로 무슬림 사역을 하고 싶은 소명을 가진 사람이 어떤 준비를 시작할 수 있을지를 다루었다. 필요 자격은 그리스도와의 연합, 성품, 커뮤니티 삶, 성경적이고 전문적인 지식, 타문화 적응력이다.[113]

**제23장**은 "효과적 언어와 의사소통 선택"에 관해 봅 피쉬(Bob Fish)와 리차드 프린츠(Richard Prinz)가 다루었다. 그들은 언어가 생산적 사역에 얼마나 중요한지를 기술했다. 특별히 구어, 문어, 마음 언어나 길거리 언어 중 한 가지 언어를 의사소통방식에 있어서 선택할 때 이에 따른 사역 결과의 효과가 어떤지를 다루었다.[114]

**제24장**과 **25장**은 안드레아 그레이(Andrea Gray)와 리쓰 그레이(Leith Grey)가 복음을 심어 일어나는 사회 연결망 변화와 모델에 관한 연구를 다루었다. 본 연구는 복음이 어떻게 가족, 친구, 공동체와 같은 사회적 연결망 안에서 심기고 또 변화를 이루었는지, 그리고 이것이 교회와 선교 형태에 미칠 영향은 무엇인지를 다루었다.[115]

### 4) 세계 동향 신흥 이슈

이슬람 선교에 있어 어떤 이슈는 현대 동향에 의해 발전되고 강화되었다. 이 전략 회의에 참석한 참가자의 40%는 지난 3년간 자신이 섬기

---

113　Ibid., 251-73.
114　Ibid., 263-73. 여기서 다루는 23장부터 25장까지의 내용은 2차 편집 때 추가된 항목이다.
115　Ibid., 275-308. 본 연구 내용은 2차 편집 때 추가 된 것으로 우드베리는 수확적 사역에 있어 상당히 주목할 필요가 있는 내용으로 간주했다.

고 있는 종족에게 영향을 준 사회적 격변과 자연재해를 보고했다. 거기에는 전투적 형태의 이슬람주의가 포함된다. 이슬람 선교에 있어 세계 동향에 나타난 신흥 이슈는 다음과 같다.

**제26장**은 무슬림 가정에 태어난 무사 봉고요크(Moussa Bongoyok)가 자신이 사는 아프리카 토착 이슬람 지역에 확장하고 있는 이슬람주의에 대한 보고서를 다루었다. 그는 이슬람주의가 복음 수용에 어떤 장애와 촉매 역할을 하는지를 자세하게 기술했다.[116]

**제27장**은 요셉 쿰밍(Joseph Cumming)이 도저히 불가능한 상황 속에서 존중적 태도로 복음을 증거했을 때 일어난 놀라운 경험을 소개했다. 그는 무슬림과 기독교인 사이에 일어나는 대화와 관련해 여러 가지 교량적 연구를 다루었다.[117]

**제28장**은 화목과 교회 개척에 관한 주제를 데이비드 쉥크(David Shenk)와 아흐마드 헤일리(Ahmed Haile)가 다루었다. 이들은 이슬람의 평화와 복음의 평화를 다루면서 무슬림과 화목하려고 한 노력이 어떻게 교회 개척으로 연결되었는지 주목할 만한 실례를 제시했다.[118]

**제29장**은 패트릭 라이(Patrick Lai)와 릭 러브(Rick Love)가 현대 기독교 사역자의 정체성에 관한 주제를 다루었다. 그들은 세속과 사도적 역할, 파송받은 공동체와 파송한 공동체를 향한 이슈 등을 연구했다. 자비량 사도 모델인 바울과 다른 직업을 겸했던 전통 랍비 연구와 함께 저

---

116   Ibid., 311-21.
117   Ibid., 323-32.
118   Ibid., 333-41. 우드베리는 현대처럼 이슬람과 기독교가 긴장된 가운데 있을 때, 기독교가 평화를 추구하거나 교회를 개척하는 양자 가운데 하나에 초점을 맞춰야 한다고 생각하며, 서로 방해 요소가 될 수 있는 이 2가지를 동시에 하는 것은 불가능하다고 생각할 수 있지만, 이 둘은 동시에 이루어져야 한다고 독려하는 이 보고서를 주목한다.

자는 정직과 신뢰를 기반으로 한 기독교 사역자의 통합된 정체성 개발을 주장했다.[119]

**제30장**에서는 닉 립컨(Nik Ripken)이 "환란의 자리로 돌아가기"란 주제로 핍박과 환란에 관한 내용을 다루었다. 그는 핍박 가운데 있는 형제자매를 구하는 것과 교회 개척은 양립할 수 없다는 관점을 제시했다. 핍박을 당연시하고 다른 사람에게 다가올 핍박을 준비시킬 것을 말하지만, 동시에 사람들이 평안 가운데 신앙생활을 하며 핍박 전에 오순절 성령강림 같은 사건을 경험할 수 있도록 애쓸 것을 지적했다.[120]

**제31장**은 "그리스도 같은 관계를 향한 은혜와 진리"란 주제로 무슬림을 사랑하는 세계 기독교 단체가 다룬 내용이다. 여기서는 MBB 정체성에 관한 9가지 성경적 지침을 다루었다. 이슬람 세계에서 예수를 따르기로 한 자들이 선택한 정체성 문제는 여전히 큰 이슈다. 편집자는 예루살렘 회의의 일치와 달리 마가의 선교여행 동행에 불일치를 보였던 바울과 바나바의 예를 언급했다. 그들은 교회의 축복과 함께 서로 다른 지역으로 나아갔고 그래서 선교 사역은 방해받지 않을 수 있었다는 사도행전의 예를 설명했다(행 15:36-41).[121]

---

119 Ibid., 343-55.
120 Ibid., 357-65. 우드베리는 마지막 세 장의 연구 주제와 연관해, 기독교와 무슬림 관계에 있어 은혜와 진리에 관한 내용을 서로 찾기가 힘들 때도 그리스도와 같은 모습의 관계로 다가가는 것이 중요함을 지적한다. 그는 우리가 이 땅에서 천국 동산까지 순례자의 삶을 살아가는 동안 하나님이 생명 나무 열매를 먹을 수 있게 하시기 위해 자신의 생명을 주시고 부활하신 그분으로 배우는 것은 매우 합당한 것이라 말한다.
121 Ibid., 367-79.

# 제6장

# 우드베리의 선교적 유산과 공헌

본 장은 약 반세기 동안 이슬람 연구와 사역에 헌신한 더들리 우드베리의 선교적 유산과 공헌을 다룬다. 우드베리는 이슬람 선교를 위해 자신이 개발한 이슬람 연구 방법을 선교학적 유산으로 남김으로 기독교 이슬람 선교에 크게 이바지했다. 본 연구는 다음 2가지 우드베리의 선교적 유산을 다루었다.

**첫째**, 『존중하는 이해를 통한 무슬림 전도』(*Toward Respectful Understanding & Witness Among Muslims*)를 연구 분석했다.

**둘째**, 풀러선교대학원을 통해 기독교 이슬람 선교에 이바지한 우드베리의 선교적 공헌을 연구 조사했다.[1]

---

1 본 장에서 다루는 저작물을 포함해 우드베리가 본 필자에게 직접 건넨 모든 저작물은 그가 지난 50년간 이슬람 사역을 하며 자신이 추구하고자 했던 이슬람 연구의 핵심 자료들이다. 필자는 그의 저작물을 시작, 과정, 결과의 세 단계로 연구 분석해 정리했다. 본 장에서 사용하는 자료는 마지막 단계인 결과에 속하는 자료다.

## 1. 우드베리의 선교 유산

우드베리가 남긴 가장 중요한 선교 유산은 그가 개발한 기독교 이슬람 선교학이다. 그는 이슬람 선교에 필요한 선교 방법을 제공했는데, 그것은 무슬림을 공격하거나 회피하기보다 평화적 화해를 통해 무슬림에게 먼저 다가가 그리스도의 사랑과 복음을 전하는 것이다. 기독교가 이슬람 세계를 이해함으로써 무슬림에게 결례가 되지 않는 겸손한 태도로 그들에게 접근하는 전도법이다. 그럴 때 기독교 복음의 비밀을 더욱 분명하고 단호하게 증거할 수 있기 때문이다.

우드베리의 이슬람 선교학은 학문과 실천 모두를 중요하게 다룬다. 복음 전도자는 무슬림을 원수나 적으로 대하는 것이 아니라, 그들을 존중하는 이해를 통해 겸손과 친근한 자세로 그들에게 접근하는 법을 배우고 실천해야 한다. 우드베리 선교학은 학문과 더불어 복음 전도자의 자세와 삶을 모두 포함한다.

> 하나님은 분명 사역을 위해 은사를 주시지만 더 큰 영향력은 인격, 곧 성령의 열매를 통해 발휘된다. 카리스마…지혜도 중요하다. 그러나 더 위대한 증언은 일상의 행위 안에서 지속적으로 드러나는, 예수님의 사랑으로 만들어진 인격에서 나온다.[2]

『존중하는 이해를 통한 무슬림 전도』(*Toward Respectful Understanding & Witness Among Muslims*)는 우드베리의 이슬람 사역 희년을 기념하기 위해 출판한 헌정 도서다. 이 책은 우드베리의 이슬람 선교학의 핵심과 그가

---

[2] Mark Labberton, 『제일 소명』, 하보영 역 (서울: IVP, 2014), 20.

남긴 선교적 유산을 다룬 저작물로, 우드베리의 이슬람 연구와 학문적 연계성을 가졌을 뿐만 아니라 평소 그를 잘 아는 19명의 학자가 헌정한 기고문을 풀러선교대학원 에벌린(Evelyne A. Reisacher) 교수가 편집해 출판하였다.

이 책은 우드베리의 선교적 유산과 그 업적을 평가함에 가장 탁월한 가치를 가진 자료다. 데이비드 쉥크는 본 저작물 머리말에서 우드베리를 학자, 저자, 선교사, 목사, 탐험가, 교사, 친구로 표현했다. 그는 21세기 이슬람 선교에 있어 예수와 같은 정신으로 무슬림에게 복음을 전하고자 하는 모든 사역자에게 새로운 통찰력을 제공할 것이라고 이 책을 평가했다.[3]

본 연구는 우드베리의 선교적 유산을 크게 다음 3가지 영역으로 나누어 다룬다.

**첫째**, 우드베리가 남긴 "우호적 대화 장려"에 관한 내용이다.
**둘째**, 우드베리가 남긴 "기독교 이슬람 학문"에 관한 내용이다.
**셋째**, 우드베리가 남긴 "복음 증거"와 관련된 내용이다.

이것은 우드베리가 그의 기독교 이슬람 선교학을 통해 남긴 선교적 유산의 내용이다. 각 영역은 이슬람 선교 현장에서 사역하는 그 분야 최고의 이슬람 학자가 연구한 기고문으로 구성되었다. 3가지 영역은 각기 다른 5가지 주제를 다룬다.[4]

---

3  Reisacher, Foreword.
4  Ibid., 7, 8. 저자가 말하는 3가지 영역의 구체적 내용은 이곳을 보라.

## 1) 우호적 대화 장려

"우호적 대화 장려"(Encouraging Friendly Conversation)는 이슬람과 무슬림을 대하는 기독교인의 태도에 있어 우드베리가 남긴 선교적 유산이다.

우드베리는 예수의 사랑과 관심 그리고 연민의 마음을 가지고 무슬림에게 다가간 사역자다. 선교학자 찰스 벤 엥겐은 복음 증거자가 무슬림에게 복음을 전할 때 예수 같은 친근한 모습의 태도를 가지는 것은 가장 첫 번째 과정이며 우드베리는 그런 태도로 무슬림에게 다가간 학자라고 말했다.[5] 우드베리의 삶과 그의 이슬람 연구에서 있어서 그는 이슬람과 무슬림을 이해와 존중의 자세로 대했다. 거기에는 친절, 사랑, 연민, 은혜와 같은 주제가 관련되어 있다. 이 영역에서의 초점은 무슬림과의 관계 형성이다. 이것은 우드베리가 무슬림과 교류하는 선교 방법으로 21세기 이슬람 선교에 있어 무슬림과의 의미 있는 교류에 초석을 제공한다.

다음은 우드베리의 이슬람 선교학에서 다루는 우호적 대화 장려에 관련된 5편의 기고문으로 그 주제는 다음과 같다.

① "이슬람과 무슬림을 향한 기독교인의 자세"
② "이스마엘 약속과 선교 동기 부여"
③ "이슬람법 샤리아 이해"
④ "무슬림 여인 묘사"
⑤ "이슬람의 현재 경향과 기독교 선교"

---

5　Ibid., 25.

### (1) 이슬람과 무슬림을 향한 기독교인의 자세

"이슬람과 무슬림을 향한 기독교인의 자세: 케리그마적 접근"(Christian Attitudes toward Islam and Muslims: A Kerygmatic Approach)은 마틴 어캐드(Martin Accad)가 기고한 자료다. 그는 이슬람과 기독교의 대화(Dialogue)라는 용어 정의와 무슬림을 향한 기독교의 대화 접근법을 다루었다.[6]

'종교 간 대화'라는 용어는 양자 종교 모두에게 많은 오해와 와전이 있다. 보수주의자나 자유주의자 혹은 종교적이거나 세속적인 유형에 의해 자기가 원하는 의미의 극단적 위치에서 대화라는 용어를 사용하기 때문이다. 그럴 때 양자 간의 대화는 대화가 아닌 독백이 된다. 기독교는 이슬람에 접근하기 위한 더 이상의 대화나 상호교류가 불가능하다고 생각할지 모른다.

마틴은 종교적 대화를 'SEKAP'라는 5가지 자세로 분류했다.

① S – Syncretism(혼합주의적): D1
② E – Existential(실존주의적): D2
③ K – Kerygmatic(선포적): D3
④ A – Apologetic(변증적): D4
⑤ P – Polemical(비판적): D5

그는 이러한 5가지 자세를 'D1 – D5'로 도식화한 다음 그 차이를 다음과 같이 설명했다.

---

6  Ibid., 29-47.

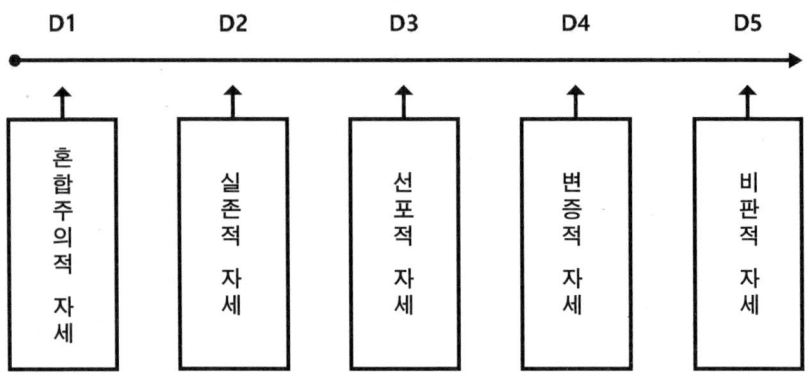

〈그림 4〉 기독교 - 무슬림 상호작용의 SEKAP 대화 스펙트럼
(Evelyne A. Reisacher 2012:32)

**혼합주의적**(Syncretic) **자세, D1**은 종교 간 차이와 다른 부분을 화해시키려 한다. 사회, 정치, 경제에 관한 얘기를 나누며 종교적인 부분은 상대화한다. 세속적 방법과 생각을 사용하고 대화에서 종교 지도자는 제외한다.[7]

**비판적**(Polemical) **자세, D5**는 혼합주의와 반대다. 비판적(Polemical)이라는 단어는 그리스어 폴레믹(*polemic*)이라는 단어에서 유래한 것으로 전쟁을 뜻한다. 종교 간 대화에 있어 이 자세는 상대편을 공격해 자기의 생각, 믿음, 주장을 세우는 것이다. 대화는 불필요한 것이며 이슬람은 악한 종교이기에 무슬림과의 대화는 공격적이다. 이 자세는 공격적으로 이슬람의 모순과 약점을 드러낼 수는 있지만, 평화적 대화가 불가능하고 사역자가 이슬람권에서 자신의 정체를 밝힐 수 없게 만든다.[8]

**실존적**(Existential) **자세, D2**는 종교보다 사회 분야에 초점을 둔다.

---

7 Ibid., 32, 33.
8 Ibid., 33, 34.

양자 간 평화적 상생과 공존 해법을 찾는다. 여기서 핵심은 선함과 도덕이다. 양자 간 공통점과 서로 동의할 수 있는 부분을 가지고 대화한다. 서로 평화와 관용을 베풀며 절대 진리를 주장하지 않고 다른 종교를 인정하기에 신학적 부분에 크게 집중하지 않는다.[9]

**변증적**(Apologetic) **자세, D4**는 전통적 기독교 이슬람 선교 방법이다. 논쟁을 통한 양자 간 접근법은 예부터 지금까지 지속한 끝 없는 담론으로 이어지기 때문에 결론을 지을 수 없다. 양자 모두 경전 내용의 적절한 해석을 주장한다. 대화보다 독백이 되는 경우가 많다. 양자 모두 진리는 유일하다고 믿는다. 기독교는 이슬람이 성경을 왜곡해 사용하기 때문에 이슬람 창시자 무함마드와 꾸란에 문제점이 많다고 주장하는 데 초점을 맞춘다. 기독교가 오래전부터 사용해 온 방법이지만 대화의 단절을 지속시킨다.[10]

**선포적**(Kerygmatic) **자세, D3**는 신약에서 복음을 전하고 선포하는 것과 관련이 있다. 사도 바울은 복음 전도를 우리 인간의 지혜로 사람을 꾀는 것이 아니라 오직 성령의 능력에 의존하는 것이라 말한다. 이 방식은 공격적 비판, 방어적 변증, 수용적 실존, 모호한 혼합주의와 다르다. 인간적 능력과 방법보다 하나님의 은혜와 긍정적 초청이 핵심이다. 다른 종교를 존중하되 하나님과 예수님을 최고의 자리에 둔다. 한 개인의 종교적 유산이나 전통을 모두 거부하지 않지만, 종교적 시스템이 아닌 예수가 핵심이고 중심이 된다.

선포적 자세의 특징은 복음 중심적이고 이슬람의 문제와 단점을 알지만, 다신론 아랍 사회에 종교적 변화를 일으킨 무함마드의 공헌도 인

---

9 Ibid., 35, 36.
10 Ibid., 36, 37.

정한다는 점이다. 무슬림과의 교류에는 존중과 신뢰가 필요하다. 이것은 무슬림에 대한 이해로부터 생긴다. 무슬림에 대한 이해는 진정한 대화를 통해 그들에 대해 알게 될 때 가능하다. 선포적 자세는 어떠한 대화도 피하지 않는다. 공손하고 예의 바른 대화 자세로 신학, 경제, 정치, 사회 등 모든 주제를 대화할 수 있게 한다.

이 자세는 혼합주의적이고 비판적 자세는 사용하지 않지만 실존적이고 변증적 방법은 상대와 장소 그리고 상황에 따라 적절히 사용한다. 우드베리는 이슬람과 무슬림을 만남에 있어 선포적 자세를 지향했다.[11]

### (2) 이스마엘 약속과 선교 동기 부여

"이스마엘 약속과 선교 동기 부여"(The Ishmael Promises and Mission Motivation)는 조나단 컬버(Jonathan E. Culver)가 무슬림에 대한 객관적 이해를 돕기 위해 마련한 자료다.

기독교가 무슬림을 예수께 인도하기 위해서는 그들을 대하는 태도의 변화가 필요하다. 이들 변화 가운데 하나는 하나님께서 아브라함에게 약속하셨던, 잊혀진 이스마엘 약속을 이해하는 것이다.[12] 창세기 16-21장에는 이스마엘과 그의 자손에 대한 하나님의 약속이 있다. 하나님께서는 아브라함과 하갈에게 여러 가지 약속을 하셨다. 이스마엘에게 하신 약속은 이삭과 같은 언약의 약속은 아니지만 그 약속에도 특별한 부분이 있다. 아브라함과 그의 자손 외에 이런 축복과 약속을 받은 자는 이스마엘뿐이다. 이스마엘 역시 아브라함의 자손이기 때문이다.[13]

창세기 21:20에는 하나님께서 이스마엘과 함께 계셨다고 했다.

---

11  Ibid., 37-39.
12  Ibid., 49-57.
13  Ibid., 50.

그 이유와 목적은 이사야 60:6, 7에 나온다. 새 예루살렘에서 가장 먼저 예물을 들고 하나님께 예배드리기 위해 나온 민족이 아브라함의 아랍 자손 이스마엘이다. 예수 탄생 때 그를 가장 먼저 찾아 경배했던 박사들도 이들 아랍인 같은 이방인이었다. 신약에서 바울이 가장 먼저 복음을 전했던 이방 민족 역시 이들 아랍 민족이었다.[14]

이스마엘 약속에 대한 이해와 선교적 접근은 이슬람 선교에 끼치는 영향이 아주 크다. 컬버는 1994년부터 성경적 관점으로 긍정적 이스마엘 이해를 위한 세미나와 강의를 통해 인도네시아에 일어난 놀라운 변화를 보고했다. 이슬람에서 기독교로 개종한 자의 특별한 반응에 대한 보고였다. 그 보고는 무슬림이었던 그들이 자신과 자기 민족을 저주받은 민족으로 생각했는데 그렇지 않다는 성경 내용을 통해 마음이 회복되었다는 놀라운 변화에 관한 것이다.[15]

이스마엘 약속을 통한 선교적 접근은 무슬림과 우호적 대화를 나눌 수 있도록 교량 역할을 했다. 무슬림에게 아브라함, 이스마엘, 하갈에 대한 하나님의 아름다운 약속을 나눌 때, 그것을 듣기 싫어할 무슬림은 없다. 그들은 오히려 이런 하나님의 약속을 듣기 원할 것이며, 이것을 들을 때 그들은 놀라움과 기쁨으로 반응할 것이다. 이러한 접근법은 무슬림에게 다가가 복음을 나눌 때 그들에 대한 기독교의 진정한 마음을 표하는 우호적 이슬람 선교 방법이 되었다.[16]

---

14  Ibid., 50, 51. 저자는 이곳에서 사무엘 즈웨머를 비롯해 여러 성경 학자들의 해석을 상세히 다룬다.
15  Ibid., 53.
16  Ibid., 54, 55.

### (3) 이슬람법 샤리아 이해

"이슬람법 샤리아 이해"(Squeezing Ethics Out of Law: What is Sharia Anyways?)는 데이비드 존스턴(David L. Jonston)이 이슬람법 샤리아가 무슬림에게 부여하는 의미에 관해 연구한 내용이다.[17]

"무슬림에게 있어 샤리아(Sharia)는 무엇인가?"

이를 알아보기 위해 존스턴은 갤럽 기관이 40개국 이상의 이슬람 국가를 대상으로 오랜 시간 연구 분석한 자료를 다루었다. 본 연구에 의하면 터키를 제외한 대부분 나라가 이슬람법 샤리아가 아닌 민주주의를 원했다. 샤리아가 사회적 역할을 한다고 생각하지만, 반드시 샤리아만이 국가와 사회법이 되어야 한다고 생각하는 나라는 5국가밖에 없는 것으로 조사됐다.[18] 대부분의 무슬림은 샤리아가 여러 가지 사회 역할 중 하나를 할 뿐이라고 생각했다.

샤리아에 대한 무슬림의 의견은 크게 다음과 같이 3가지로 나뉘었다.

**첫째**, 전통주의자와 '살라피'[19]는 샤리아가 바위에 고정된 것과 같이 시대에 상관없이 항상 동일하다고 해석했다. 주로 서양 미디어가 이 범주에 해당하는 무슬림을 다룬다.[20]

**둘째**, 샤리아를 '길'로 생각하는 살라피 개혁주의(Sharia as Path – Salafi Reformism) 그룹이다. 그들은 대부분이 법조인과 학자로 경전

---

17 Ibid., 59-69.
18 Ibid., 59, 60.
19 "살라피"는 순니파 이슬람 정통주의 운동을 지지하는 사람을 일컫는 용어다. 그들은 무함마드 시대의 관습과 전통을 현대에 재현하자는 종교 운동에 뿌리를 두고 있다.
20 Reisacher, 60-62.

(sacred texts)을 새로운 정치, 사회, 경제 상황에 따라 적절히 해석한다.[21]

셋째, 포스터모던 렌즈를 통해 '윤리로서의 샤리아'(Sharia as Ethics through a Postmodern Lens)를 주장하는 그룹이다. 그들은 인간 한계를 통해 겸손을 강조하며 다른 종교도 진리의 일부를 포함할 수 있다고 생각한다. 윤리적 관점을 통해 포스터모던 시대에 맞추어 경전을 따르며 더욱 평화롭고 좋은 사회를 이루는 것에 초점을 둔다.[22]

존스턴은 본 연구를 통해 이슬람 세계에 일어나고 있는 변화와 무슬림에 대한 오해 그리고 편견을 다루었다. 많은 무슬림은 민주주의를 원하며 그 속에서 자신의 종교를 평화롭게 지속하기 원했다. 이런 생각에 반대하는 무슬림 세력도 이 거대한 변화와 개혁을 보았기 때문에 자신의 정치적 태도를 바꾸는 것이 현재 이슬람 세계의 현황이다.[23]

(4) 무슬림 여인 묘사

"무슬림 여인 묘사"(Portraying Muslim Women)는 에벌린(Evelyne A. Reisacher)이 이슬람 여인에 관해 연구한 기고문이다.

에벌린은 여성의 눈으로 무슬림 여인을 연구했다. 여성을 바라보는 관점은 무슬림과 기독교인 관계에 있어 매우 중요하다. 무슬림 여인을 상징하는 '히잡'(hijab)과 '하렘'(harem)[24]을 바라보는 기독교의 따가운 시선이 무슬림을 존중하는 복음 증거에 장애가 된다. 에벌린은 이런 내용

---

21  Ibid., 62-66.
22  Ibid., 67, 68.
23  Ibid., 67-69.
24  "히잡"은 무슬림 여인이 머리에 쓰는 "두건"이고, "하렘"은 이슬람 사회에서 일반 남자는 출입이 금지된 부인만 사용하는 방이나 공간을 말한다.

의 이해를 이곳에서 다루었다.[25]

무슬림 여성 인권에 대해 무조건 이슬람을 비판하는 경우가 많다. 이슬람 세계에서 여성에 관한 생각과 관점은 사람과 지역마다 매우 다르다. 무슬림 여성의 인권 문제와 관련하여 특정 지역의 단편적 예를 보편화할 수 없다. 무슬림 여성에 대한 핍박이 있지만, 이슬람이 여성 인권에 긍정적인 부분을 제공했다는 해석도 있다. 그렇기 때문에 무슬림 여성 인권 문제를 가지고 무조건 이슬람을 비판할 수는 없다.[26]

여성 인권 문제와 관련해 많은 학자는 무함마드의 언행을 비판했다. 무슬림은 무함마드를 아주 중요하게 여기지만 그를 완벽한 신적 존재로 생각하지는 않는다. 무함마드는 왕 또는 권력을 가졌던 사람으로 그 시대에 그의 행동은 문제가 되지 않았다. 여성 인권을 위해 무함마드는 여성 생매장제도를 폐지하기도 했다. 그렇기 때문에 기독교인은 여성 인권 문제와 관련된 주제를 다룰 때 신중해야 한다. 무슬림에게 특별한 존재인 무함마드나 이슬람을 비판하기보다 무슬림과의 대화를 통해 어떻게 예수의 삶을 더 지혜롭게 나눌 것인가를 먼저 고려해야 한다.[27]

여성 인권 문제를 이슬람 개혁의 부재나, 꾸란, 샤리아, 하디스의 문제로 비난할 수 있다. 하지만 이것은 시대와 해석에 따라 바뀔 수 있다. 이슬람 여성 인권 문제는 이슬람만의 문제가 아니라 전 세계와 기독교 역사에도 있었던 이슈다. 기독교는 무슬림 여성 인권 문제에 초점을 맞추고 이슬람을 비난할 수 있다. 하지만 그것보다 무슬림 여성과 대화를 나눌 기회를 만들어 그들에게 우리의 메시지를 효과적으로 전달하는

---

25  Reisacher, 71-86.
26  Ibid., 72-74.
27  Ibid., 74-78.

것에 더 초점을 두어야 한다.[28]

### (5) 이슬람의 현재 경향과 기독교 선교

"이슬람의 현재 경향과 기독교 선교"(Current Trends in Islam and Christian Mission)는 워렌 롤선(Warren F. Larson)이 연구한 내용이다. 서구인과 기독교는 모든 무슬림을 극단주의자로 생각하는 경우가 많다. 이러한 생각은 바른 이해가 아니다. 저자는 무슬림 가운데 일고 있는 현재의 경향과 무슬림을 극단주의자로 생각하는 잘못된 편견과 오해에 대해 다루었다.[29]

21세기 무슬림의 상황은 지역에 따라 너무나 다르다. 그들은 세계 여러 나라의 법과 사회에 다양한 변화를 일으킨다. 미국과 유럽의 무슬림 수는 점점 많아지는 반면 유럽인은 줄고 있다. 유럽은 기독교가 약해지고 이슬람이 확장하는 시점에 있다. 안타깝게도 유럽은 기독교가 민주주의와 자유를 가져온 큰 역할을 잊고 있다. 현재 런던은 700개의 모스크, 1,200개의 이슬람 학교, 10,000명의 개종자, 100만 명의 무슬림이 있는 "이슬람 수도"로 변하고 있다.[30]

많은 무슬림이 미국을 싫어하고 반대하는 이유가 있지만, 거기에는 진실이 아닌 이유도 섞여 있다. 일부 무슬림 학자는, 1998년부터 스스로 이슬람 전문가로 행세하며 무슬림을 선동하는 비전문가들이 이런 현상을 만들고 있다고 말한다. 어떤 무슬림은 이슬람의 현재 상황을 정직하고 비판적으로 보지 않는 현대 이슬람의 문제를 그 이유로 지적하기도 한다. 어쨌든 현대 이슬람은 이런 주장을 하는 무슬림 온건파가 점

---

28  Ibid., 86.
29  Ibid., 87-94.
30  Ibid., 89.

점 늘어나는 추세다.[31] 그렇기 때문에 모든 무슬림을 극단주의자라고 생각해서는 안 된다.

최근 기독교를 받아들이는 무슬림 개종자 수는 그 어느 때보다 늘어나고 있다. 그중 몇 가지 이유는 다음과 같다.

**첫째**, 파키스탄이나 이란 같은 나라들이 행하고 있는 엄격한 이슬람법과 잔악한 통치 때문이다.
**둘째**, 무슬림이 무슬림에게 저지르는 폭력적이고 잔학한 행동으로 인한 고난 때문이다.
**셋째**, 하나님의 직접 개입(환상과 기적 등)을 통한 역사에 기인한다.
**넷째**, 하나님의 주권적 역사로, 기도에 대한 응답의 이유이다.
**다섯째**, 무함마드와 달리 예수의 도덕성과 하나님의 조건 없는 사랑에 기인한 신학적 이유다.
**여섯째**, (모든 곳에서 효과적이고 잘되는 것은 아니지만) 무슬림의 문화를 반영한 상황화 선교 전략으로 인해서다.[32]

9/11 테러 이후 많은 기독교인이 이슬람에 대해 거의 비슷한 내용의 책들을 출판했다. 대부분의 저작물은 하나같이 이슬람의 문제를 지적하는 것에 집중했고 이로 인해 많은 기독교인이 이슬람에 대해 두려움과 공포의 반응을 보였다.

기독교는 무슬림도 하나님의 자녀라는 사실을 잊지 말고 사랑과 그리스도의 정신으로 그들과 마주해야 한다. 과거와 달리 무슬림은 그

---

31　Ibid., 89, 90.
32　Ibid., 91, 92.

어느 때보다 복음에 마음이 열려있다. 기독교는 이슬람과 무슬림에 대한 오해와 편견의 자세를 버리고 이슬람 이해를 위해 더 많은 배움과 연구를 해야 한다.[33]

## 2) 기독교 이슬람 학문

우드베리는 이슬람 선교를 위해 "기독교 이슬람 학문"(Christian scholarship of Islamic Studies)을 선교적 유산으로 남겼다. 그는 이슬람 이해에 탁월한 관점을 가진 학자다. 역사와 경전 같은 정통 이슬람뿐만 아니라 무슬림의 삶에 깊이 자리 잡고 있는 민속 이슬람까지 양쪽 모두를 잘 안다. 이슬람은 종교뿐만 아니라 문명과 역사 모두를 포함하기 때문에 이슬람을 제대로 이해하기 위해서는 신학, 역사, 윤리, 문화인류학 등 다양한 학문적 이해가 필요하다.[34] '현대의 사무엘 즈웨머'로 불리는 우드베리가 기독교 이슬람 선교를 위해 남긴 탁월한 학문적 접근법은 중요한 선교적 유산이다.

우드베리는 이집트 고대 문명, 페르샤 문명, 그레코-로만 문명의 최고 학문에 능통했던 모세, 다니엘, 사도 바울처럼 당대 최고의 학문을 위해 전념한 학자다. 레바논에서 서구 최고의 이슬람 학자 하기브 경에게 정통 이슬람을 사사했으며, 하버드대학교에서 이슬람학으로 박사학위를 취득했다. 우드베리는 이슬람 원리주의 연구를 통해 현대 이슬람을 이해했을 뿐만 아니라 이슬람 세계의 중심 아랍지역에서 약 10년간 선교사로 사역하며 민속 이슬람을 이해했다.[35] 그는 무슬림보다 이슬람

---

33  Ibid., 93, 94.
34  Ibid., 95.
35  Ibid., 97.

을 더 깊이 이해하는 기독교 이슬람 학자다.

본 연구는 우드베리가 남긴 학문적 유산을 다루기 위해 총 5명의 기독교 이슬람 학자가 기독교 입장에서 연구한 이슬람학 주제의 기고문을 다룬다.

① "이슬람을 연구하는 기독교 학자: 가라, 취하라, 배우라"
② "알아슈아리(al-Ashari) 신론의 존재론과 기독교 유사성"
③ "이슬람 이전의 알라는 누구였나?"
④ "아프리카 종교와 민속 이슬람"
⑤ "카야(Kaya) 사당과 모스크"

### (1) 이슬람을 연구하는 기독교 학자

"이슬람을 연구하는 기독교 학자: 가라, 취하라, 배우라"(The Christian Scholar with Islam: Go, Take, Learn)는 우드베리의 이슬람 연구에 가장 큰 영향을 끼친 인물 가운데 한 명인 케네스 크래그(Kenneth Cragg)의 기고문이다. 그는 기독교 이슬람 학자가 이슬람에 접근하는 올바른 학문적 자세를 다루었다.[36]

예수가 전한 복음을 사도들이 문서 작업을 통해 신약성경으로 만든 이유는 세상을 향한 사도적 교회의 열정 때문이다. 그들의 열정은 이스라엘 백성처럼 강제로 흩어진 디아스포라가 아니라 자발적이고 역동적인 디아스포라였다. 잃어버린 자를 향해 안에서 밖으로 나갔던 열정이었다. 그렇기 때문에 하나님의 대위임령은 성경 기록 이전부터 이미 진행되었다.[37]

---

36  Ibid., 99-109.
37  Ibid., 99-101.

사도들은 목숨을 걸고 복음을 전하고자 했다. 그 이유는 사도 바울의 말처럼 그리스도의 사랑은 우리에게 어떤 선택권도 남기지 않기 때문이다. 예수는 한 번도 글을 쓰지 않고 모든 것을 말로 전했다. 우리는 이것을 세상에 전하기 위해 글로 기록해 남길 수밖에 없다. 예수가 세운 제자도와 사도직 때문에 복음서 저자는 자신이 배운 것과 경험한 것을 기록할 수 있었다.[38]

이슬람과 연관된 기독교 신학 이해에 있어서 성경의 구조는 무슬림에게 걸림돌이 될 수 있다. 신약은 4개의 복음서와 여러 서신으로 구성되어 있다. 하지만 무슬림이 믿는 꾸란의 기록 방법은 성경과 다르다. 성경이 어떻게, 왜 기록되었는지 이들에게 알리는 것은 결코 쉬운 일이 아니다. 그리고 설사 기독교인이 무슬림에게 꾸란을 분석해서 설명한다고 해도 무슬림은 그것을 사실로 받아들이지 않을 것이다. 이슬람의 문제를 지적하며 논쟁하는 것은 관계를 깨기 쉽다.

그렇기 때문에 오히려 이슬람과 비슷하거나 공통된 주제를 다루는 것이 좋다. 친밀한 관계 가운데 대화를 통해 무슬림이 꾸란과 이슬람의 문제를 스스로 발견할 수 있도록 하는 것이 중요하다.[39] 무슬림이 비교적 쉽게 받아들일 수 있는 주제는 청지기, 유일신, 창조, 죄와 같은 것이다. 반대로 가장 큰 대립적 주제는 성육신 사건이다. '예수의 피'로 죄를 씻는다는 표현이나 '희생' 같은 용어를 하나님과 연관 지어 설명하는 것은 무슬림이 이해하기 어렵다. 문화적으로 시편은 하나님을 "나의 목자"로 표현하지만, 무슬림에게 목자는 가난하고 비천한 직업이다. 무슬림은 꾸란을 살아있는 하나님의 말씀이라 생각하지 않는다.

---

38  Ibid., 102, 03.
39  Ibid., 103, 04.

이런 여러 가지 이유로 크래그는 창조적이고 생명을 부여하는 일을 위해 기독교는 무슬림과의 대화에 있어 양자 간의 차이에 희망적 침묵을 취할 필요가 있다고 말했다.[40] 기독교 학자가 이슬람을 연구하는 목적과 자세는 복음을 전하기 위함이라야 한다.

### (2) 알아슈아리의 신론과 기독교

요셉 쿰밍(Joseph L. Cumming)은 "알아슈아리(al-Ashari)의 신론에 나타나는 존재론과 가능성 있는 기독교적 유사성"(Sifat al-Dhat in al-Ashari's Doctrine of God and Possible Christian Parallels)에 관한 주제를 다루었다. 저명한 수니 이슬람 신학자 알아슈아리의 신학 사상 가운데 기독교 삼위일체론에 견줄 수 있는 이슬람 신론을 가지고 무슬림에게 접근하는 기독교 이슬람 연구다.[41]

수니 이슬람에서 알아슈아리(Abu al-Hasan Ali ibn Ism ail al-Ashari)[42]는 정통 이슬람 신학에 가장 영향을 많이 끼친 신학자 가운데 한 명이다. 그는 수니 이슬람의 중심 인물이었다. 정통 이슬람을 말할 때 보통 그의 이름을 거론할 정도로 그의 영향력은 대단했다. 알아슈아리는 알라의 "속성"(Sifat), 알라의 신성에 관한 핵심적인 이야기를 신론으로 다루었다. 그것은 기독교 삼위일체와 아주 유사했다. 그 당시 기독교인, 무슬림, 유대인은 그의 주장을 알고 있었다.[43]

아슈아리파는 무으타질라파(Mutazila)가 생기면서 역사적으로 사상

---

40　Ibid., 105-09.
41　Ibid., 111-45.
42　알-아슈아리는 순니파 이슬람에서 가장 저명한 이슬람 학자로 "아슈아리파"의 창시자다.
43　Reisacher, 111-13.

적 측면에서 경쟁 구도 관계에 서게 되었다. 무으타질라파가 아슈아리파의 신학 이론에 반기를 들고 그의 이론을 반박했기 때문이다. 하지만 사람들은 진보적인 무으타질라파가 이단적이라 생각했다. 아슈아리는 무으타질라 사람들과 논쟁할 때 보수적 위치에 있었다. 비록 무으타질라파가 정치적으로 더 강력했지만 많은 사람은 무으타질라파의 생각과 꾸란 해석 방법을 거부했다.[44]

무으타질라파의 첫 신학자는 아부 알후다일(Abu al-Hudhayl)이다. 그는 꾸란의 조직 분석(systematic analysis)을 처음 시도했다. 알아슈아리는 그가 아리스토텔레스와 이방 철학을 사용해 "Sifat"(알라의 속성)의 뜻을 지어냈다고 믿었다. 알후다일의 조카 알나잠(Al-Nazzam)은 알아슈아리의 신론을 거부하고 알라가 여러 명 있다고 생각할 수 있는, 복수성 문제를 해결하기 위해 다른 이론을 첨가했다. 그래도 문제가 해결되지 않자 이븐 쿨랍(Ibn Kullab)은 여기에서 파생하는 2가지 문제를 타협하는 또 다른 이론을 더했다.[45]

쿠밍은 알아슈아리가 말하는 하나님의 속성에 관한 이론을 통해 기독교 교리 안에 있는 무슬림과의 유사성을 가지고 그들과 대화하는 방법을 연구했다. 그는 알아슈아리의 이론에 견주어 기독교의 삼위일체론을 무슬림에게 설명하는 접근법을 시도했다. 아슈아리의 이론과 기독교 삼위일체론은 유사성이 있지만 같은 것은 아니다. 그러나 일반 기독교인이 삼위일체론을 아는 것과 무슬림이 알아슈아리의 이론을 이해하는 정도는 비슷하다. 이런 주제를 교량으로 사용해 무슬림과 대화하는 법은 하나님의 소식을 나눌 수 있는 효과적 방법이 된다.[46]

---

44  Ibid., 117, 18.
45  Ibid., 118-24.
46  Ibid., 145.

### (3) 이슬람 이전에 '알라'는 누구였나?

"이슬람 이전에 '알라'는 누구였나?"(Who Was "Allah" before Islam? Evidence that the Term "allah" Originated with Jewish and Christian Arabs)는 릭 브라운(Rick Brown)이 '알라'를 언어학적으로 다룬 연구다. '알라'(Allah)는 이슬람 고유의 언어이기에 기독교의 하나님과 알라는 다르다고 주장하는 이가 많은데 릭 브라운은 이 문제를 다음과 같이 다루었다.[47]

① '알라'는 이슬람 이전 아랍 기독교인이 사용한 용어다.

알라는 이슬람에서 사용하는 용어이기에 기독교의 하나님과 다르다고 생각하는 사람들이 많다. 알라가 고대 달신이며 악마라고 생각하는 이들도 있다. 이슬람에서 초승달을 사용한 것은 오트만 제국의 중세적 상징이었기 때문이다.

그러나 달신과 알라 용어에 상관 관계를 보여주는 증거나 자료는 없다. 기독교에서도 하나님을 알라로 부르는 곳이 있다. 세네갈에서 인도네시아까지 많은 기독교인이 하나님을 알라로 부른다. 하나님을 영어로 'God,' 불어로 'Dieu'라고 하듯이 아랍어로 하나님을 'Allah'라고 부르는 것이다. '알라'는 예수가 하나님을 부를 때 사용한 아람어에서 나온 말이다. 그런 측면에서 '알라'는 영어로 'God'이나 히브리어 'El'보다 덜 이방적일 수 있다.[48]

이슬람이 발생하기 전 아랍 기독교인은 하나님을 알라로 불렀다. 이슬람 이전부터 아라비아에는 많은 유대인이 있었다. 바울을 비롯해 3세기 신학자 오리겐도 신학적인 가르침과 논쟁을 위해 아라비아에 갔

---

47　Ibid., 147-78.
48　Ibid., 147-50.

다. 아랍 빌립(Philip the Arab)은 시리아에서 태어난 로마 황제로 아랍 기독교인의 역할과 영향을 로마제국에 행사했다. 요르단과 메소포타미아 지역은 4세기부터 기독교인 아랍 왕이 지배했고 예멘까지 유대인과 기독교인이 많이 살았다.[49]

고고학적 증거도 많다. 그중 하나가 아랍 기독교 시인이 남긴 시다. 시인은 하나님을 알라로 불렀다. 이슬람 이전 아랍 문서도 하나님을 알라로 기록했다. 하나님을 알라 외 다른 아랍어로 부른 증거가 없다.[50] 이슬람 발생 이전에 기록된 아랍어 성경 번역에도 이러한 증거는 있다. 그리스어와 아랍어로 적혀있는 시편 78편 조각을 다메섹에서 발견했다. 거기에는 하나님을 알라로 기록했다. 독자적인 아랍어 성경번역본은 하나같이 하나님을 알라로 기록했다.[51]

무함마드는 유대인과 여러 아랍 기독교인을 자주 만났고 그들에게 가르침을 받았다. 꾸란에도 역시 성경과 하나님을 언급하는 중요한 구절이 있다. 무함마드가 기독교인과 논쟁한 기록에도 기독교인이 하나님을 알라로 불렀다는 내용이 있다. 학자들은 꾸란의 많은 부분이 옛날 아랍 기독교인이 남긴 시에서 영향을 받았다고 생각한다.[52]

② 하나님을 호칭하는 '알라'는 아람어에서 비롯된 단어다.

'알라'는 시리아 기독교인이 사용한 'alah'(알라)에서 비롯되었다고 언어 학자들은 말한다. 아람어는 대부분 아랍 기독교인의 경전과 예배 언어였다. 아람에서는 아람어를 예배 언어로 가장 많이 사용했다. 아

---

49 Ibid., 151-54.
50 Ibid., 155-57.
51 Ibid., 158-61.
52 Ibid., 161-63.

람어로 하나님을 'alah-a'로 기록하는데 뒤에 있는 '-a'는 뺄 수 있다 (alah). 이것은 히브리어 'eloh'(엘로)와 같은 어원이다. 이슬람 이전 시대에 아랍어는 많은 아람어 이름과 용어를 차용했다.[53]

아랍 언어에 'allah'(알라)라는 소리음은 존재하지 않는다. 아랍어로 신은 'ilah'(일라)로 발음한다. 알라의 소리음은 아랍어 소리음이 아니다. 시리아에서 사용하는 아람어에서 왔기 때문에 그 언어의 소리음에 맞춘 것이다. 아랍어로 알라는 'l'이 두 번 들어간다. 그러면 'al-lah'(알-라)로 소리음이 나누어진다. 이슬람 학자와 언어 전문가들은 이 용어가 시리아에서 비롯된 것이라 말한다. 하지만 무슬림은 이 사실을 거부하며 'lah'(라)를 하나님께만 해당하는 특별한 용어로 여긴다.[54]

③ 'allah'(알라)가 'al-ilah'(알-일라하)[55]라는 의견도 있다.

'Al-ılah'(알-일라하)는 'the God'와 같은 뜻이지만 용어와 소리가 다르다. 아랍어 단어는 소리가 중요하기 때문에 아랍어에서 이런 변형은 거의 없다. 알라가 아람어에서 왔다는 증거는 많지만 'al-ilah'에서 왔다는 증거는 없다.[56]

④ 'Allah'(알라) 용어에 대한 다른 여러 가지 주장이 있다.

릭 브라운은 그런 잘못된 주장을 다루었다. 알라가 달신, 여신 알라트, 카바신전에 있던 알라 목록, 아랍 부족이 자신의 최고신으로 부르던 이름이라는 등의 주장을 반박하는 내용이다. 특별히 릭 브라운은 아랍

---

53 Ibid., 164, 65.
54 Ibid., 166-69.
55 아랍어에서 'al'은 영어 정관사 'the'와 같은 역할을 한다.
56 Reisacher, 169-72.

성경 웹사이트에 아랍어로 번역된 성경에서 허락 없이 "알라"를 "알-일라"와 같이 임의로 바꾼 내용을 지적했다.

그는 유대인이 하나님을 부를 때 7가지 하나님의 이름을 불렀으며 하나님을 반드시 야훼로 기록해야 한다는 법이 없다고 말한다. 지구에 존재하는 6,000개가 넘는 다양한 언어에는 하나님을 부르는 자국 언어가 있기에 아랍어를 사용하는 사람이 하나님을 아랍어로 부르는 것은 당연하다는 주장이다. 아랍인이 '알라' 호칭을 사용해 하나님을 부를 때, 그들은 야훼 하나님과 같은 전지전능하신 하나님을 생각하며 부른다는 것이 그의 주장이다.[57]

### (4) 아프리카 종교와 민속 이슬람

"아프리카 종교와 민속 이슬람"(Folk Elements in Muslim Expressions of African Religion)은 문화인류학자 딘 길리랜드(Dean S. Gilliland)의 기고문이다. 그는 서아프리카에서 사역할 때 아프리카 종교의 민속적 요소가 무슬림식 표현으로 혼합된 형태를 관찰했다. 그것을 문화인류학적이고 사회학적인 방법으로 연구했다.[58]

이슬람의 확장에 있어 특이 사항은 현지 토속 신앙과 관습을 최대한 수용한 것이다. 서아프리카는 AD 1000년부터 이슬람이 존재했지만 AD 1300-1500년 사이에 가장 크게 성장했다. 이 기간 이슬람과 현지 민속 신앙의 혼합현상이 많이 일어났다.[59] 서아프리카는 이슬람 확산 이전부터 그들이 오랫동안 지켜왔던 마법, 희생제, 점술 같은 민속 신앙을 무슬림이 된 후에도 포기하지 않았다.

---

57　Ibid., 172-77.
58　Ibid., 179-92.
59　Ibid., 181.

아프리카 대중 세계관에 신화와 영적 세계는 깊이 자리하고 있다. 그들은 그것을 삶으로 표출한다. 서아프리카 나이지리아에 사는 무슬림은 결혼, 재정, 질환 같은 삶의 문제가 생기면, 신속한 응답을 받기 위해 이 땅에 없는 알라보다 자신의 조상에게 먼저 기도한다. 이런 토속 신앙이 이슬람과 혼합되어 민속 이슬람이 만들어진다.[60]

이슬람과 토속 신앙의 공존 방법은 혼합이다. 이것은 이슬람 관습을 바꾸기도 하고 마법과 관련된 것은 양쪽 방법을 모두 사용하기도 한다. 전통을 지속하는 것은 아프리카인에게 중요하다. 그래서 이슬람과 자신의 민속 전통 모두를 지킨다. 이슬람에 포함된 아프리카 전통은 너무 많아 그 경계선을 찾기가 어렵다.[61]

무슬림 말람(malam)[62]은 무슬림과 비무슬림 모두를 치료하고 돕는다. 이슬람은 아프리카 전통 영적 세계도 수용하기 때문이다. 아프리카는 공동체 결속이 아주 강하나. 누구든 그것을 깨트리는 것을 허용하지 않는다. 그것이 이슬람과 토속 신앙을 융합시키는 혼합주의를 가능케 한다. 때론 이슬람 전통보다 민속 신앙이 더 강해 이슬람이 아닌 것처럼 보일 정도로 혼합주의가 강한 경우도 있다.[63]

정치적 이유로 부족장과 왕이 자신은 무슬림이라고 말하지만 민속 신앙을 쫓아 사는 경우가 있다. 어떤 경우는 왕과 일부 지도자만 무슬림이 되고 나머지 백성은 원래대로 산다. 이슬람은 현지인이 자신의 종교 이슬람을 수용하는 것이 이슬람 전통과 관습을 지키는 것보다 더 중요

---

60　Ibid., 182, 83.
61　Ibid., 185, 86.
62　"말람"(malam)은 아랍어 무알림(교사)에서 유래한 단어로 이슬람 무속인을 말한다. 그들은 의사대신 부적, 약초, 주술 등을 사용해 치료사와 같은 역할을 한다.
63　Reisacher, 186-89.

하다고 여긴다. 종교와 풍습은 다르다고 말한다. 그래서 이슬람과 민속 신앙이 혼합된 경우가 많다. 이런 혼합주의를 허용하는 것이 이슬람의 매력이 될 수도 있다는 사실을 기독교 이슬람 학자는 알아야 한다.[64]

### (5) 카야(Kaya) 사당과 모스크

"카야 사당과 모스크: 케냐의 미지-켄다 무슬림 속에서의 종교적 분열"(The Kaya "Shrine" and the mosque: religious bifurcation among Miji-Kenda Muslims in Kenya)은 스테판(Stephen Mutuku Sesi)이 동아프리카 민속 이슬람을 다룬 기고문이다. 딘 길리랜드가 앞에서 다룬 서아프리카 내용처럼 스테판은 동아프리카 케냐의 디고 사람들이 모스크와 카야 사당에서 매일 하는 행동을 연구 조사했다.[65]

아프리카에서는 조상과 전통 신을 알라와 동시에 숭배하는 경우가 흔하다. 동아프리카 케냐 멜린디(Melindi)에는 많은 사당이 있다. 무슬림은 축복(Baraka)을 받기 위해 그곳에서 제사를 드린다. 이들 디고(Digo) 민족은 므룽구(Mlungu)를 가장 위대한 신으로 생각한다. 그에게 제사를 드려야 죽은 영혼과 살아있는 사람이 평화롭게 살 수 있다고 믿는다. 인간사 모든 것이 므룽구의 뜻대로 된다고 믿기 때문이다. 이 최고 신 아래 다양한 영이 존재한다고 믿는다.[66]

디고 민족은 이슬람을 받아들인 지 약 600년이 지났지만, 그들에게 이슬람과 민속 종교는 공존한다. 자신이 고백하는 이슬람 신앙과 민속 종교 관습을 동시에 지키는 것에 충돌이 없다. 그들은 2가지 세계관을 가지고 사는 것과 마찬가지다. 이슬람과 이들 민속 신앙이 융합되었기

---

64　Ibid., 189-92.
65　Ibid., 191-202.
66　Ibid., 196, 97.

때문이다. 원래는 이슬람이 'input'(입력)이었으나 지금은 둘 다 동시에 존재하는 혼합주의다. 이들에게 사당은 므룽구나 알라의 신성에 상관없이 신성과 사당이 융합된 예배 장소다. 약 75%의 사람은 혼합주의가 바탕이 된 종교와 삶에 익숙하다.[67]

디고 민족의 외형은 무슬림으로 보일지 모르나 삶의 문제 해결에 있어서 자신의 전통적 방법을 먼저 시도한다. 이것이 안되면 그때 이슬람이나 다른 방법을 사용한다. 이런 사고방식과 생각을 역설적이라 생각할 수 있지만, 이들에게는 전혀 문제가 되지 않는다. 왜냐하면 이것은 예로부터 뿌리 깊게 박혀있는 이들의 삶이기 때문이다.[68]

3) 복음 증거

우드베리는 무슬림에게 복음 증거하는 삶을 선교적 유산으로 남겼다. 그의 삶과 학문은 무슬림에게 복음 전하는 것에 초점이 맞추어져 있다. 세계적인 이슬람 선교학자 데이비드 쉥크(David Shenk)는 우드베리의 유산을 이렇게 말했다.

> 만약 우리가 무슬림과 평화 가운데 함께 살지 않겠다고 하면 우리는 무슬림에게 예수를 전할 수 없을 것이다. 이것이 바로 더들리와 그의 부인 로베르타의 유산이다. 그들은 무슬림 가운데서 그리스도의 평화를 증거하며 살기 위해 헌신한 부부였다.[69]

---

67  Ibid., 197-99.
68  Ibid., 200-02.
69  Ibid., 3.

그가 행했던 무슬림을 향한 우호적이고 존중하는 태도의 삶과 복음 증거 방법은 많은 사람에게 존경을 받았다.[70] 본 연구는 무슬림에게 복음을 전하고자 애썼던 우드베리의 복음 열정과 선교 방법을 다룬다.

5명의 학자가 무슬림이 기독교 신앙을 가진 다음 직면하게 되는 복잡한 문화적 상황과 이슬람 문화에서 복음을 전할 수 있는 상황화 전략에 관련된 내용을 기고했다. 여기서 다루는 주제는 다음과 같다.

① "복음이 어떻게 무슬림에게 좋은 소식인가?"
② "상황화"
③ "아시아 무슬림 공동체 안에서 일어나는 예수 운동에 관한 고찰"
④ "악령으로 인해 고통받는 무슬림과 적절한 기독교 접근"
⑤ "증인으로서의 화해"

(1) 복음과 무슬림

데이비드 그린리(David H. Greenlee)는 "복음이 어떻게 무슬림에게 좋은 소식인가?"(How is the Gospel Good News for Muslims?)를 통해 무슬림 개종자와 관련된 내용을 여러 가지 렌즈로 비유해 다루었다. 금세기 들어 수많은 무슬림이 기독교로 개종하는 것은 더 이상 숨겨진 비밀이 아니다. "Muslims4Jesus" 채널 유튜브 동영상은 수많은 무슬림 개종자의 간증을 소개한다. 하지만 이 현상에 대한 연구나 조사는 거의 발표된 적이 없다. 무슬림이 개종하는 이유를 알아야 복음을 전하는 올바른 방법을 찾을 수가 있다. 기독교가 생각하는 전도 방법과 실제가 다를 수 있

---

70 Ibid., 203.

기 때문이다.[71]

데이비드 그린리는 이들 변화의 7가지 요인을 분석해 복음 전도에 필요한 다음 내용을 다루었다.

**첫째**, 심리학을 제대로 사용하면 많은 도움이 된다.

심리학을 통해 기독교와 전혀 다른 문화와 사회에 사는 무슬림의 삶, 사고방식, 생각, 염려 등에 대해 더 자세히 알 수 있다. 현재 꿈과 환상 같은 심리적 요인을 통해 많은 무슬림이 개종하고 있다.[72]

**둘째**, 기독교인의 삶과 태도다.

복음 증거자의 신학 사상과 상관없이 겉으로 보이는 그들 삶의 행실이 바르지 않으면 절대로 무슬림의 마음을 움직일 수가 없다. 기독교인이 전하는 신학적인 대화로 개종하는 무슬림은 거의 본 적이 없을 정도로 이것은 정확하다.[73]

**셋째**, 사회학적인 문제를 고려한 연구 조사다.

지역마다 다르지만, 경제적·정치적 부분을 생각해야 한다. 기독교인 가운데 경제적으로 무슬림에게 접근하는 경우도 있지만, 이것은 항상 큰 유혹이며 결국 그들에게 걸림돌이 된다. 이뿐만 아니라 개종에는 지역 공동체의 핍박과 사회적 이슈가 항상 생긴다.[74]

**넷째**, 문화적인 내용을 알면 무례한 행동을 피할 수 있다.

행동에 감춘 더 깊은 내면세계의 의미를 이해할 수 있기 때문이다. 무슬림의 생각과 사고방식을 지배하는 세계관 이해는 그들의 사고와

---

71 Ibid., 205-07.
72 Ibid., 208, 09.
73 Ibid., 209, 10.
74 Ibid., 210-13.

행동을 이해함에 도움이 된다.[75] 여기서 다루는 연구는 무슬림 개종자의 정체성에 관한 내용이다.

"이슬람에서 기독교로 개종한 무슬림이 자신의 가족과 공동체 문화를 반드시 떠나야만 예수를 따를 수 있는가?"

무슬림에게 이 주제는 정말 중요하고 복잡한 내용으로 개종은 결코 쉽게 결정할 수 있는 일이 아니다.[76]

**다섯째**, 영적 전쟁이다.

민속 이슬람 때문에 영적 전쟁을 통한 기적, 꿈, 환상 등을 통한 무슬림 개종이 많이 일어난다. 그러나 거짓 교사의 잘못된 가르침을 조심해야 한다.[77]

**여섯째**, 통전적 사역과 삶의 중요성이다.

우리의 의사소통을 무슬림의 삶과 연결하는 것이 아주 큰 역할을 한다. 예수의 사랑으로 그들과 오랜 시간 함께 지낼 때 그 영향력은 훨씬 크다. 그러나 그들과 대화할 때 어떻게 그들과 의사소통해야 하는지를 고민하고 생각해야 한다.[78]

**일곱째**, 신적 개입을 통한 은혜가 임해야 한다.

진정한 기독교로의 개종은 사람의 힘으로 되는 것이 아니다. 하나님의 개입을 통한 은혜가 임해야 한다. 성경공부나 말씀을 읽고 나누는 것이 매우 중요하다. 예수가 누구인지 잘 전해야 하고 그들이 복음의 내용을 알아야 한다.[79]

---

75  Ibid., 213, 14.
76  Ibid., 214-16.
77  Ibid., 216, 17.
78  Ibid., 217.
79  Ibid., 218, 19.

## (2) 상황화

"상황화"(Contextualization)는 이 분야 전문가인 필 파샬(Phil Parshall)이 자신의 저서『무슬림 전도의 새로운 방향』에서 다루었던 핵심 내용을 간략히 요약해 기고했다. 상황화는 복잡하고 논쟁이 많은 주제이다. 이것 때문에 사역지가 나뉜 곳도 있다. 상황화를 잘못하면 혼합주의로 갈 수 있다. 파샬은 상황화를 할 때 경계선을 어디에 둘 것인지가 아주 중요하다고 강조하며 이 주제를 다루었다.[80]

필 파샬은 우연히 상황화 사역에 관한 연구 논문 한 편을 소개받았다. 그 논문은 인도네시아에서 민속 이슬람을 지키며 살았던 한 무슬림 가정에 태어나 32세 때 기독교로 개종한 사드락(Sadrach)이라는 현지 개종자에 관한 것이었다. 그는 기독교인으로 개종한 다음 상황화 사역을 통해 약 7,500명이 넘는 자바인을 예수께 인도한 현지 기독교 지도사였다. 파샬은 사드락에 관한 박사 논문을 접한 다음 그 내용을 자신이 지난 13년 동안 사역했던 쿠리스탄(Quristan)에 적용할 수 있도록 상황화를 본격적으로 연구했다.[81]

쿠리스탄은 1925년부터 1975년까지 약 50년간 수많은 선교사가 사역했음에도 불구하고 복음을 받아들이지 않았다. 기독교 사역을 통해 개종한 무슬림 숫자는 100명도 되지 않았다. 13년 동안 쿠리스탄에서 사역했던 파샬은 팀과 함께 새로운 선교 방법을 세우기로 했다. 그렇게 탄생한 것이 바로 '상황화 전략'이었다. 파샬은 자신이 사역했던 쿠리스탄에서 혼합주의에 주의하며 상황화 사역을 시작했다. 그곳에 적합한 모델이 C4[82]형태의 상황화 전략이었다. 현재는 보수적 방법으로 생각

---

80　Ibid., 221.
81　Ibid., 221-24. 사드락의 상황화 내용은 이곳을 보라.
82　존 트라비스의 C4 스펙트럼은 내부자 언어와 성경적으로 허용할 수 있는 이슬람 형

하지만, 그 당시만 해도 상당히 혁명적 선교 방법이었다.[83]

파샬과 이들 선교회가 시작한 새로운 선교 방법은 쿠리스탄에 놀라운 변화를 불러일으켰다. 30년이 지난 후 패트릭 존스턴의『세계기도정보』에 의하면 쿠리스탄에서 개종한 무슬림 수는 수천, 수만 명에 이르는 것으로 보고되었다.[84] 그는 상황화 선교 방법과 연관된 많은 논쟁을 다루었다. 그가 특히 강조하는 것은 상황화 선교를 잘못하면 항상 혼합주의의 위험이 따른다는 것이다. 이것을 주의하지 않으면 복음 전도를 오히려 더 위험하고 악화된 상황으로 만들 수 있다고 보았다.[85] 상황화는 우드베리의 이슬람 연구에 있어 핵심 연구 주제 가운데 하나다.

### (3) 예수 운동

"아시아 무슬림 공동체 안에서 일어나는 예수 운동에 관한 고찰"(Reflections on Jesus Movements among Muslims with Special Reference to Movements within Asian muslim Communities)은 내부자 운동 이론으로 잘 알려진 존 트라비스(John Jay Travis)가 기고했다. 존 트라비스는 본 연구에서 '종족 운동,' '이사-알-메시아,' '예수 운동'과 더불어 'C1 – C6'에 관한 자신의 해석을 다루었다.

맥 가브란의 '종족 운동'(People Movement)은 단일 공동체나 부족 구성원이 집단으로 예수를 믿는 현상이 대규모로 동시에 일어나는 것을 말한다. 하지만 이슬람 세계에서 일어나는 종족 운동은 이와 달리

---

식과 문화를 사용하는 그리스도 중심적 공동체를 의미한다.
83 Reisacher, 224, 25.
84 Ibid., 224-29. 필 파샬과 이들 선교회가 진행했던 '상황화' 내용은 이곳을 보라.
85 Ibid., 229-32.

소규모로 계속해서 조금씩 늘어나고 있다.[86] 1977년, 와일드(Wilder)는 무슬림 가운데 일어날 수 있는 종족 운동의 가능성을 다음 2가지로 보고했다.

**첫째**, 예수를 믿지만, 이슬람 사회에 계속 남는 경우다.

예수를 믿는 무슬림이 부족 공동체에 계속 머문다는 이유로 사람들이 그들을 배신자나 배교자로 부르지 않는다. 그들은 자신들에게 적절한 성경 신학화 및 일반 무슬림과도 다르고 일반 기독교인과도 다른 자신만의 문화를 만든다.

**둘째**, 무슬림 문화에 맞춘 새로운 교회를 시작한다.

자신이 속한 이슬람 공동체에서 벗어나 이슬람 문화를 유지하는 새로운 교회 공동체를 시작하는 것이다. 와일드의 예견은 30년 후 실제로 일어났고 현재도 진행 중이다.[87]

우드베리는 다음의 5가지 상황을 통해 하나님이 무슬림을 움직이고 있다고 말했다.

① 극단적 이슬람주의를 거부하는 정치적 상황이다.
② 자연재해를 돕기 위한 기독교 봉사와 사랑이다.
③ 전쟁과 기근으로 인한 무슬림 이주 현상이다.
④ 축복과 능력에 대한 갈망이다.
⑤ 종족 문화 부흥으로 인한 이슬람 거부 현상이다.[88]

---

86  Ibid., 234.
87  Ibid., 235, 36.
88  Ibid., 237.

동남아시아에서 진행한 무슬림 '예수 추종자'(Jesus Followers)에 대한 연구 조사는 다음과 같은 결과를 보여주었다.

① 충성스러운 마음에서 우러나오는 그들의 행동이 그들의 신앙의 성숙도를 보여준다.
② 그들은 최소의 성경 지식을 통해서도 예수를 온전히 따른다.
③ 신학과 성경 지식은 그들 신앙과 믿음에 큰 상관이 없다.[89]

아시아에서 일어나고 있는 무슬림 예수 (추종자) 운동의 다양한 역학 내용은 다음과 같다.

① 예수를 따르는 무슬림은 이것을 가족이나 타인에게 나누고 싶은 마음이 강렬하다.
② 자신은 예수를 믿는 독특한 무슬림이라 생각한다.
③ 무슬림 관행를 따르면서 그 속에 예수를 통한 새로운 성경적 의미를 부여한다.
④ 처음에 전도는 기독교인이 시작하지만, 그다음부터는 무슬림 자신이 이웃에게 믿음을 나누며 확장한다.
⑤ 성경적 공동체로서 기도, 성경공부, 교제를 위한 정기 모임을 한다.
⑥ 성경을 공부하며 삶에 적용할 신학적 이해와 지혜를 위해 기도한다.
⑦ 하나님의 은혜를 통해 전반적인 삶의 변화를 경험한다.
⑧ 계속해서 자신의 무슬림 공동체 안에서 예수님을 믿고 따른다.

---

89  Ibid., 240.

⑨ 이슬람 형태를 사용하지만, 자신의 성경적 믿음을 배우고 설명한다.

⑩ 예수를 구주로 믿는 모든 자와의 연합과 영적 일치를 믿는다.[90]

### (4) 영적 대결을 통한 복음 증거

"악령(Jinn)을 두려워하는 스와힐리(Swahili) 사람에게 적절한 복음 증거 방법"(Afflictions by Jinn among the Swahili and an Appropriate Chrsitain Approach)은 한국 선교사로 케냐신학교에서 사역하고 있는 김철수 교수가 기고했다. 그는 문화인류학적 관점으로 '진'(악령)의 역할과 이해를 돕기 위해 다음과 같은 내용을 다루었다.

많은 스와힐리 무슬림은 '진'의 존재를 믿으며 그것이 자신의 삶에 영향을 끼친다고 믿는다. 그들은 일상적 삶에 나타나는 불행, 저주, 악마의 눈, 축복 같은 비인격적 존재와 신, 진, 조상과 같은 초자연적 존재의 능력이 그들 삶에 작용한다고 믿는다.[91] 인간과 진의 대결은 권력 투쟁이지만 인간은 그를 이길 수 없다. 그래서 바라카(축복)가 필요한데, 그들은 진을 이기는 것보다 그가 원하는 것을 주고 그와 평화롭게 지내기를 원한다. 진의 종류와 그것을 다루는 방법은 다양하다. 이것을 해결하기 위해 민속 방법과 이슬람 방법 모두를 사용하지만, 완전히 없앨 수는 없다.[92]

기독교는 민속 이슬람을 믿는 무슬림에게 복음을 전하기 위해 교리와 신학 지식만 너무 많이 사용하여 그들을 변화시키려 한다. 인간은 지성도 중요하지만, 감성도 중요하다. 스와힐리 무슬림은 항상 두려움과

---

90  Ibid., 242-44.
91  Ibid., 246, 47.
92  Ibid., 247, 48.

걱정에 눌려 산다. 그들은 자신을 보호하려는 방법으로 부적을 사용한다. 그것이 자신의 염려와 근심을 없애는 방법이기 때문이다. 기독교는 영적 대결을 통해 예수가 영원한 해답이라는 것을 그들이 알게 도와주어야 한다.[93]

### (5) 증인으로서의 화해

"증인으로서의 화해"(Peacemaking as a Witness)는 크리스틴 말로우히(Christine Amal Mallouhi)가 연구한 기고문이다. 그는 화해를 위한 평화를 위해 기독교인의 의무를 다루었다.

기독교인으로서 화해의 중요성은 알지만 이런 일은 보통 비영리 단체나 조직이 하는 것으로 생각하는 경우가 많다. 현대는 화해 사역을 소명으로 생각하고 이것만 위해 일하는 단체나 개인이 있다. 화해 사역은 단순하지 않다. 많은 영역에서 다양한 방법으로 이루어지기 때문이다. 평화는 폭력과 과격함을 중단하는 것만이 아니라 화해하는 것이다. 중재, 증거, 전도는 궁극적으로 화해를 목적으로 하는 사역이다.[94]

화해의 성공적인 기준을 정의하기는 쉽지가 않다. 말로우히는 이 질문에 대한 해답을 "예수가 함께 떡을 떼던" 것에서 찾으려 했다. 아랍에서 떡을 함께 먹는다는 것은 관계를 맺는다는 의미다. 이웃과 타인에게 내 집을 열어 음식을 나누고 서로 관계를 맺는 것이다. 기독교와 무슬림이 서로 문을 열고 음식을 나누며 관계를 시작하는 것은 양자 간 관계에 평화를 가져오는 것이다.[95]

평화와 복음을 전하는 데는 위험이 따른다. 때로는 생명까지 잃을 수

---

93  Ibid., 252-55.
94  Ibid., 259-62.
95  Ibid., 262.

있다. 성경적 개념의 평화는 건강하고 부유하며 안전함을 뜻하는 평화가 아니라 내적인 평화를 의미한다. 충돌이 없으므로 생기는 평화가 아니다. 이 평화를 가지고 오는 것은 예수지 기독교가 아니다. 무슬림이 기독교를 외면하는 데는 여러 가지 이유가 있다. 이와 달리 무슬림들 가운데 오히려 예수에 매혹되는 경우가 많다.[96]

예수의 평화를 전하는 선교 방법은 전도자가 먼저 평화의 삶을 살아야 한다. 내일이나 미래에 이루고자 하는 대단한 평화를 전해서는 안 된다. 현재 삶의 작은 영역에서부터 평화가 바로 서 있어야 한다. 지금 하나님과 예수님의 평화를 경험하고 있을 때만 그 평화를 타인에게 전할 수 있기 때문이다.[97]

기독교 신앙을 전파하기 위해 무력을 사용하고 싶은 것은 가장 큰 유혹이다. 그러나 예수는 힘 없고 연약한 방법을 선택했다. 예수는 이 땅에 올 때 유대인이 생각했던 것처럼 무력을 선택하지 않았다. 그는 사랑으로 행하였지 힘과 무력을 사용하지 않았다. 역사를 보면 예수를 믿고 따르던 기독교 지도자가 유혹에 넘어가 무력 사용으로 복음을 전했던 경우가 있었다.[98]

9/11 테러 이후 이슬람과 무슬림에게 앙갚음하고 그들을 힘으로 제압하기 원하는 많은 기독교인이 생겼다. 기독교가 잊지 말아야 하는 것은 "검을 쓰는 자는 검으로 망한다"라는 예수의 말씀이다. 사랑이야말로 사람의 마음을 진정으로 이길 수 있다. 예수도 고난을 겪으셨다. 인간으로서는 받아들이고 이해하기 어렵지만, 예수는 이 방법을 선택했다. 이것을 위해 예수는 초자연적인 능력을 제한했다. 그것

---

96  Ibid., 262-65.
97  Ibid., 265-67.
98  Ibid., 268, 69.

은 성령의 능력이다.

우리에게도 성령이 함께한다. 하나님 나라의 일은 우리가 시작해서 우리가 마치는 것이 아니다. 힘과 완벽을 추구하지 않기 때문에 기도로 한다. 창세기부터 지금까지 오직 하나님께서 하시는 일이다.[99]

## 2. 우드베리의 선교적 공헌

우드베리가 남긴 선교적 공헌은 크게 3가지로 정리할 수 있다.

**첫째**, 로잔세계선교위원회 요청으로 이슬람 선교에 필요한 선교 방향과 이슬람 연구 방법을 제시한 것이다.

**둘째**, 무슬림 전도를 위해 기독교 복음주의적 관점으로 개발한 이슬람 연구 방법이다.

**셋째**, 기독교 이슬람 전문가 양성과 배출이다.

우드베리는 복음주의 신학교 가운데 가장 방대한 이슬람 연구 프로그램을 개발한 기독교 최고의 이슬람 학자다. 그는 풀러선교대학원을 통해 많은 후학을 양성했다. 현재는 많은 복음주의 신학교가 이슬람 연구 과정을 개설했다. 이들 신학교에서 이슬람을 가르치는 학장이나 교수 가운데 상당히 많은 학자가 우드베리를 사사했다. '현대의 사무엘 즈웨머'라 불리는 우드베리는 기독교 학자로서 21세기 이슬람 연구에 큰

---

99 Ibid., 269, 70.

영향을 끼쳤다.[100]

본 연구는 우드베리가 풀러선교대학원을 통해 이슬람 선교에 이바지한 다음 3가지 선교적 공헌을 다룬다.

**첫째**, 그가 개발한 기독교 이슬람 연구 프로그램이다.
**둘째**, 그가 지도해 배출한 기독교 이슬람 학자 양성이다.
**셋째**, 이슬람 선교를 위한 그의 제자들의 활동이다.

### 1) 기독교 이슬람 연구 과정 개발

우드베리는 풀러선교대학원을 통해 복음주의 신학교 가운데 가장 방대한 이슬람 연구 프로그램을 개발했다. 풀러신학교에 등록한 수많은 복음주의 기독교 지도자가 이 과정을 통해 기독교적 관점으로 다양한 분야의 이슬람 선교를 연구할 수 있게 되었다. 그가 개발한 이슬람 연구 과정은 기초 과정에서부터 선교사와 이슬람 학자에 이르기까지 모든 사람이 연구할 수 있는 과정이다.

여기서는 풀러신학교를 통해 그가 개발한 기독교 이슬람 연구 프로그램을 간단히 소개한다.[101]

(1) MR 550 이슬람 개론(Introduction to Islam)

이슬람 개론은 이슬람을 전반적으로 이해할 수 있도록 돕기 위한 과정이다. 이 과정은 특별히 기독교적 관점으로 이슬람을 기독교 신앙과

---

100 Ibid.
101 여기에 소개하는 기독교 이슬람 연구 프로그램은 우드베리가 풀러신학교 선교대학원을 통해 개설한 이슬람 연구 과정의 개설 과목을 기초로 한다.

비교하며 무슬림 신앙의 실제를 이해할 수 있도록 구성되었다. 무슬림 맥락에서 기독교 사역을 할 수 있도록 도우며 다음 과정을 위한 기초 과정이다.

(2) MR 551 무슬림 컨텍스트에서의 대화(Communication in Muslim Contexts)

이슬람 세계는 다양하다. 이 과정은 여러 형태의 소통법을 평가하고 개발하기 위한 과정이다. 다양하고 광범위한 무슬림 민족의 문화적 상황을 기초로 해서 그들 가운데서 서로 대화하고 소통하는 방법을 연구한다.

(3) MR 552 무슬림과 기독교인의 만남(Muslim-Christian Encounter)

본 과정은 무슬림과 기독교인의 만남을 준비하기 위한 과정이다. 두 종교의 특징을 알고 서로를 이해함으로 더욱 존중하는 태도로 양자가 만날 수 있도록 돕기 위한 과정이다. 무슬림과 기독교가 서로 만나며 관계를 맺었던 역사 연구를 통해 이것들이 현재 서로 간에 어떤 상호 작용을 하는지에 대한 함의를 다룬다.

(4) MR 553 북미주 이슬람(Islam in North America)

미국에도 무슬림 숫자가 증가하고 있다. 이 과정은 다양한 무슬림 이민자와 미국에서 출생한 무슬림 이민자의 상황을 다룬다. 미국에 이주한 다양한 무슬림 이민자가 미국인으로 동화되는 과정과 미국에서 출생한 이민자 가정의 다음 세대가 어떻게 이슬람화 되는지 그 과정을 다룬다. 이러한 연구를 통해 무슬림과 기독교인 사이에 일어나는 상호 작용을 이해하도록 돕는 과정이다.

(5) MR 554 무슬림 컨텍스트에서의 공동체 개발(Developing Communities in Muslim Contexts)

이 과정은 무슬림 컨텍스트에서 공동체를 양육하고 개발하는 사역을 사례 연구와 이론을 통해 평가하는 과정이다. 이러한 과정은 더 큰 사회를 섬기는 과정으로 공동체 개발을 선교학적으로 연구할 수 있는 과정이다. 현장 경험을 가진 선교사들은 이 과정에서 상황화 등을 연구할 수 있다.

(6) MR 555 민속 이슬람(Folk Islam)

민속 이슬람 연구는 기독교 이슬람 선교에 있어 중요한 부분을 차지한다. 이 과정은 민속 이슬람의 신앙과 관행의 다양성에 대한 연구로 구성되었다. 이러한 과정을 통해 대중 무슬림이 신앙을 통해 얻고자 하는 것이 무엇이며 그것을 어떻게 충족시킬 수 있는지를 배울 수 있다.

(7) MR 556 이슬람 현대 동향(Current Trends in Islam)

이슬람은 시대에 따라 변한다. 본 과정을 통해 현대 세계에서 이슬람은 어떤 모습을 하고 있는지 그들의 다양한 표현과 스펙트럼을 다룬다. 여기에는 종교, 정치, 민족, 경제 등 다양한 주제가 포함된다. 이것들이 종교에 미치는 상호 작용을 연구하며 검토한 내용을 다룬다.

(8) MR 557 이슬람 여성(Women in Islam)

본 과정은 무슬림 여인을 이해하기 위한 과정이다. 이슬람에서 정의하는 여성 개념은 기독교와 다르다. 이 과정에서는 꾸란과 하디스에서 말하는 여성을 다룬다. 그리고 사회 전반에 걸쳐 밝혀진 역사적이고 현대적인 이슬람 여성의 정체성과 역할을 연구 조사해 다루는 과정이다.

⑼ MR 561 대화에 있어서 쿠란과 신학(The Qur'an and Theology in Communication)

무슬림과 기독교인의 대화에 있어 경전과 신학을 통한 대화와 소통은 중요한 부분이다. 이 과정은 고급 과정으로 무슬림 경전인 꾸란과 이슬람 신학을 사용한다. 이슬람과 무슬림 컨텍스트에서 그들과 종교적으로 대화하기 위한 연구 과정이다.

⑽ MR 566 꾸란 아랍어와 석의 1(Qur'anic Arabic and Exegesis 1)

본 과정은 아랍어 개론 과정이다. 꾸란 독해와 석의를 위한 아랍어 문법과 어휘를 다루고 배우는 과정이다.

⑾ MR 567 **꾸란 아랍어와 석의 2**(Qur'anic Arabic and Exegesis 2)

본 과정은 아랍어 고급 과정이다. 꾸란 독해를 위한 아랍어 문법과 기초 단계의 해석 과정이다.

⑿ MR XXX 평화 대학(Peace College)

평화 대학은 연례 세미나로 열린다. 이 과정은 무슬림 컨텍스트에서 공동체 개발 사역을 최소 6년 이상 사역한 경험자를 대상으로 한다. 아니면 이와 같은 조건에서 5년 이상 사역한 학생이 참여할 수 있다.

⒀ MR 789/889 이슬람 연구의 주제(Issues in Islamic Studies)

본 과정은 박사과정에 있는 연구자를 위한 세미나다. 이슬람을 연구하는 연구생이 자신의 연구에 필요한 설문 조사와 관련된 여러 가지 자료를 모으고 분석하는 작업이다. 자신이 만든 이론을 가지고 세미나를 통해 평가한 피드백을 서로 주고받는 박사과정 세미나다.

### 2) 기독교 이슬람 학자 양성

우드베리는 풀러신학교를 통해 영향력 있는 기독교 이슬람 선교학자들을 전 세계적으로 양성해 배출했다. 본 연구는 많은 후학 가운데 특별히 풀러선교대학원 박사과정을 통해 그가 직접 지도한 제자들의 연구 논문을 분석해 다룬다.

우드베리가 지도한 연구 논문은 이슬람 석박사 논문이 총 32편이며 그중 22편이 박사 논문이다. 박사과정 연구생의 논문 주제와 학위 과정 그리고 연구 내용을 주제별로 분석해 간략히 소개하면 다음과 같다.[102]

#### (1) 이슬람 현대 동향

① "샤리아 채택 무슬림 논쟁과 교회를 위한 함의"(Muslim debate on the adoption of the Shari'a and its implications for the Church: Mussad, Hani William. 1996. Ph. D.)

본 논문은 무슬림 원리주의자 사이드 쿠틉(Sayyid Qutb)과 무슬림 근대주의자 무함마드 사이드 알-아쉬마우이(Muhammad Sa'id al-Ashmawi)가 벌이는 샤리아(Shari'a) 채택에 관한 신학적 논증을 다루었다. 이슬람 원리주의자와 근대주의자가 꾸란 적용을 각기 어떤 수준에서 서로 달리 해석하며 자기들의 의견을 주장하는지를 연구했다. 적대적 환경에서 교회가 특정한 성경 명령에 순종하기 위한 성경적 원리를 찾고자 시도한 연구다.

---

102 본 연구에서 다루는 박사학위 논문 자료는 풀러선교대학원 전자도서관에 나와 있는 논문 데이트베이스를 사용했다.

② "파키스탄의 이슬람 원리주의: 기독교로의 개종에 대한 함의"(Islamic fundamentalism in Pakistan: Its implications for conversion to Christianity: Larson, Warren Fredrick. 1996. Ph. D.)

본 논문은 파키스탄에서 이슬람 원리주의와 같은 이슬람주의의 성장과 강압적 국가 통치가 복음 증거에 어떤 영향을 끼쳤는지 다루었다. 이슬람주의가 기독교 선교에 장애가 되기도 하지만 이로 인한 과다 규제가 오히려 평화의 궁극적인 원천인 예수를 전하는 데 효과적인 길을 열 수 있다고 주장한 연구다.

(2) 신학 담론

① "포스터모던 세상에서 공동 피조물 관리자로서의 무슬림과 기독교인을 향해"(Toward Muslims and Christians as joint caretakers of creation in a postmodern world: Johnston, David Lawrence. 2001. Ph. D.)

본 연구는 21세기 포스트모던 시대에 하나님이 창조한 인류와 피조물을 하나님의 청지기로 살아야 할 무슬림과 기독교인이 공동으로 노력해 잘 보존하고 개발할 수 있도록 접근하고자 시도하는 무슬림과 기독교인의 신학 담론이다. 성경과 꾸란의 포스터모던 해석으로 양자 간 경전의 역동성을 발휘해 빈곤, 억압, 전쟁, 가난 같은 문제를 해결할 수 있다고 주장하는 연구다.

② "꾸란과 마태복음의 특정 윤리적 주제"(Selected ethical themes in the Qur'an and the Gospel of Matthew: Khoury, Nabil Edward. 1999. Ph. D.)

본 연구는 꾸란과 마태복음에서 다루는 몇 가지 윤리적 주제를 다루었다. 특별히 내적 용서와 이에 대비한 외적 정의와 보복에 관한 2가지 범주다. 꾸란과 성경 모두 정의와 같은 윤리적 문제를 다루지만, 인간의 불완전함은 용서가 필요하다. 저자는 예수로 말미암아 인간을 용서하는 하나님의 온전함을 주장한다.

③ "무슬림 종말론과 선교학적 함의: 주제별 연구"(Muslim eschatology and its missiological implications: A thematic study: Isaiah, Emmanuel Sudhir. 1988. Ph. D.)

본 연구는 이슬람과 기독교 종말론의 유사점을 비교 연구해 선교학적 의미를 찾고자 했다. 꾸란과 기독교 모두 종말을 언급하지만, 용서와 영생에 대한 약속은 성경에만 나온다. 이슬람에서 용서는 하나님의 특권이다. 저자는 선교학적으로 소망의 중요성을 강조했다.

④ "초기 이슬람 확장을 위한 명시된 동기: 무슬림 습격과 정복에 관한 무슬림 전통 묘사의 결정적 수정"(The stated motivations for the early Islamic expansion: A critical revision of Muslims' traditional portrayal of the Muslim raids and conquests: Ibrahim, Ayman S. 2014. Ph. D.)

본 연구는 초기 무함마드의 습격과 정복이 종교적 동기에 의한 것이라는 이슬람의 전통적 가설을 다루는 연구다. 저자는 비무슬림 연구와 무슬림 자료를 통해 무함마드의 습격과 후계자의 정복 전쟁은 종교적 요인보다 정치, 경제적 요인에 의해 주도되었다고 주장한다.

### (3) 복음 증거

① "파키스탄 이슬람 상황에서 중보기도의 역할: 기독교 이해를 위한 연구"(The role of intercession in Pakistani Islam: Towards a Christian understanding: Bergdahl, Timothy Allen. 2007. Ph. D.)

본 논문은 중보기도가 무슬림과 기독교 인간관계 이해에 중재적 역할을 할 수 있는가를 파키스탄 상황에서 다루었다. 저자는 결론적으로 중보기도는 기독교와 무슬림 모두에게 중요하며 신앙과 삶뿐만 아니라 양자 간 이해에 유용한 교량적 역할을 한다고 주장한다.

② "프랑스 기독교 공동체 안에서 알제리인과 프랑스인 사이를 연결하는 과정"(The processes of attachment between the Algerians and French within the Christian community in France: Reisacher, Evelyne Annick. 2001. Ph. D.)

본 논문은 프랑스로 이주한 알제리 무슬림과 프랑스인 사이의 정서적 인간관계에 관한 타문화 의사소통 연구다. 성경을 통해 인간 상호 작용에 초점을 맞춘 이 연구는 새로운 선교적 접근법을 제시하는 연구다.

③ "하나님의 선교를 고려한 이스마엘 언약: 기독교와 무슬림 반영"(The Ishmael promises in the light of God's mission: Christian and Muslim reflections: Culver, Jonathan Edwin. 2001. Ph. D.)

본 논문은 성경에서 약속한 이스마엘 언약을 가지고 인도네시아 무슬림에게 접근하는 대화에 관한 연구다. 이러한 접근법은 무슬림에 대한 편견을 없애고 오히려 인도네시아 기독교인에게 선교적 동기를 부여한다는 주장이다.

④ "한국의 무슬림 현황과 한국 복음주의 선교학 함의"(The Muslim presence in Korea and its implications for Korean evangelical missiology: Kim, Ah Young. 2003. Ph. D.)

본 논문은 한국 기독교가 한국에 거주하는 무슬림에게 복음적으로 다가가기 위한 선교학적 연구다. 저자는 기독교가 국내 거주 무슬림에게 접근할 수 있는 여러 방법이 있지만, 이주 노동자를 대상으로 한 선교적 접근 모델을 제시했다.

⑤ "아라비아반도에서의 외국인 기독교 전문 선교사 동원"(Mobilizing expatriate Christians as tentmakers in the Arabian Peninsula: Cho, Moon Sang. 2012. D. Miss.)

본 논문은 아라비아반도에 거주하는 외국 기독교인을 전문인 선교사로 동원하는 내용을 연구했다. 즉 그들이 전문인 선교사로 사역하는데 필요한 내용과 방해 요소를 다루었다. 저자는 선교사가 접근하기 어려운 지역에 전문인 선교사를 전략적으로 동원해 그들을 보내야 한다고 주장한다.

### (4) 상황화

① "심층 지식: 필리핀 무슬림 공동체에 사는 야칸족 여성이 가진 이해와 확신"(Deep knowledge: Knowledge and certitude among Yakan women in a Muslim Filipino community: Strong, Cynthia Ann. 2002. Ph. D.)

본 논문은 야칸족 무슬림 여성의 종교적 경험을 토대로 그들이 강조하는 종교 이해를 연구했다. 그들이 생각하는 이슬람 이해는 중세 이슬람 패러다임에서 의미가 구현된 것과 현대 종교 사이에 차이가 있었다. 연구를 통해 야칸족 여성이 생각하는 이슬람과 혼합주의적 이슬람의 역학 관계를 다루었다. 근대주의적 생각에서 가정한 이슬람 이해는 안 된다고 주장하는 연구다.

② "케냐 디고 무슬림의 기도와 그것을 통한 기독교 복음 증거를 위한 함의"(Prayer among the Digo Muslims of Kenya and its implications for Christian witness: Sesi, Stephen Mutuku. 2003. Ph. D.)

본 연구는 케냐 디고 무슬림의 종교의식 가운데 기도에 관한 연구다. 디고 무슬림의 기도는 정통 이슬람에서 비롯되었지만 여러 문화적 요인이 가미되었다. 저자는 기도를 통해 디고 무슬림에게 접근하는 상황화 모델을 제시하면서 C5 상황화 모델을 통해 무슬림 기도의 형태를 가지고 복음적으로 접근할 수 있다고 주장한다.

③ "자바의 이슬람화: 선교학적 함의"(Islamization of Java: Implications for missiology: Seino, Katsuhiko. 1990. D. Miss.)

본 논문은 무슬림 인구가 80% 이상 되는 자바의 이슬람화 과정을 연구해 선교학적 함의를 찾고자 했다. 자바의 이슬람화는 자바 전통 종교와 이슬람이 종교적 융합과정을 통해 자바에 정착했다. 저자는 이와 같은 기독교 선교의 상황화 전략을 주장한다.

④ "에베소서에 나타난 바울의 상황화: 특별히 수단 민속 이슬람에 연관된 능력과 지도력 문제"(Pauline contextualization at Ephesus: Power and leadership issues with special reference to Sundanese folk Muslims: Love, Richard Deane. 1998. Ph. D.)

본 논문은 수단 민속 이슬람을 대상으로 교회 개척 사역을 하며 일어난 3가지 문제를 다루었다. 바울이 그리스 민속 종교를 믿었던 에베소 사람을 대상으로 사역했던 모티브를 사용해 상황화를 연구했다. 저자는 교회를 개척할 때 바울이 언급했던 여러 가지 지도력 요소를 갖춘 훈련된 지도자를 세우는 것이 중요하다고 주장한다.

⑤ "북부 카메룬 풀베족 가운데 일어난 이슬람주의의 부상: 신학적 대응에 대한 함의"(The rise of Islamism among the sedentary Fulbe of northern Cameroon: Implications for theological responses: Bongoyok, Moussa. 2006. Ph. D.)

본 논문은 북부 카메룬 풀베족 가운데 성장하고 있는 이슬람주의의 급격한 성장 원인과 이유를 다루었다. 풀베족은 원래 목축업에 종사하며 소에게 가장 높은 가치를 두었다. 저자는 이러한 그들 문화가 소에서 이슬람 중심으로 옮겨간 결정적 이유에 이슬람의 상황화 신학이 중요한 역할을 했다고 주장한다.

(5) 대화

① "현대 아랍 문학에 나타난 그리스도"(Christ in contemporary Arabic literature: Kamel, Hisham Safwat. 1991. D. Miss.)

본 논문은 꾸란이나 고대 무슬림 문헌이 아닌 현대 아랍 문학에서 다루는 예수에 대한 연구다. 저자는 이집트의 대표적인 현대 아랍 문인 세 명이 출판한 작품을 분석했다. 그는 이들 문인의 작품 연구를 통해 무슬림의 관점에서 예수를 수용할 수 있는 부분은 무엇이며, 또 장애가 되는 내용이 어떤 것인지를 연구했다.

② "파슈툰의 성차별과 바울 공동체: 개발사역자를 위한 통찰"(Gender in Pashtun and Pauline communities: Insights for development workers: Krayer, Patrick Edwin. 2007. Ph. D.)

본 논문은 외국인 사역자가 파키스탄의 보수적인 파슈툰 여성 고용인을 어떻게 다룰 것인가에 대해 다루었다. 저자는 그레코-로만 시대에 유사한 문제를 다루었던 바울 서신을 통해 해답을 찾고자 했다. 연구를 통해 외국인 사역자는 문화적 도전이 있지만 그들의 문화를 존중하는 태도와 신뢰 형성을 통해 더 깊은 대화적 접근이 가능함을 주장한다.

③ "무슬림을 위한 예수에 대한 현대 아랍어 기독교 변증서 평가"(An evaluation of contemporary Arabic Christian apologetic literature on Jesus for Muslims: Wasef, Mofid. 2011. Ph. D.)

본 논문은 현대 아랍어 변증법을 통해 무슬림에게 접근하는 기독교 선교가 종교적으로 얼마나 효과가 있는지에 관한 내용을 다루었다. 아랍어 서적과 개종자를 대상으로 진행한 연구를 통해 변증법이 무슬림 개종에 거의 영향을 미치지 않았다는 내용을 다루었다. 변증서는 무슬림이 개종한 다음 오히려 그들에게 더 도움이 되었다고 주장한다.

(6) 지도력

① "북아프리카 교회의 현재 지도자 형태 연구"(A study of current leadership styles in the North African Church: Saidi, Farida. 2011. Ph. D.)

본 논문은 최근까지 기독교 지도자가 주류였던 북아프리카 토착 교회에 무슬림 개종자가 생기면서 그들 가운데 상당수가 지도자로 성장함으로 인해 생긴 이슈를 다루었다. 4가지의 성경적 지도자 유형을 목자, 쉐이크(이슬람 지도자), 종, 거룩한 남자로 정의하고 이에 맞는 지도력 개발을 주장한다.

② "인도 힌두 원리주의와 교회의 박해: 하이드라바드의 사례 연구"(Hindu fundamentalism and the persecution of churches in India: Case studies from Hyderabad: Joshi, Lankapalli Jayaprakash. 2002. Ph. D.)

본 논문은 인도 하이드라바드에 거주하는 호전적 힌두 원리주의자와 신생 토착 교회 간에 일어나는 상호 작용에 관한 연구다. 사례 연구를 통해 성급한 신생 교회 개척에 앞서 지역 사회를 충분히 이해할 수 있는 연구를 강조했다. 교회 개척에 필요한 조언을 통해 토착 교회를 시작하며, 핍박을 두려워하기보다 준비되지 못한 것이 문제를 일으킬 수 있다는 내용을 다루었다.

③ "기독교 학생 교제: 무슬림 주류 사회에서의 축복"(Christian student fellowship: Being a blessing in a Muslim majority society: Siauw, Andy. 2015. D. I. S.) [103]

앞에서 살펴본 것처럼 22편의 박사학위 논문은 기독교 이슬람 선교와 관련된 다양한 주제를 다루었다. 그것들을 주제별로 분석하면 다음 도표와 같다.

| 관련 주제 | 논문 수 |
| --- | --- |
| 이슬람 현대 동향 | 2 |
| 신학 담론 | 4 |
| 복음 증거 | 5 |
| 상황화 | 5 |
| 대화 | 3 |
| 지도력 | 2 |
| 기타 | 1 |

〈표 2〉 우드베리가 지도한 박사학위 논문 주제 비교

---

103 본 논문의 연구 내용은 보안상 이유로 제목만 기술한다.

도표에 나타난 것같이 우드베리의 이슬람 연구를 통해 이슬람을 연구한 학자들의 논문 주제는 일반 이슬람 연구 과정에서 다루는 주제와 차이가 있다. 우드베리의 이슬람 연구는 전통적 이슬람 연구 방법인 원전(Text) 연구보다 이슬람 선교에 초점을 맞춘 이슬람 연구를 지향한다.

우드베리는 이슬람 연구를 위해 풀러선교대학원 박사과정에 등록한 수많은 기독교 지도자와 선교사를 교수하며 그들 논문의 연구 주제와 내용에 많은 영향을 끼쳤다. 그는 기독교 이슬람 학자가 21세기 기독교 이슬람 선교에 실제적인 공헌을 할 수 있는 연구 주제를 선택하도록 지도했다. 그것은 기존의 이슬람 연구와 달리 기독교 선교에 초점을 맞춘 이슬람 연구 주제였다.

이러한 그의 공헌은 향후 이들 전문가들이 복음주의 신학교 이슬람 교과과정 구성과 선교 사역을 행함에 있어 이슬람 선교 방향을 위한 통찰과 전략을 제공하는 데 큰 역할을 하도록 했다.

3) 기독교 이슬람 선교를 위한 제자들의 사역

우드베리가 풀러선교대학원을 통해 지도한 제자들은 선교 현장, 대학교, 연구 기관, 선교 단체 등 여러 곳에서 다양한 사역을 한다. 그들은 이슬람 선교를 위해 세계 여러 곳에서 영향력 있는 사역을 하고 있다.

본 연구는 그가 양성한 제자들이 졸업 후 기독교 이슬람 전문가로서 어떤 사역과 활동을 하고 있는지 그 내용을 연구 조사해 소개한다. 이들이 하는 이슬람 선교 사역은 우드베리가 남긴 중요한 선교적 공헌 가운데 하나다.

(1) 릭 러브

릭 러브(Rick Love)는 '이슬람-기독교 화해 운동'을 위해 현재 국제평화촉진기관(Peace Catalyst International)의 대표로 사역하고 있다. 그는 캘리포니아 출신으로 1960년대 마약과 대중음악에 심취해 살다가 1970년대 예수를 영접하고 극적인 변화를 체험한 후 목사가 되었다. 1984년부터 1992년까지 인도네시아 자바에서 선교사로 사역한 다음 미국으로 돌아와 2007년까지 프론티어선교회 국제 대표로 사역했다.

1998년 풀러선교대학원에서 이슬람 연구로 철학박사 학위를 받은 그는 2008년 예일대학교 '신앙과 문화를 위한 예일센터'(Yale Center for Faith & Culture)에서 박사후(後)과정을 마쳤다. 2010년 국제평화촉매 기관을 설립해 현재까지 평화운동 복음 전도자로 사역하고 있다. 그는 각종 강연과 저술 그리고 컨퍼런스를 통해 기독교 이슬람 화해 운동을 주도하고 있다.[104]

(2) 데이비드 존스턴

데이비드 존스턴(David L. Johnston)은 저술과 대학교수로 사역하고 있다. 그는 미국인 선교사 부모를 따라 프랑스에서 성장했다. 대학을 졸업한 다음 고든콘웰신학대학원에서 목회학 석사(M. Div.)를 취득했고 알제리에 있는 외국인 교회 부목사로 9년간 섬겼다. 이집트 이스말리아로 사역지를 옮겨 그곳에서 7년간 영어를 가르쳤고 마지막에는 팔레스타인 서안지구 베들레헴에 있는 팔레스타인성경대학에서 섬겼다.

아랍 세계에서 16년간 사역한 존스턴은 풀러선교대학원에 등록해 우드베리 지도로 이슬람 연구를 통해 철학박사 학위를 받은 다음 예일

---

104 Rick Love, "Rick Love." Accessed Dec. 4, 2017. http://ricklove.net/. 릭 러브의 현재 사역은 이곳을 보라.

대학교에서 박사후과정을 마쳤다. 그는 현대 이슬람 연구로 기독교 이슬람 대화법에 초점을 맞춘 사역을 하고 있다. 예일대학교, 필라델피아 대학, 성요셉대학 등에서 이슬람을 가르치며 지역 교회 목사로도 사역했다. 국제평화촉진기관(Peace Catalyst International) 등 이슬람과 기독교의 대화 운동을 위해 활동하는 기독교 이슬람 학자로 활동 중이다.[105]

### (3) 무사 봉고욕

무사 봉고욕(Moussa Bongoyok)은 중앙아프리카 출신으로 풀러선교대학원에서 철학박사 학위를 받은 다음 옥스포드대학교에서 이슬람과 개발 사역에 관한 연구로 박사후과정을 마쳤다. 중앙아프리카 복음주의 신학교와 '윌리엄 캐리 국제대학교' 등 여러 곳에서 타문화와 이슬람을 가르쳤다. 현재는 미국 바이올라대학교에서 이슬람을 가르치는 교수로 활동하고 있다.[106]

### (4) 모피드 와세프

모피드 와세프(Mofid Wasef)는 이집트 알렉산드리아 출신의 목사로 사역하던 중 미국으로 건너와 이슬람 연구에 중점을 둔 타문화 연구로 풀러선교대학원에서 철학박사 학위를 받았다. 삼위일체 개념을 가지고 무슬림과 대화하는 방법에 관한 아랍어 저작물을 발간하며 이집트와

---

105 David. L Johnston, "Curriculum Vitae," UPENN. Accessed Dec. 4, 2017. http://upenn.academia.edu/DavidJohnston/CurriculumVitae. 그의 학술 활동에 관한 자세한 내용은 이곳을 보라.

106 Institut Universitaire de Développement International (IUDI), "Prof. Moussa Bongoyok." Accessed Dec. 04, 2017. http://www.iudi.org/wp/our_team/moussa_bongoyok/. 무사에 관한 자세한 내용과 그의 학술 활동은 이곳과 바이올라대학 홈페이지를 보라.

미국을 중심으로 기독교-이슬람 대화에 공헌하고 있다. 그는 미국 아랍어권 교회 목회자로 또 베델신학교 교수로 활동하고 있다.[107]

(5) 워렌 롤선

워렌 롤선(Warren Larson)는 캐나다 출신 선교사로 대학교 때 선교사로 부름을 받아 1968년 파키스탄 선교사로 헌신했다. 선교 현장에서 여러 가지 다양한 사역으로 이슬람 선교를 하다 1991년 선교지에서 추방당한 후 밴쿠버트리니티웨스턴대학교에서 석사과정을 마쳤다.

그 후 풀러선교대학원 박사과정에 등록한 그는 우드베리의 조교로 활동하며 그와 함께 이슬람 연구에 많은 역할을 했다. 책으로 발간된 그의 논문은 1998년 미국대학출판사(University Press of America)가 선정한 북미주 선교 서적 가운데 가장 출중한 15권 중 하나로 선정되었다. 그는 풀러선교대학원과 콜롬비아국제대학교에서 가르쳤고 현재는 즈웨머연구소 대표와 콜롬비아국제대학교 석좌교수로 활동 중이다.[108]

(6) 에벌린 레이셜

에벌린 레이셜(Evelyne A. Reisacher)은 현재 풀러선교대학원에서 우드베리의 이슬람 연구를 계승해 이슬람을 가르치는 선교학 교수로 사역 중이다. 그녀는 프랑스 출신으로 약 20년간 르아미(L'Ami)라는 기관을 통해 프랑스 교회와 북아프리카 이민자 관계의 전문가로 사역했다. 풀러선교대학원을 통해 특별히 기독교-이슬람 관계뿐만 아니라

---

107 Bethel Unversity, "Mofid Wasef." Accessed Dec. 4, 2017. https://www.bethel.edu/academics/faculty/mofid-wasef.
108 CIU, "Warren F. Larson." Accessed Dec. 4, 2017. http://www.ciu.edu/discover-ciu/who-we-are/faculty-staff/warren-f-larson.

무슬림 여성에 관한 연구에 초점을 맞춘 연구를 했다. 그녀는 미국종교협회, 국제선교연구협회, 미국선교학회 및 풀러선교대학원 교수로 활동 중이다.[109]

(7) 패트릭 크레이어

패트릭 크레이어(Patrick Krayer)는 미국 출신 선교사로 약 28년간 남아시아 선교사로 사역했다. 1974년 플로리다주립대학교를 졸업한 후 여러 가지 사역을 하면서, 베다니대학과 휘턴대학 석사과정을 거쳐 풀러선교대학원 박사과정에 등록해 우드베리를 사사했다.

미국과 선교지에서 여러 가지 사역의 책임자로 일했고 국제 및 타문화 사역의 현재 개발 현안에 대한 비전과 전략가로 일해 왔다. 2008년부터 인터서브선교회 사무총장(Executive Director)으로 활동하며 선교지 중심의 이슬람 선교 사역을 하고 있다.[110]

(8) 조나단 E. 컬버

조나단(Jonathan E. Culver)은 30년 이상 인도네시아 선교사로 사역했다. 그는 수천 명의 인도네시아 무슬림을 그리스도께 인도했고, 성경 번역과 타문화 선교사 훈련, 신학교 사역 등 선교지에서 이슬람 관련 사역을 하고 있다.[111]

---

109 Fuller Theological Seminary, "Evelyne A. Reisacher." Accessed Dec. 4, 2017. http://fuller.edu/faculty/ereisacher/.
110 Interserve USA, "Executive Director." Accessed Dec. 4, 2017. https://www.interserveusa.org/interserve-usa-leadership/.
111 그에 관한 구체적 정보와 내용은 사역지 보안 관계상 생략한다.

### (9) 김아영

김아영은 한국 첫 이슬람 선교사 전재옥 교수의 제자로 모교인 이화여자대학교에서 기독교 석사과정을 마치고 풀러선교대학원에 등록해 우드베리를 사사했다. 졸업 후 한국으로 돌아가 한국이슬람연구소와 모교 이화여자대학교를 비롯해 여러 대학에서 이슬람을 가르쳤고 현재는 횃불트리니티신학대학원대학교 선교학 교수 및 한국이슬람연구소 소장으로 활동하고 있다.[112]

### (10) 조문상

조문상은 현재 한국에서 BEE(biblical education by extension) Korea 사무총장 사역을 하고 있다. 그는 한국 숭실대 교수로 재직하다 선교사로 헌신해 중동에서 사역했다. 풀러선교대학원 박사과정을 마친 다음 중동이나 공산 치하에 있던 선교 대상 국가에서 성경공부 프로그램을 통해 현지 사역자를 양성하는 사역을 하고 있다.[113]

### (11) 페리다 사이디

페리다 사이디(Farida Saidi)는 35년 동안 알제리, 모로코, 프랑스에서 유럽과 북아프리카 지도자를 양성해 무슬림에게 복음 전하는 사역을 이끌어 왔다. 그는 이슬람학과 기독교 리더십 연구로 박사과정을 마친 후 북아프리카 기독교인을 위한 새로운 리더십 훈련 프로그램 개발, 북

---

112 김아영에 대한 자세한 내용은 횃불트리니티신학대학원과 한국이슬람연구소 웹페이지를 보라.

113 크리스천투데이, "관문국가 선교와 성경훈련 사역하는 Bee Korea." Accessed Dec. 4, 2017. http://www.christiantoday.co.kr/news/250720. 그의 사역활동에 관한 자세한 내용은 BEE Korea 웹페이지를 보라.

아프리카 지도자 훈련 프로젝트 지원하기, 무슬림 사역과 관련된 문제 해결을 위해 국제 선교 단체 돕기 등의 사역을 하고 있다. 페리다 사이디는 알제리와 모로코, 프랑스를 중심으로 이슬람 사역에 많은 영향을 끼치는 사역자다.[114]

⑿ 요셉 쿰밍

요셉 쿰밍(Joseph Cumming)은 예일대학교국제교회 담임목사다. 그는 예일대학교를 전초기지로 전 세계의 무슬림, 기독교, 유대교 지도자와 학자를 만나며 '아브라함 신앙 공동체' 간의 상호 이해와 화해를 도모하는 평화 사역을 주도하고 있다. 정기적으로 중동, 아프리카, 아시아 및 유럽을 방문하며 종교 지도자를 만나고, 컨퍼런스를 인도했다. 알자지라(Al-Jazeera)와 같이 북미, 중동, 아시아, 아프리카, 유럽의 여러 주요 언론 매체를 통한 인터뷰 등을 통해 다양한 방법으로 교수 사역을 하고 있다.

뉴욕시에서 태어나고 자란 요셉은 모리타니아이슬람공화국에서 15년 동안 살며 실질적인 인도주의 사역을 했다. 그는 세계에서 가장 가난한 국가 중 하나인 모리타니아에서 영양, 공중 보건, 농업, 소액 대출 및 긴급 구호 활동을 하는 기독교 인도주의 단체 둘로스공동체(Doulos Community)의 소장으로 사역했다. 가장 큰 사역 가운데 하나는 수년 동안 3만 명의 영양실조 아동과 엄마에게 식량 및 건강 교육을 제공한 것이다. 그는 모리타니국립NGO연맹의 회장(Faurit des ONG en Mauritanie)을 역임하기도 했다.

---

114 Grace Church, "Grace Church." Accessed Dec. 15, 2017. http://www.grace.church/content/farida-saidi.

최근 몇 년 동안 요셉은 전 세계 많은 국가에서 무슬림-기독교, 무슬림-기독교-유대교 대화에 깊이 관여해 왔다. 그는 카이로 알-아자르 대학교(Al-Azhar University)에서 아랍어 강의를 했고, 알-아자르 대학교의 대(大)이맘, 저명한 수니 학자, 시아파 학자, 저명한 이란 아야톨라(고위 성직자)와 회동을 했다. 예일화해프로그램의 책임자로 일하면서 세계 각국의 최고 무슬림, 기독교 및 유대교 지도자와 학자를 초청해 세계 최초의 주요 국제 컨퍼런스 개최를 주최했다. 세계 여러 연례 회의의 기조 연설자로서 여러 번 연설했고 예일대학교와 전 세계 여러 나라에서 수많은 다른 아브라함 대화 행사를 조직하고 발표했다.[115]

(13) 존 트라비스

존 트라비스(John Travis)는 '예수 운동'으로 잘 알려져 있다. 그는 동남아국가에서 '예수 공동체'를 일으키며 민속 이슬람과 상황화 전략을 통해 이슬람 선교에 가장 큰 영향을 끼치는 사역자 가운데 한 명이다.[116]

(14) 스데반 세시

스데반 세시(Stephen Sesi)는 비기독교 가정에서 태어나 어머니 간증을 통해 기독교인이 되었다. 그는 케냐에서 태어나 무슬림 이웃이 많은 해안 지역에서 살았다. 무슬림 이웃에게 교회의 더 나은 복음 전도 방법이 무엇인가를 고민했고 이것이 그의 연구와 가르침의 동기가 되었다. 2003년 풀러선교대학원에서 이슬람학 박사학위를 받은 다음 아프리카

---

115 Yale University, "Rev. Joseph Cumming," Yale University. Accessed Dec. 15, 2017. https://chaplain.yale.edu/people/rev-joseph-cumming.
116 존 트라비스에 관한 사역 내용은 보안상 이유로 더 많이 기술하지 않는다. 그의 사역과 관련된 내용은 그의 저작물을 통해 간접적으로 이해할 수 있다.

국제대학(NEGST) 이슬람학 교수로 사역했다.

스데반은 케냐의 이슬람 사역에 말과 행동으로 큰 영향을 끼친 학자였다. 자신의 고향에서 취약하고 버려진 아이들 가운데 사역을 시작했고 마콤베보육원(Makombe Children's Home)을 세웠다. 케냐에서 가장 큰 교단 중 하나인 아프리카 내륙 교회 소속 목사로 그가 속한 교단과 지역 공동체를 통해 강력한 지도력을 행사했다.[117]

(15) 기타 졸업생

앞에서 다룬 졸업생 외에도 풀러선교대학원에서 우드베리의 강의와 지도를 통해 이슬람 선교에 새로운 통찰력을 갖고 이슬람 관련 사역을 하는 졸업생이 많다. 예를 들면 한국인 졸업생 가운데 김철수 선교사는 동아프리카 케냐 나이로비 복음주의 신학교에서 타문화와 이슬람을 가르치고 있다.

풀러선교대학원 출신 졸업생들이 예일대학교 박사후과정에 등록한 다음 예일대학교 화해 프로그램 설립 활동에 큰 역할을 했다. 요셉 쿰밍(Joseph Cumming)은 예일대학교 화해 프로그램 책임자로 활동하고 있고, 이 센터 원장인 미로슬라브 볼프(Miroslav Volf)와 안젤라 거렐(Angela Gorrell) 교수 역시 풀러신학교 졸업생으로 예일대학교 기독교-이슬람 화해 운동의 중심 역할을 하고 있다.[118]

---

117 Langham Partnership, "In Remembrance of Stephen Mutuku Sesi." Accessed Dec. 15, 2017. http://us.langham.org/in-remembrance-of-stephen-mutuku-sesi-28-july-1958-3-november-2011/.

118 여기에 관련된 자료는 예일대학교 홈페이지와 "Yale Center for Faith & Culture" 웹페이지를 보라.

이와 같이 우드베리는 기독교 이슬람 선교학을 개발해 기독교가 이슬람 선교를 위해 새로운 방향과 전략에 도전하게 했다. 그의 이슬람 연구는 종전의 방법과 달랐다. 그가 개발한 연구는 후학에게 기독교 이슬람 선교의 새로운 패러다임을 제공했다. 특별히 무슬림에게 접근하는 방법과 대화법에 변화를 가져다주었고 그를 사사한 제자들은 이슬람 선교를 위해 전 세계에서 많은 공헌을 하고 있다. 우드베리는 이슬람 선교를 위해 기독교 지도자와 선교사를 양성하고 배출했을 뿐만 아니라 그들이 새로운 도전과 사역을 할 수 있도록 큰 공헌을 했다.

# 제7장

# 결론

본 장은 더들리 우드베리의 선교적 유산을 연구한 본 논서의 결론이다. 결론은 세 부분으로 구성되었다.

**첫째** 부분은 각 장에서 다룬 주제와 내용을 간략히 정리한 요약이다.
**둘째** 부분은 필자가 이루고자 했던 연구 목표와 연구 핵심 질문을 통해 얻고자 했던 결론을 다룬다.
**셋째** 부분은 결론에 기초한 필자의 제언이다.

## 1. 요약

본서는 총 7장으로 구성되었다. 각 장을 주제별로 요약해 정리한 내용은 다음과 같다.

**제1장**은 필자가 다루고자 하는 "우드베리의 이슬람 선교신학: 한국

교회 이슬람 선교를 위한 선교신학적 함의"를 찾기 위한 본 논문의 서론이다. 본 장에서는 논문의 완성을 위해 필자가 의도하는 본 논문의 연구 배경, 목적, 목표, 중요성, 핵심 연구 과제, 핵심 연구 질문, 가정, 용어정의, 연구의 범위와 한계, 연구 개관을 기술했다.

**제2장**은 더들리 우드베리의 삶과 사역 개발 과정을 다루었다. 랄프 윈터의 기독교 문명 운동사 이론과 로버트 클린턴의 지도자 평생 개발 이론을 가지고 다음의 내용을 연구했다.

**첫째**, 하나님의 주권적 섭리에 기초한 우드베리의 일대기, 영적 지도자로 세움 받기 위해 하나님께서 간섭하신 우드베리 삶의 전반적인 성장 과정, 우드베리의 인성개발과 비전 형성 과정을 연구 조사했다.

**둘째**, 우드베리의 사역 개발 과정을 사역 준비 단계부터 사역 수렴 단계까지 연구 분석했다. 사역 준비 단계는 비전과 적성 찾기, 교수 사역에 대한 도전, 이슬람 사역에 대한 도전, 기독교 사역을 위한 준비, 이슬람 사역을 위한 준비 과정으로 나누어 연구했다. 사역 단계는 초기 사역 진입 단계, 초기 사역 단계, 사역 성숙 및 수렴 단계로 구분해 다루었다.

**제3장**은 우드베리가 구성한 "이슬람 개론" 교과 과정을 다루었다. 우드베리는 이슬람 이해를 돕기 위한 목적으로 이 과정을 구성했다. 기독교 이슬람 선교를 위해 무슬림 전도자와 기독교 지도자를 위해 준비한 이슬람 기초 과정이었다. 그의 이슬람 개론은 기독교 선교적 관점으로 이루어졌다. 이렇게 준비한 이슬람 개론을 '사무엘 즈웨머 연구소', 윌리엄케리국제대학교, 풀러선교대학원에서 교수했다.

필자는 우드베리가 구성한 이슬람 개론에서 다루는 다음과 같은 주제와 내용을 연구 분석했다. 기독교와 이슬람 비교, 이슬람 이전 아라비아반도 주변의 국제 정치와 종교적 배경, 이슬람의 기원과 신앙, 종교적 관행과 예식, 이슬람 공동체와 역사적 발전, 교리, 예전 등의 주제를 연구해 그 내용을 요약 기술했다. 우드베리 이슬람 개론의 특징은 기독교적 관점으로 이슬람을 이해할 수 있도록 두 종교를 비교해 다루었다. 그가 구성한 이슬람 개론은 무슬림 전도자와 기독교 지도자가 이슬람 문맥에서 사역할 수 있도록 이슬람에 대한 중요한 학문적 기초와 이해를 제공한다.

**제4장**은 우드베리가 개발한 이슬람 선교학을 다루었다. 우드베리의 이슬람 선교학의 핵심은 그가 개발한 이슬람 연구 방법이다. 필자는 우드베리가 개발한 이슬람 연구 방법을 이해하기 위해 다음 4가지 내용을 다루었다.

**첫째**, 우드베리 이전 이슬람 선교 방법의 변천사를 다루었다. 19세기를 전후로 점진적 변화가 있었지만 변증적 대결 구도 방식의 이슬람 선교 방법이 어떻게 전개되었는지를 간략히 살펴보았다.

**둘째**, 우드베리의 이슬람 선교학이 어떻게 형성되었는지 그 배경과 과정을 다루었다. 그의 이슬람 선교학은 세계적인 학자들이 끼친 영향으로 완성되었다. 학문적 정통성과 연속성을 이루는 내용이 들어있다. 무슬림을 향한 사랑, 복음 전도의 열정, 평화와 존중, 이슬람에 관한 전문 지식과 이해, 현장 경험, 이 모든 것이 복음주의 신앙과 선교학으로 잘 아우러져 우드베리의 이슬람 선교학이 개발되었다는 것을 살펴보았다.

**셋째**, 우드베리의 이슬람 선교학의 핵심 내용을 다루었다. 우드베리의 이슬람 선교학의 핵심은 무슬림 전도를 위한 기독교 이슬람 연구 방법이었다. 필자는 우드베리의 이슬람 연구의 개발 배경, 이슬람 학자가 앉는 의자의 네 다리에 견주어 설명한 연구 방법, 핵심 연구 자료 그리고 그의 이슬람 연구 목적을 알아보았다.

**넷째**, 우드베리의 이슬람 선교학의 실제를 다루는 그의 저작물을 간단히 살펴보았다.

**제5장**은 우드베리의 이슬람 연구의 실제를 이해하기 위해 그의 이름으로 출판된 두 저작물을 연구해 다음과 같은 내용을 다루었다.

**첫째**, 『엠마오 도상의 무슬림과 기독교인』(*Muslims & Christians on the Emmaus Road*)에 대한 내용을 살펴보았다. 본 저작물은 우드베리가 개발한 기독교 이슬람 선교학의 실제를 처음 다룬 저작물이었다. 로잔세계선교위원회가 이슬람 선교 방향과 전략을 세계 모든 교회에 제시하려는 목적으로 우드베리에게 요청한 기독교 이슬람 선교를 위한 연구 방향의 다양한 주제와 내용이 담겨 있었다. 그 5가지 영역은 다음과 같았다. 다양한 사람들, 경전적 관점, 증거 유형, 옛 방식과 새 의미, 영적 권위 부여다.

**둘째**, 『씨앗에서 열매로』(*From Seed to Fruit*)는 『엠마오 도상의 무슬림과 기독교인』을 출판한 후 약 20년이 지난 다음 우드베리 이름으로 발행된 저작물이다. 로잔위원회는 우드베리가 제시한 기독교 이슬람 선교 방향이 선교 현장에서 구체적으로 어떻게 진행되었는지 그 현황을 파악하기 원했다. 그 과정을 연구 분석해 다룬 출판물이 본 저작물이었다. 약 3년에 걸쳐 수천 명이 연구 조사한 내용은 세계 동향, 수확적 사역, 수확적 사역과 신흥 이슈, 세계 동향 신흥 이슈를 다루었다. 연구를 통해 지난 40년간 무슬림 배경을 가진 이들 가운데 그리스도를 따르기로 한 신자의 수가 이슬람이 생겨난 이래로 지난 세기까지 기독교로 돌아온 모든 숫자보다 더 많다는 사실을 살펴보았다.

**제6장**은 약 반세기 동안 이슬람 연구와 사역에 헌신했던 더들리 우드베리의 선교적 유산과 공헌을 다루었다. 필자는 우드베리가 남긴 선교적 유산을 조사하기 위해 『정중한 이해를 통한 무슬림 전도』(*Toward Respectful Understanding & Witness Among Muslims*)를 연구 분석했다. 본 저작물은 우드베리의 이슬람 선교학의 핵심과 그가 남긴 선교적 유산을 다룬 자료였기 때문이다. 우드베리의 이슬람 연구와 학문적 연계성을 가진 19명의 학자가 헌정한 기고문의 내용을 다루었다. 이슬람 선교를 위해 평생을 헌신한 우드베리의 삶과 사역을 가장 가까이 지켜보았던 선배, 동료, 후학 등이 그의 선교적 유산을 다루었다.

우드베리가 남긴 선교적 유산은 다음과 같았다.

**첫째**, 우호적 대화 장려(Encouraging Friendly Conversation)다. 이것은 이슬람과 무슬림을 대하는 기독교인의 태도에 있어 우드베리가 남긴 중요한 선교적 유산이었다.

**둘째**, 그는 기독교 이슬람 선교를 위해 "기독교 이슬람 학문"을 선교적 유산으로 남겼다.

**셋째**, 그는 무슬림에게 복음 증거하는 삶을 선교적 유산으로 남겼다.

우드베리가 풀러선교대학원을 통해 기독교 이슬람 선교에 이바지한 선교적 공헌은 다음과 같다.

**첫째**, 우드베리가 개발한 기독교 이슬람 연구 프로그램이다.
**둘째**, 그가 지도해 배출한 기독교 이슬람 학자 양성이다.
**셋째**, 기독교 이슬람 선교를 위한 제자들의 사역과 활동 내용이다.

## 2. 결론

본서의 핵심 연구 주제에 맞는 연구 목적을 이루기 위해 필자는 연구 목표를 설정하고 핵심 연구 질문을 찾아 연구한 결과 다음과 같은 결론을 도출해 내었다.

**첫째**, 우드베리는 이슬람 선교를 위한 성숙한 영적 지도자 모델을 선교 유산으로 남겼다. 그는 이슬람권 선교를 위해 하나님께서 선택하시고 사용하신 하나님의 사람이었다. 그의 일대기를 연구하다 보면 마치 한 편의 드라마를 보는 것 같다. 열방의 잃어버린 영혼에게 하나님의 사람을 파송하기 위한 하나님의 전적인 섭리와 간섭하심이 나타난다. 하나님께서 선택하신 사람들에게 나타나는 잃어버린 영혼을 향한 사랑의 열정이 그의 가족사를 통해 우드베리에게까지 놀랍게 전개된다.

우드베리는 무슬림에게 그리스도의 평화와 복음을 전하기 위해 평생을 인내와 수고로 헌신한 선교사, 목사, 탐험가, 교사, 작가, 학자였다. 그는 성공했고 또 성숙한 영적 지도자였다.

**둘째**, 우드베리는 무슬림 전도를 위해 기독교 이슬람 선교학을 학문적 유산으로 남긴 서구 최고의 기독교 이슬람 학자였다. 우드베리를 아는 사람은 그의 뛰어난 학문을 통해 기독교 이슬람 연구에 공헌한 그의 학자적 헌신에 한결같이 경의를 표했다. 그를 아는 대부분 기독교 이슬람 학자, 선교학자, 선교사는 우드베리의 이슬람 연구를 하나같이 그의 탁월한 선교적 공헌과 업적으로 생각했다. 우드베리는 이슬람 선교를 위해 가장 방대하고 탁월한 기독교 이슬람 선교학을 개발해 이슬람 선교에 크게 이바지했다.

**셋째**, 우드베리는 복음적인 기독교 증거 방법과 삶을 선교적 유산으로 남겼다. 그는 겸손과 우호적인 태도로 무슬림에게 먼저 다가가 그리스도의 사랑에 기인한 열정을 가지고 그리스도의 복음을 전할 방법을 연구했다.

우드베리의 이슬람 연구는 기독교가 더욱 존중하는 이해적 자세로 이슬람을 대할 수 있게 도와준다. 무슬림에게 복음의 비밀을 더욱 분명하고도 단호하게 증거할 수 있도록 우리를 이끈다. 그는 기독교인이 무슬림과 평화적으로 공존하며, 그리스도의 사랑으로 무슬림에게 먼저 손을 내밀어, 복음의 비밀을 전하고자 삶으로 실천했다.

필자는 무슬림과 이슬람 세계를 전혀 모르는 무지 상태에서 이슬람 선교를 시작했다. 감사한 것은 필자가 속한 국제선교단체는 현대 개신교 이슬람 선교에 오랜 경험과 노하우를 가지고 있었다. 필자는 선교회를 통해 이슬람 선교를 위한 기본 훈련을 받았다. 그것은 다른 한국 선교사가 누릴 수 없었던 선교적 특권이었다. 하지만 선교 현장에서 사역할 때 무슬림 전도자였던 필자는 두 마음이 자주 상충했다. 무슬림을 향한 사랑의 마음과 이슬람 세계관에 기반을 둔 그들 문화를 거부하는 상반된 마음의 공존 때문이었다.

무슬림에게 그리스도의 사랑과 복음을 전해야 한다는 선교적 의무와 열정은 필자가 많은 것을 포기하고 이슬람 선교에 매진할 수 있도록 필자를 채찍질하는 선교의 원동력이 되어 주었다. 하지만 복음 전도를 위해 이슬람 문화 가운데 살았던 필자의 일상생활은 도저히 용납하고 이해할 수 없는 그들 세계관과 행동 양식으로 인해 깊은 상처와 낙담 상혼이 함께 얼룩져 있었다. 서구 기독교 세계관과 한국인 관점으로 살아온 필자가, 이슬람 세계에 살며 무슬림의 관습과 문화를 존중하고, 그들 관점으로 이슬람을 우호적 자세로 대하며, 무슬림에게 가까이 다가가기에는 너무나 많은 장애물이 가로막혀 있었다.

필자는 무슬림 전도를 위해 이슬람을 연구했다. 수많은 이슬람 자료를 읽고, 세미나, 대학교 같은 전문 연구 기관에 등록해 필자의 이슬람 이해 증진을 위해 노력했다. 그렇게 이해한 이슬람 지식을 수많은 기독교 지도자와 선교사에게 가르치기도 했다. 무슬림에게 복음을 전하기 위해 이슬람을 연구했지만, 그것은 순전히 필자의 독자적 관점과 방법에 의한 단편적 지식의 축적이었다. 필자를 포함해 수많은 이슬람 전문가들이 이슬람 선교를 연구하지만 대부분 필자와 비슷한 공통점을 갖고 있다. 이슬람 선교를 위해 구성한 이슬람 선교 훈련이나 이슬람 선교 방법, 이슬람 연구에 전문적인 조언을 받는 것은 상당히 제한적이며 한계가 있었다.

우리 선교회는 사역을 위해 2가지 서로 다른 선교 방법을 각 팀의 선교 전략으로 사용했었다. 한 팀은 전통적 복음주의 선교 방법을, 다른 한 팀은 상황화 전략을 사용한 전도 방법을 선택했다. 두 팀은 선교 방법과 선교신학 그리고 거주 환경도 달리했다. 세월이 흐르고 사역이 커질수록 우리는 서로의 사역으로 인해 갈등을 겪어야 했다. 그리고 갈등의 골은 깊어만 갔다. 전통적 복음주의 사역을 선택한 팀이 볼 때 무슬림과 동일시하는 상황화 전략은 너무 진보적이었다. 상황화 전략을 선택한 팀이 상대를 볼 때 전통적 방법은 너무 구태의연한 선교 방법이었다.

본서를 작성하기 위해 연구를 진행하는 동안 필자는 천사만감(千思萬感)이 교차했다. 과거 우드베리는 필자에게 여느 학자처럼 그저 저명한 서구 이슬람 학자 가운데 한 명일 뿐이었다. 그의 학자적 명성과 달리 그의 저작물은 많지도 않았고 더욱이 한국어로 소개된 저작물은 거의 없었다. 그래서 필자는 우드베리 저작물에 큰 관심을 쏟지 않았다. 하지만 본 연구를 시작하면서 그것이 얼마나 큰 실수였는지 알게 되었다. 그 안타까움은 이루 다 말할 수가 없다. 필자가 진작 그의 이슬람 선교학을 알았더라면 앞서 열거한 그렇게 많은 실수와 갈등을 겪지 않았을 것이라는 생각 때문이었다.

필자가 우드베리의 기독교 이슬람 선교학을 제대로 연구할 수 있었던 것은 하나님의 축복이자 너무나 큰 선교적 특권이었다. 우드베리의 삶과 무슬림 전도를 위해 그가 개발한 이슬람 선교학은 나를 포함한 모든 이슬람권 사역자에게 이슬람 선교를 위해 하나님이 준비하신 탁월한 선교 모델이 될 수 있기 때문이다. 그의 이슬람 연구 방법과 실제는 학자뿐만 아니라 이슬람 선교를 위해 모든 현장 선교사와 기독교 지도자가 반드시 연구하고 다루어야 할 충분한 가치가 있다. 필자는 이슬람포비아 시대에 직면한 21세기 이슬람 선교에 있어, 우드베리의 삶과 그의 이슬람 연구는, 선교신학적으로 아주 중요한 의미와 가치가 있다고 믿는다.

무슬림은 누구보다 하나님을 갈망하고 그분의 뜻에 순종하기 원한다. 그들은 하나님의 진리를 알 권리가 있다. 예수께서는 모든 사람을 그분의 식탁에 초대하셨다. 기독교는 교회의 머리 되신 예수께서 초대하신 모든 사람 속에 포함된 무슬림을 거절할 자격이 없다. 예수가 기독교인에게 베풀어 주셨던 동일한 사랑의 마음으로 그들을 맞이해야 한다. 하나님의 교회는 어떠한 이유로도 우리에게 다가오는 무슬림을 막

아설 명분이 없다. 오히려 그들에게 먼저 손을 내밀어야 마땅하다. 그것이 그리스도의 정신이다.

우드베리가 남긴 선교 유산은 세계에서 복음에 가장 취약한 무슬림에게, 하나님의 복음을 전하고자 하는 한국교회 지도자와 이슬람권 선교사가 반드시 알아야 하는, 21세기 이슬람 선교를 위한 중요한 선교모델이자 기독교 이슬람 선교학이다.

## 3. 제언

본서를 마치며 필자는 다음의 내용을 제언으로 남긴다.

한국교회 이슬람 선교는 전재옥 선교사가 1961년 파키스탄으로 떠난 것이 처음이고, 이슬람의 발생지 중동에 처음 도착한 한국인 선교사는 1976년 고(故) 이연호 선교사였다. 이연호 선교사가 2년 반 만에 교통사고로 순직한 후 아직도 선교 현장을 지키고 있는 아내 김신숙 선교사가 현재 가장 오래된 이슬람권 현장 사역자다.

한국교회 이슬람 선교 역사는 짧고 선교사 숫자도 많지가 않았다. 현재 한국교회 이슬람 선교사는 중동에만 약 1,300여 명[1]으로 그 숫자가 증가했다. 이슬람 선교를 생각하면 한국 선교사 전체 숫자에 비해 이슬람권 선교사가 턱없이 부족한 실정이지만 적어도 한국교회가 이슬람 선교에 관심을 두고 있다는 말이다.

현재 세계 무슬림 인구는 약 18억 명으로 추산한다. 세계 인구 약 25%가 무슬림이다. 사람들은 대개 이슬람을 중동 아랍 종교로만 인식

---

[1] 한국세계선교협의회 2015년 발표 자료는 1,248명이다.

한다. 이슬람이 중동에서 발생했기에 그것을 부인할 수는 없지만, 중동 아랍을 이슬람 세계의 전부로 단정할 수는 없다. 무슬림 가운데 2/3는 아시아에 거주하기 때문이다. 세계에서 무슬림 인구가 제일 많은 국가는 인도네시아, 파키스탄, 인도, 방글라데시, 말레이시아 같은 아시아 국가들이다. 무슬림 인구는 다문화 시대로 인해 유럽, 아프리카, 북미, 오세아니아 등 전 세계에 널리 분포해 있다.

한국교회는 한류 문화와 더불어 한국 사회로 몰려드는 무슬림 인구 증가에 적잖이 놀라고 있다. 특히 서구 사회와 기독교에 적대적 행동을 보이는 IS 테러 위협으로 인해 이슬람포비아 현상은 더욱 팽배해지고 있다. 이와 달리 국내의 많은 이슬람 학자는 이슬람이 평화의 종교라고 주장하며 이슬람을 옹호한다.

한국 정부는 할랄 시장을 비롯해 여러 가지 이유 때문에 한국 사회로 유입하는 무슬림 인구에 개방 정책을 펼 수밖에 없다. 이슬람 세계에 대한 우호적 태도와 무슬림 인구 유입을 환영하는 사회적 분위기는 한국 교회를 더욱 곤혹스럽게 만들고 있다.

한국교회는 불확실한 이슬람 선교 방향과 정책으로 인해 혼돈 가운데 있다. 무슬림을 악의 세력으로 규정하고 한국 사회 무슬림 유입을 절대 반대하는 선교사 부류, 그것은 무고한 혐의와 편견에 바탕을 둔 오해와 왜곡이라고 주장하는 선교사 부류, 즉 '경계론'과 '포용론'의 2가지 상반된 의견으로 인해 무엇이 사실이고 또 이슬람 선교를 어떻게 해야 할지 혼란 가운데 있다. 이러한 현상은 비단 한국교회뿐만 아니라 이슬람권에서 사역하는 선교사들 사이에도 똑같이 나타나는 현상이다.

한국교회는 이슬람 전문가라고 주장하는 자들의 상반된 주장으로 인해 진퇴양난에 놓여있다.[2] 이러한 시점에 한국교회는 우드베리가 남긴 선교적 유산을 더욱 깊이 연구할 필요가 있다.

필자는 본 연구를 마치며 이곳에서 다루지 못한 다음 3가지 내용을 21세기 한국교회 이슬람 선교를 위한 선교적 함의와 제언으로 남긴다.

**첫째**, 이슬람 선교를 위해 우드베리가 구성한 이슬람 개론의 주제와 내용을 더욱 깊이 연구해 한국교회에 충분히 소개할 수 있기를 바란다. 한국교회 기독교 지도자와 이슬람권 사역자는 이슬람 문맥에서 복음을 전할 수 있기 위해 이슬람을 바르고 정확히 이해할 필요가 있다. 그러기 위해 기독교적 관점으로 기독교와 이슬람을 서로 비교해 양자의 종교적 주제와 내용을 잘 배우고 숙지해야 한다.

**둘째**, 한국교회의 이슬람 선교학 정립을 위해 우드베리가 개발한 이슬람 선교학을 더 많이 연구하고 소개하기 바란다. 우드베리가 개발한 이슬람 선교학은 기독교 이슬람 학자와 이슬람권 사역자가 무슬림 전도를 위해 반드시 알아야 하는 이슬람 연구 방법이다. 그의 이슬람 연구는 무슬림 전도에 초점이 맞추어져 있다. 한국교회는 이슬람 선교를 위한 다양한 연구 주제와 선교 방향 그리고 전략과 방법을 이슬람 선교학으로 정립해야 한다.

**셋째**, 한국교회는 이슬람과 평화적으로 공존하며 그들에게 복음주의적 신앙에 입각해 우호적인 자세와 태도로 기독교 복음을 전하는 우드베리의 복음적인 선교 정신과 태도를 연구하기 바란다. 우드베리의 선교 정신은 복음 전도자가 무슬림을 존중하는 이해를 통해 친근하고 겸

---

[2] 이러한 한국교회의 이슬람 선교 상황은 "21세기 한국 이슬람의 어제와 오늘"에 나오는 내용을 보라.

손한 자세로 그들에게 다가가지만 복음의 비밀은 더욱 분명하고도 단호하게 증거하도록 이끈다. 기독교인이 무슬림에게 먼저 손을 내밀어 무슬림과 평화적으로 공존하며 그리스도의 사랑에 기초한 복음의 열정으로 사역하는 것이다. 한국교회는 우드베리와 같은 복음적인 기독교 이슬람 선교 모델을 배워야 한다.

필자는 우드베리의 이슬람 선교학을 한국교회가 제대로 이해할 때 비로소 기독교 이슬람 선교를 위한 한국교회의 선교신학이 올바르게 정립될 수 있다고 믿는다. 우드베리 기독교 이슬람 연구 방법은 기독교, 이슬람, 비종교인들도 그 가치를 인정한 이슬람 연구 방법이기 때문이다. 기독교 이슬람 선교학이 제대로 정립되면 바른 이해를 통해 이슬람 세계를 해석할 수 있다. 그러한 이슬람 해석과 이해를 기초로 한 이슬람 선교는 더욱 복음적이고 효과적일 수밖에 없다.

9/11 테러 발생 직후 미국 정부는 이슬람에 관한 자문을 얻기 위해 우드베리를 백악관으로 초청했다. 로잔세계선교위원회도 이슬람 선교 방향과 전략을 세우기 위해 우드베리에게 도움을 요청했다. 서구에서 이슬람을 교수하는 수많은 이슬람 학자가 우드베리를 존경하며 그와의 학문적 교류를 마다하지 않는다. 우드베리는 무슬림에게 복음 전하는 것을 평생 사명으로 생각하고 이슬람 선교에 헌신한 열정적 기독교 이슬람 선교사였다. 학문과 현장 경험을 통해 자신의 독특한 이슬람 연구 방법을 개발해 교수했다. 그가 제시한 이슬람 선교 방향과 이슬람 연구 방법의 결과는 현장에서 사례 연구를 통해 이미 검증되었다.

하나님은 이슬람 선교를 위해 우드베리를 선택하셨다. 하나님의 사람 우드베리는 자신을 부르신 하나님의 소명을 따라 서구 최고의 기독교 이슬람 학자가 되었고, 그는 이슬람 선교를 위해 복음주의에 기초한 이슬람 선교학을 정립했다. 그가 개발한 이슬람 선교학은 학계와 선교 현장에서 충분히 검증되었지만, 이렇게 소중한 내용이 서구교회에만 알려졌지 이슬람 선교에 큰 관심을 두지 않았던 한국교회에는 거의 소개되지 않았다. 필자는 이렇게 소중한 선교적 유산이 한국교회 이슬람 선교에 중요한 선교적 자산이 되기를 간절히 염원한다.

　본서에서 다루지 못한 우드베리의 이슬람 연구 과정의 여러 가지 주제와 내용, 그리고 필자가 본 연구를 위해 사용한 주요 자료 가운데 우드베리의 영어 저작물은 한국어 번역과 더불어 이슬람 선교를 위한 한국교회의 다음 연구 과제로 남겨둔다. 이 밖에도 우드베리의 이슬람 연구를 통해 한국교회와 관련된 다른 연구 주제도 관심 있는 무슬림 학자, 비무슬림 학자, 문화인류학자, 선교학자가 연구하고 다루어야 할 다음 과제로 남겨둔다.

# 참고문헌

## 1. 외서 및 역서

Abdel-Samad, Hamed. 『무함마드 평전』. 배명자 역. 서울: 한스미디어, 2016.

Ali, Kecia. *The Lives of Muhammad*. Cambridge, Massachusetts: Harvard University Press, 2014.

Anderson, Gerald H. *Biographical Dictionary of Christian Missions*. New York: Macmillan Reference USA, 1998.

Basil, Mathews. *(the) Book of Missionary Heroes*. N. Y.: George H. Doran Co., 1922.

Beaumont, Mark. *Christology in Dialogue with Muslims*. Eugene, OR: Wipf and Stock, 2011.

Bell, Richard. *The Origin of Islam in Its Christian Environment*. London: Cass, 1968.

Bridger, J. Scott. "Raymond Lull: Meddieval Theologian, Philosopher, and Missionary to Muslims." *St. Francis Magazine* V (Feb. 2009). http://www.stfrancismagazine.info/ja/images/pdf/Raymond-Lull-(JScott-Bridger).pdf.

Carnell, Edward John. *The Kingdom of Love and the Pride of Life*. Grand Rapids: Eerdmans, 1960.

_____. *The Glory of Theological Seminary*. Pasadena, CA, USA: Fuller Theological Seminary, 1970.

Clinton, Robert. 『영적 지도자 만들기』. 이영규, 이순정 역. 서울: 베다니, 2014.

Clinton, Robert. 『영적 지도자 만들기』. 이순정 역. 서울: 베다니출판사, 1998.

_____. 『영적 지도자 만들기』. 이순정 역. 서울: 베다니출판사, 2004.

_____. 『지도자 평생 개발론』. 장남혁, 황의정 역. 서울: 하늘기획, 2011.

Clinton, Robert & Clinton, Richard W. 『당신의 은사를 개발하라』. 황의정 역. 서울:

베다니, 2005.

Cooper, Anne. 『우리형제 이스마엘』. 서울: 두란노, 1992.

Cragg, Kenneth. *The Wisdom of the Sufis*. London: Sheldon Press, 1976.

_____. *The Call of the Minaret*. Maryknoll, N.Y.: Orbis, 1985.

Draiman, Yj. "Himyarite Kingdom – Jewish Kingdom in Yemen." *Jewish History in The Land of Israel* (2017). Accessed Jan. 29, 2017. http://jewishhistoryinthelandofisrael.blogspot.com/2016/08/himyarite-kingdom-jewish-kingdom-in.html.

Duewel, Wesley L. 『열정적인 지도자』. 정중은 역. 서울: 생명의말씀사, 1995.

Elliston, Edgar J. *Introduction to Missiological Research Design*. Pasadena, Calif.: William Carey Library, 2011.

Engen, Charles van. 『하나님의 선교적 교회』. 임윤택 역. 서울: 기독교문서선교회, 2014.

_____. 『모이는 교회, 흩어지는 교회』. 임윤택 역. 서울: 도서출판 두란노, 1994.

_____. *Mission on the Way*. Michigan: Baker Book House, 1996.

_____. *Biblical Foundation of Mission*. Pasadena: Fuller, 2010.

Fraser, Lilias. "Through the Valley." Last modified Accessed April 22, 2016. https://www.cmalliance.org/alife/through-the-valley/.

Fuller, Daniel P. *Give the Winds a Mighty Voice*. Waco, Tex.: Word Books, 1972.

Gabriel, Mark A. 『예수와 무함마드』. 이용중 역. 서울: 지식과사랑사, 2009.

_____. 『이슬람과 유대인 그 끝나지 않은 전쟁』. 중근동연구소 역. 서울: 글마당, 2011.

George, Barna. 『리더십을 갖춘 지도자』. 최기운 역. 서울: 베다니출판사, 1999.

Gibb, H. A. R. *The Encyclopaedia of Islam*. Leiden: Brill, 1954.

_____. 『이슬람』. 최준식, 이희수 역. 서울: 문덕사, 1993.

_____. *Modern Trends in Islam*. New York: Octagon, 1978.

Gibb, H. A. R. and Harold Bowen. *Islamic Society and the West*. London: Oxford University Press, 1957.

Griffith, Sidney Harrison. *The Bible in Arabic*. Princeton. [N.J.]: Princeton University Press, 2013.

Hagemann, Ludwig. 『그리스도교 대 이슬람』. 채수일, 채해림 역. 서울: 심산, 2005.

Hiebert, Paul G. and Eloise Hiebert Meneses. 『성육신적 선교 사역』. 안영건, 이대헌 역. 서울: 기독교문서선교회, 1998.

Hillenbrand, Carole. 『이슬람 이야기』. 공지민 역. 서울: 시그마북스, 2016.

Hillgarth, J. N. *Ramon Lull and Lullism in Fourteenth-Century France*. Oxford Oxford University Press, 1971.

Hitti, Philip K. *History of the Arabs*. Houndmills: Macmillan, 1973.

Jeffery, Arthur. "The Textual History of the Qur'an." (1952). Accessed Feb. 9. 2017. http://answering-islam.org/Books/Jeffery/thq.htm.

Johnston, David. L. "Curriculum Vitae." UPENN. Last modified Accessed Dec. 4, 2017. http://upenn.academia.edu/DavidJohnston/CurriculumVitae.

Kaiser, Walter C., Jr. 『구약성경과 선교』. 임윤택 역. 서울: 기독교문서선교회, 2005.

Kane, J. Herbert. 『基督敎 世界 宣敎史』. 박광철 역. 서울: 생명의말씀사, 1990.

_____. 『세계 선교 역사』. 이영주, 신서균 역. 서울: 기독교문서선교회, 1999.

Kirdemir, Huseyin. 『이슬람이란 무엇인가?』. 한국이슬람연구회(이형주) 역. 고양: 이소북, 2003.

Kraft, Charles H. *SWM/Sis at Forty*. Pasadena, CA: William Carrey Library, 2005.

_____. 『기독교 커뮤니케이션론』. 박영호 역. 서울: 기독교문서선교회, 2001.

_____. 『기독교 문화인류학』. 안영권, 이대헌 역. 서울: 기독교문서선교회, 2006.

Küng, Hans. 『(한스 큉의) 이슬람』. 손성현 역. 서울: 시와진실, 2012.

Labberton, Mark. 『제일 소명』. 하보영 역. 서울: IVP: 2014.

Lapidus, Ira M. and Studies California University Committee for Middle Eastern. *Middle Eastern Cities*. Berkeley: University of California Press, 1969.

Lewis, Bernard. 『중동의 역사』. 이희수 역. 서울: 까치, 2001.

Love, Rick. "Rick Love." Last modified Accessed Dec. 4, 2017. http://ricklove.net/.

_____. *Muslims, Magic and the Kingdom of God*. Pasadena, Calif.: William Carey Library, 2000.

MacCurry, Don M. *The Gospel and Islam; a 1978 Compendium*. Monrovia: MARC.

Mason, Jennifer. 『질적 연구 방법론』. 김두섭 역. 파주: 나남, 2010.

Maurer, Andreas. 『무슬림 전도학 개론』. 전병희, 이승준 역. 서울: 기독교문서선교회,

2011.

McCurry, Don M., Evangelism North American Conference on Muslim, Research Missions Advanced, and Center Communication. *The Gospel and Islam*. Monrovia: MARC, 1978.

Morgan, Michael Hamilton.『잃어버린 역사, 이슬람』. 김소희 역. 성균관대학교 출판부, 2009.

Movement, Lausanne. "Lop 4 – the Glen Eyrie Report: Muslim Evangelization." Last modified Accessed June 2, 2016. https://www.lausanne.org/content/lop/lop-4.

Neill, Stephen.『기독교 선교사』. 홍치모, 오만규 역. 서울: 성광문화사, 2001.

Parshall, Phil.『무슬림 전도의 새로운 방향』. 채슬기 역. 서울: 예루살렘중동선교회, 2003.

Partnership, Langham. "In Remembrance of Stephen Mutuku Sesi." Last modified Accessed Dec. 15, 2017. http://us.langham.org/in-remembrance-of-stephen-mutuku-sesi-28-july-1958-3-november-2011/.

Peters, F. E. and Inc NetLibrary. *Muhammad and the Origins of Islam*. Albany: State University of New York Press, 1994.

Pierson, Paul Everett.『(선교학적 관점에서 본) 기독교 선교운동사』. 임윤택 역. 서울: 기독교문서선교회, 2009.

Reisacher, Evelyne A. *Toward Respectful Understanding & Witness among Muslims: Essays in Honor of J. Dudley Woodberry*. Pasadena, CA: William Carey Library, 2012.

Schlorff, Sam.『무슬림 사역의 선교학적 모델』. 전병희, 김대옥 역. 인천: 바울, 2012.

Speer, Robert Elliott. *Some Great Laeders in the World Movement*. New York, Chicago, Toronto, London, Edinburgh: Fleming H. Revell Company, 1967.

Sudworth, Richard. "Hospitality and Embassy: The Persistent Influence of Kenneth Cragg on Anglican Theologies of Interfaith Relations." *The Anglican Theological Review* 96 No.1 (2014). http://www.anglicantheologicalreview.org/static/pdf/articles/sudworth.pdf.

Swartley, Keith E.『인카운터 이슬람』. 정옥배 역. 고양: 예수전도단, 2008.

Swartz, Merlin L. *Studies on Islam*. New York: Oxford University Press, 1981.
Lutheran School of Teology. "A Center of Christian-Muslim Engagement for Peace and Justice." https://lstcccme.wordpress.com/dr-kenneth-craggs-emmaeus-furlongs-studies-for-christians-in-christian-muslim-relations/.
Tibi, Bassam. 『이슬람주의와 이슬람교』. 유지훈 역. 서울: 知와 사랑, 2013.
Trimingham, J. Spencer. *Christianity among the Arabs in Pre-Islamic Times*. Beirut: Librairie Du Liban, 1990.
Tucker, Ruth A. 『선교사열전』. 박해근 역. 서울: 크리스챤다이제스트, 1993.
Watt, W. Montgomery. *Muhammad*. London: Oxford Univ. Press, 1961.
_____. *Muhammad at Medina*. Karachi: New York: 1981.
_____. *Muhammad's Mecca*. Edinburgh: Edinburgh University Press, 1988.
Wilson, J. Christy. *Apostle to Islam*. Grand Rapids, Mich.: Baker Book House.
_____. *Apostle to Islam*. Grand Rapids, Mich.: Baker Book House, 1952.
_____. *Flaming Prophet*. New York: Friendship Press, 1970.
Winter, Ralph D., Steven C. Hawthorne, 한철호, Darrell R. Dorr, D. Bruce Graham, and Bruce A. Koch. 『퍼스펙티브스』. 정옥배, 변창욱, 김동화, 이현모 역. 고양: 예수전도단, 2010.
Woodberry, J. Dudley. "School of World Mission Newsletter." *Fuller Theological Seminary* 15, No. 2 (1993).
_____. "The View from a Refurbished Chair." *AMERICAN SOCIETY OF MISSIOLOGY SERIES*, No. 23 (1996): 189-96. http://www.riss.kr/link?id=O8054572.
_____. "Hassan Al-Banna's Articles of Belief." Harvard University, 1968.
_____. "My Pilgrimage in Mission." Last modified Accessed April 29 2016. http://www.internationalbulletin.org/issues/2002-01/2002-01-024-Woodberry.pdf.
_____. *Muslims & Christians on the Emmaus Road*. Monrovia: MARC, 1990.
_____. *Introduction to Islam Mr550/650*. Pasadena: Fuller Theological Seminary, 1992.
_____. "My Pilgrimage in Mission," *International Bulletin of Missionary Research* 26

(2002): 24-28.

_____. "My Pilgrimage in Mission."

_____. *From Seed to Fruit: Global Trends, Fruitful Practices, and Emerging Issues among Muslims*. 2nd ed. Pasadena, CA: William Carey Library, 2010.

Zwemer, Samuel M. *Arabia*. New York: Fleming H. Revell Company, 1912.

_____. *Raymond Lull*. New York and London: Funk & Wagnalls company, 1902.

_____. *Islam, a Challenge to Faith*. New York: Laymen's Missionary Movement, 1907.

_____. *The Moslem Doctrine of God*. London: Darf, 1987.

_____. *The Moslem World*. N. Y.: Eaton, 1908.

## 2. 한서

고미영. 『질적사례연구』. 서울: 청목, 2009.
공일주. 『꾸란의 이해』. 서울: 한국외국어대학교출판부, 2010.
김구. 『사회과학 연구조사 방법론의 이해』. 서울: 비앤엠북스, 2011.
김아영. 『민속이슬람』. 서울: 예영커뮤니케이션, 2004.
김정위. "이슬람 국가의 전통적 종교기구." 「중동연구」 19. No. 1 (2000). http://theologia.kr/board_korea/27754?ckattempt=1.
김정위, 김영경, 이희수, 황병하, 손주영. 『이슬람 사상의 형성과 발전』. 서울: 아카넷, 2000.
김태영, 김정수, 조임곤. 『사회과학 논문 작성과 통계자료 분석』. 서울: 대영문화사, 2003.
알싸으다위, 나왈. 『천국에도 그 여자의 자리는 없다』. 문애희 역. 서울: 열린책들, 2004.
양승윤, 손주영, 류승완, 제대식, 김성건, 유왕종, 이병도, 김종욱, 박장식. 『동남아의 이슬람』. 서울: 한국외국어대학교출판부, 2000.
유해석. 『(무슬림 선교 지침서) 이슬람이 다가오고 있다』. 서울: 쿰란출판사, 2003.
이광호. 『이슬람과 한국의 민간신앙』. 서울: 울산대학교출판부, 1998.
이슬람연구소. 『이슬람의 이상과 현실』. 서울: 예영커뮤니케이션, 1996.

이원삼. 『이슬람법사상』. 서울: 아카넷, 2001.
이정순. 『21세기 한국 이슬람의 어제와 오늘』. 서울: 대서, 2012.
임윤택. 『풀러』. 아이러브처치, 2009.
임윤택. 『(랄프 윈터의) 기독교 문명 운동사』. 고양: 예수전도단, 2013.
전병희. 『로잔운동과 이슬람』. 대전: 대장간, 2012.
최영길. 『(16억 이슬람인의)역사와 문화』. 서울: 송산출판사, 1996.
한병혁. 『새벽종: 신종 한병혁 목사 일대기』. Los Angeles, USA: 한성은, 2014.

## 3. 웹자료

"Cragg, Albert Kenneth(1913-2012) British Christian Interpreter of Islam." School of Theology, Boston University. http://www.bu.edu/missiology/missionary-biography/c-d/cragg-albert-kenneth-1913/.

"Evelyne A. Reisacher." Fuller Theological Seminary. Last modified Accessed Dec. 4, 2017. http://fuller.edu/faculty/ereisacher/.

"Executive Director." InterserveUSA. Last modified Accessed Dec. 4, 2017. https://www.interserveusa.org/interserve-usa-leadership/.

"Grace Church." Grace Church. Last modified Accessed Dec. 15, 2017. http://www.grace.church/content/farida-saidi.

"Mofid Wasef." Bethel Unversity. Last modified Accessed Dec. 4, 2017. https://www.bethel.edu/academics/faculty/mofid-wasef.

"Prof. Moussa Bongoyok." Institut Universitaire de Développement International. Last modified Accessed Dec. 4, 2017. http://www.iudi.org/wp/our_team/moussa_bongoyok/.

"Rev. Joseph Cumming." Yale University. Last modified Accessed Dec. 15, 2017. https://chaplain.yale.edu/people/rev-joseph-cumming.

"Story/Theology/Voice." *Fuller Magazine,* 2016.

"Warren F. Larson." CIU. Last modified Accessed Dec. 4, 2017. http://www.ciu.edu/discover-ciu/who-we-are/faculty-staff/warren-f-larson.

다니엘. "이슬람이란 무엇인가." *Grace - Global Research for Arabic Culture and Education*

101 (Jan. 27, 2017). http://www.graceforallnation.org/.

백신종. "기독교의 이슬람 접근법에 관한 역사적 고찰과 교훈." Last modified Accessed. https://www.academia.edu/27506006/%EA%B8%B0%EB%8F%85%EA%B5%90%EC%9D%98_%EC%9D%B4%EC%8A%AC%EB%9E%8C_%EC%A0%91%EA%B7%BC%EC%97%90_%EA%B4%80%ED%95%9C_%EC%97%AD%EC%82%AC%EC%A0%81_%EA%B3%A0%EC%B0%B0%EA%B3%BC_A_Brief_Historical_Survey_and_Lessons_from_the_Christian_Approaches_to_Islam_Concerning_the_Son_of_God_Translation_.

손주영. "특집: 이슬람의 문화적 전통과 중동 각국의 종교정책 제1차년도"; "이슬람의 종파 발전사: 예언자 무함마드 시대(610-632)와 이슬람 공동체."「중동연구」17, No. 1 (1998): 13-17. file:///C:/Users/kim/Downloads/1n800104%20(7).pdf.

손주영. "무슬림의 경전관과 신의 말씀, 꾸란."「중동연구」27, No. 2, 1-37, No. 2008 (Feb. 4, 2017). file:///C:/Users/kim/Downloads/2008_27_2_00.pdf.

송용원. "기독교 복음과 복음주의는 본질적으로 배타적인가?"「기독교사상」700호 특집 (2017). Accessed Sept. 22, 2017. http://www.clsk.org/bbs/board.php?bo_table=gisang_special&wr_id=982&main_visual_page=gisang.

안상준. "이슬람교 법(샤리아)에 대한 이해."(2008). Accessed Mar. 15, 2017. http://www.ecumenicalpress.co.kr/article.html?no=49414.

이현수. "말씀에 의지하여 그물을."(Accessed Sept. 19, 2017. http://frontiers.or.kr/tag/%EC%82%AC%EB%AC%B4%EC%97%98-%EC%A6%88%EC%9B%A8%EB%A8%B8/.

정승현. "'이슬람을 향한 사도' 사무엘 즈웨머의 선교이론 탐구"(a Study on the Mission Theories of Samuel M. Zwemer."「선교와 신학」38, No. - (2016): 123-56. http://www.riss.kr/link?id=A101779708.

조성환. "이슬람 이전의 남부 아라비아 왕국들." (2017). Accessed Jan. 28, 2017. http://m.blog.daum.net/sungwhan_c/718?categoryId=12.

## 4. 신문 기사

「기독일보」. "기독교 편향적인 역사관 부끄러워 하지 않았던 역사가 라투레트." (April 5 2016). http://kr.christianitydaily.com/articles/82805/20150415/기독교-편향적인-역사관-부끄러워-하지-않았던-역사가-라투레트.htm.

「미주한국일보」. "한국인 이슬라미스트." Last modified Accessed Oct. 6, 2017. http://www.koreatimes.com/article/20140916/874660.

「크리스천투데이」. "관문국가 선교와 성경훈련 사역하는 Bee Korea." Last modified Accessed Dec. 4, 2017. http://www.christiantoday.co.kr/news/250720.

「한겨례」. "지구촌 무슬림 16억 명." Last modified 2011. Accessed Feb. 16, 2016. http://www.hani.co.kr/arti/society/society_general/478230.html.

# ABSTRACT

The Legacy of J. Dudley Woodberry's Missiology:
Missional Implications for the Korean Church

Il kwon Kim

The purpose of this study is to find the mission theological implications necessary for the study and direction of the Korean church by researching the missional legacy left by J. Dudley Woodberry through his life and ministry for Muslim evangelism.

This study has five goals. The first goal is to review Dudley Woodberry's missional life with a missiological theology. The second goal is to analyze the contents of Dudley Woodberry's Islamic study program, "Introduction to Islam." He gave this lecture at Samuel Zwemer Institute, William Carey International University, and Fuller Seminary with the purpose of training the church leaders and missionaries. The third goal is to research the contents and development process of Dudley Woodberry's Islamic Studies. The fourth goal is to investigate the practice of Dudley Woodberry's Islamic Studies. Lastly, the fifth goal is to study the legacy and contributions of Dudley Woodberry regarding Islam Mission.

This dissertation is consisted of seven chapters: the introduction, the five goals of the study and the conclusion. Here are the brief summaries of those seven chapters:

Chapter one is the introduction of the study. This section describes the background, purpose, goals, central research issue, significance, research questions, delimitations, procedures, and summary of this study.

Chapter two presents the life and ministry of Dudley Woodberry. In this chapter, I try to re-establish the life of Dudley Woodberry missiologically through Ralph Winter's theory of the "World Christian Movement: a larger perspective" and Robert Clinton's theory of the "Lifelong Development of Leadership." Dudley Woodberry was God's chosen leader for Islam mission. He was committed to living and bearing witness to the peace of Christ among Muslims. He was both a successful leader and a spiritually mature leader. He developed personality and ministry skills based on God's sovereign foundation and provided a mature spiritual leadership model devoted toward Islam mission.

Chapter three is about "Introduction to Islam" by Dudley Woodberry for Muslim evangelism. I analyze Dudley Woodberry's Islamic study program. Attending one of the history changing conferences "1978 North American Conference on Muslim Evangelization," Dudley Woodberry developed his syllabus for "Introduction to Islam." The Lausanne Committee for World Evangelization co-sponsored for this conference. After the conference, the compendium "The Gospel and Islam" was produced. This book challenged Dudley Woodberry to develop his syllabus for "Introduction to Islam" so that Christian leaders and Christian missionaries among Muslims could compare and understand Christianity and Islam. His introductory course for Islam covered the origins and background of Islam, the doctrines and practices, and the general content of Islamic understanding, including the similarities and differences between Islam and Christianity. In this way, it was designed to compare and understand the religion and cultural characteristics of Islam from a Christian point of view. This course provided an important basis and understanding for Christian witnessing among Muslims. Dudley Woodberry's "Introduction to Islam" was a very unique teaching method syllabus developed through his Islamic studies.

Chapter four investigates the core elements of Dudley Woodberry's missiology for Islam Mission. His missiology for Islam mission was formed by evangelical faith, mission field experiences and various distinguished scholars with academic tradition and continuity. Those influences provided concrete resources to Dudley. His missiology consisted of love, passion, peace and respect to engage in meaningful encounters with Muslims. His missiology was based on the professional knowledge and understanding of Islam. Dudley Woodberry's missiology for Islam consisted of four elements: the Muslim sources, the non-Muslim sources, the popular beliefs and practices of Islam, and the mission. The Islamic studies of Dudley Woodberry has opened a new horizon of Christian missiology for Islam mission in the 21st century.

Chapter five analyzes and describes the practice of Dudley Woodberry's Islamic studies. The full-scale study of Dudley Woodberry's Islamic studies began when he was invited by the Lausanne Committee for World Evangelization. The Lausanne Committee for World Evangelization wanted to develop the Muslim program and publications for the world evangelical church. They asked Dudley Woodberry to start a road map that could direct them for this purpose. Dudley Woodberry edited and published *Muslims & Christians on the Emmaus Road* in 1987. He presented the direction and issues of the Islamic Studies for Christian witnessing among Muslims. Dudley Woodberry wanted to know the process and the outcome of the fruitful practices on the mission field that were influenced by his presentation.

For this purpose, 280 practitioners of thirty-seven nationalities and fifty-six different organizations gathered. They were from teams that had planted 738 fellowships on the mission field. They evaluated ninety-four practices through the surveys of 5,800 field workers. Through these surveys and the evaluations, Dudley Woodberry did a comprehensive analysis of case studies from the mission field. Finally, He published a compilation entitled *From Seed to Fruit* about twenty years after *Muslims & Christians on the Emmaus Road*.

Chapter six reviews the missional legacy and contributions of Dudley Woodbury for Islam mission. The remarkable book *Toward Respectful Understanding & Witness Among Muslims*, was a dedicated book to commemorate the jubilee of his ministry. This book parallels the main emphases of Woodberry's academic and missional life as a professor of Islamic Studies. Dudley Woodberry developed "Encouraging Friendly Conversation," "Christian scholarship of Islamic Studies," and "Christian Witness" for the Islam Mission. He was a leading Christian scholar who has developed one of the largest Islamic study programs at an Evangelical Seminary. He made a great contribution to Islam Mission through the training of numerous Christian scholars, church leaders and missionaries.

Chapter seven is the conclusion of this research. This study of Dudley Woodbury's missiological legacy provides many help to the Korean churches in the area of Islam mission. To mention a few, first, it provides a mission direction and strategy for the Islam mission to prepare various ways of engaging with Muslims from a friendly perspective. Second, it provides reflections on how Christians are engaging with Muslims on an academic level as well as providing a platform for the Islam Mission in word and deed. Third, it provides a mission theology for the Islam Mission left in the Christian missional legacy through the life of Dudley Woodberry and his Islamic study programs.